SPUREN

STEINE

DENKMÄLER

Impressum

CIP-Kurztitelaufnahme der Deutschen Bibliothek
Balzer, Wolfgang:
Spuren, Steine, Denkmäler
- Zeugnisse der Geschichte im Raum Lünen -
Lünen, 1. Auflage 1993

Herausgegeben im Ikon-Verlag, Lünen
Satz: Wolfgang Balzer
Gesamtherstellung: Satz und Druck Contzen, Lünen

Die Herstellung erfolgte mit finanzieller Unterstützung des Landes Nordrhein-Westfalen, des Landschaftsverbandes Westfalen-Lippe, des Fördervereins für Kunst und Kultur Lünen e. V., des Kreises Unna, der Stadt Lünen und der Jakob Henle Haus Gesellschaft e. V., Lünen.

ISBN 3-927393-04-5

Wolfgang Balzer

Spuren Steine Denkmäler

Zeugnisse der Geschichte im Raum Lünen

IKON Verlag

ZUM GELEIT

Seit dem Europäischen Denkmalschutzjahr 1975 und seit Inkrafttreten des nordrhein-westfälischen Denkmalschutzgesetzes im Jahre 1980 haben sich die Rahmenbedingungen für die Erhaltung und Pflege unserer Denkmäler grundlegend gewandelt. Gegen die Zerstörung schöner alter Bauten reagiert die Öffentlichkeit heute in der Regel sehr empfindlich. Die krasse Schädigung historischer Ortsbilder durch Neubauten, die rücksichtlos zur alten Umgebung kontrastieren, war in den sechziger und siebziger Jahren an der Tagesordnung. Inzwischen ist dieser Konflikt in seiner damaligen Schärfe nur noch in seltenen Ausnahmefällen ein aktuelles Problem. Meinungsumfragen haben ergeben, daß Denkmalschutz und Denkmalpflege ganz allgemein betrachtet heute von einer überwältigenden Mehrheit der Bevölkerung als Notwendigkeit begrüßt werden.

Diese überaus positive Entwicklung relativiert sich allerdings dann oft recht deutlich, wenn es um die Erhaltung von konkreten Denkmälern geht. Die generelle Zustimmung erweist sich dann nicht selten als Mißverständnis, das darauf beruht, daß Denkmäler und historische städtebauliche Strukturen in erster Linie als Alternative zu heutiger Bauproduktion geschätzt werden, als gestalterische Bereicherung der bebauten Umwelt und als Erinnerungszeichen an die vermeindlich „gute alte Zeit". Wenn Denkmalpflege in dieser Weise nur als Pflege des Schönen betrachtet wird, muß unverständlich bleiben, warum man die Mühen auf sich nehmen soll, die eine Erhaltung der Denkmäler in der Echtheit ihrer überlieferten Substanz oft mit sich bringt, da doch alles ebenso gut, ebenso schön und möglicherweise viel haltbarer neu gemacht werden kann.

Grundlage des weit gefaßten Denkmalbegriffes in unserem Denkmalschutzgesetz ist die Definition des Denkmals als Geschichtszeugnis. Die Begriffsbestimmung baut auf der Einsicht auf, daß die Denkmäler vielfältige, aus der schriftlichen Überlieferung oder aus Bildquellen nicht erschließbare Informationen über die Zeit ihrer Entstehung enthalten und gegebenenfalls über die Perioden, die sie seither durchlaufen haben. Diese Informationen können freilich nicht unmittelbar aus der bloßen Anschauung gewonnen werden. Um den „Text" des einzelnen Geschichtszeugnisses lesen zu können, muß man sich mit den konkreten Voraussetzungen und Entscheidungen vertraut machen, die zur Entstehung des betreffenden Objektes und eventuell zu späteren Veränderungen geführt haben. Das gilt nicht nur für die großen Kunstwerke, sondern auch für die Bauten und sonstigen Gegenständie, die „nur" eng begrenzte regionale oder örtliche Bedeutung haben. Bauten im ländlichen Bereich und für die unteren städtischen Bevölkerungsschichten geben oft überraschende Aufschlüsse über frühere Arbeits- und Lebensverhältnisse der „kleinen Leute", über Handwerkstechniken, Konstruktionsweisen und Dekorationssysteme in vergangenen Zeiten. Wenn man außerdem frühere Zusammenhänge und bestehende räuliche Bezüge berücksichtigt, wird so in vielfältiger Weise Geschichte im Alltag anschaulich. Es werden die Augen dafür geöffnet, Gewohntes neu zu sehen und in seiner Eigenart besser zu verstehen.

Gerade darum geht es in dem vorliegenden Band. An einer Auswahl beispielhafter Denkmäler – von den ältesten Bodenfunden bis zu herausragenden Bauleistungen der jüngsten Vergangenheit – wird die Geschichte der Stadt Lünen anschaulich gemacht. Ein lückenloses Bild des gesamten Geschichtsablaufes kann dabei selbstverständlich nicht entstehen und war vom Verfasser auch nicht beabsichtigt. Gegenstand des Buches ist eben nicht die Stadtgeschichte im allgemeinen, sondern die Denkmäler und ihre Interpretation als Zeugnisse dieser Geschichte stehen im Mittelpunkt. Durch die Art der Fragestellung verdeutlichen Text und Abbildungen die Gegenwärtigkeit von Entwicklung und Entscheidungen der Vergangenheit im heutigen Stadt- und Landschaftsbild.

Der Verfasser ist seit 1980 als städtischer Denkmalpfleger in Lünen tätig. Die Denkmäler der Stadt und die Probleme ihrer Erhaltung sind ihm also durch seine tägliche Arbeit bestens vertraut. Diese Vertrautheit und die Verantwortung, vor Ort das öffentliche Interesse an der Erhaltung zu vertreten, die oft vielschichtige Bedeutung von Bodendenkmälern und historischem Baubestand immer wieder neu überzeugend zu vermitteln, prägen Stil und Inhalt des Buches und kommen der hoffentlich sehr zahlreichen Leserschaft zugute. Die Basis für die angemessene Erhaltung und Pflege der Denkmäler in Lünen wird dadurch weiter gefestigt.

Dr. Eberhard Grunsky
Landeskonservator von Westfalen-Lippe

Danksagung

All denen, die dazu beigetragen haben, daß dieses Buch geschrieben werden konnte, danke ich sehr herzlich.

So weiß ich mich Herrn Dr. Hömberg, Olpe, für seine Anregungen zum Komplex der Vor- und Frühgeschichte verpflichtet. Zu den Kapiteln mit siedlungsgeschichtlichen und hauskundlichen Themen gaben Herr Dr. Kaspar, Telgte, und Herr Dr. Spohn, Dortmund, wertvolle Hinweise. Mein Dank gebührt auch Herrn Dr. Lehnemann, Lünen, für seinen fachlichen Rat. Frau Elke Stalmann nahm die Mühe auf sich, das Manuskript zu schreiben, und Herrn Artur Weinhold konnte ich gewinnen, den Text zu lesen und Korrekturen anzuregen. Meiner Familie danke ich für die viele Geduld.

Vorwort

Denkmäler sind Träger einer Botschaft. Sie haben Bedeutung für die Geschichte des Menschen, für Städte und Siedlungen oder für die Arbeits- und Produktionsverhältnisse.

In diesem Buch wird die Geschichte der Stadt Lünen anhand ihrer Denkmäler dargestellt. Ausgewählte Bauten, Funde und Gegenstände sollen uns als „Leit-Denkmäler" diejenigen Abschnitte der Geschichte näherbringen, in denen sie entstanden, gebraucht wurden und Veränderungen erfuhren. Die übergreifenden geschichtlichen Phänomene, die Kunstauffassungen und Baugedanken werden dabei den notwendigen Hintergrund – oder auch den Vordergrund – bilden. Denn auch umgekehrt werden uns manche Spuren, Funde und Bauten erst aus dem geschichtlichen Zusammenhang verständlich.

Als Beispiel: Ein Schulgebäude der Jahrhundertwende läßt heute noch etwas vom Geist, insbesondere von den Erziehungsvorstellungen des wilhelminischen Deutschlands erkennen. Es ist gleichzeitig Zeugnis für die Industrialisierung unseres Raumes, als die Bevölkerungszahl sprunghaft stieg, neue Siedlungen und Ortsteile entstanden. Die Bauausführung, von der großen Form bis ins Detail, spiegelt die Architekturauffassung jener Zeit wider, verweist eventuell auf große Beispiele, zeigt örtliche Wandlungen. Darüber hinaus sind die Eigenarten handwerklicher Arbeit oder die Anfänge industrieller Fertigung abzulesen.

Bodendenkmäler sind als Geschichtsquelle besonders hoch einzustufen. Spuren im Boden, die Veränderungen der natürlichen Schichtung, sind mangels anderer Zeugnisse oft die einzigen Urkunden, die uns vergangene Zusammenhänge erschließen. Damit ergibt sich eine besondere Bedeutung der Bodendenkmäler für das Leben in erdgeschichtlicher Zeit und für die Vor- und Frühgeschichte des Menschen. Der Zeugniswert einer Bodenurkunde kann sich aber auch noch auf die jüngste Vergangenheit beziehen.

Es soll an dieser Stelle darauf hingewiesen werden, daß die Art der Darstellung für den Bereich der Vor- und Frühgeschichte anders ist als für die darauf folgenden Zeitabschnitte: Innerhalb des erstgenannten Bereiches ist weniger zu den Fundobjekten ausgeführt als zu den Lebenswelten, die sich daraus erschließen lassen. So sind, um ein Beispiel herauszugreifen, zu den speziellen Formen keramischer Gefäße weder weitergehende Beschreibungen, noch differenzierte zeitliche Zuordnungen vorgenommen worden. Zu gegebener Zeit werden die Fachwissenschaftler die Vor- und Frühgeschichte unseres Raumes unter Berücksichtigung aller relevanten Funde und Befunde methodisch aufarbeiten. In diesem Buch sollen dagegen einige Bodendenkmäler beispielhaft vorgestellt werden, um, daran anknüpfend, skizzenhaft Lebensbilder aus der Welt unserer Vorfahren zu entwickeln. Die sich daraus ergebenden, naturgemäß allgemeineren Aussagen dürften aber, da sie sich auf den Raum Lünen beziehen, durchaus neu sein. Die Abschnitte zu den nachfolgenden geschichtlichen Epochen rücken die einzelnen Denkmäler, hier sind es überwiegend Baudenkmäler, stärker in den Vordergrund. Nun bieten auch die oft komplexen Objekte selbst, zum Beispiel ein Bauernhof, der Stadtkern oder eine Kirche, vielfache Möglichkeiten der Darstellung. Gleichzeitig ist unser geschichtliches Wissen für diese Zeitabschnitte so umfangreich, daß hier die Ausführungen zum Leben der Menschen entsprechend knapp sein können.

Auf die geplante Weise kann eine vollständige Beschreibung der Stadtgeschichte nicht gelingen. Bedingt durch die zugrunde gelegten Urkunden, die Denkmäler also, werden einige Aspekte hervortreten, anderes wird nur gestreift oder kommt nicht vor. Als Nachteil ist das nicht zu sehen, denn es liegen ja bereits mehrere Abhandlungen über die Geschichte der Stadt Lünen vor, wobei in dieser die Denkmäler das zentrale Anliegen sind.

Es gibt aber auch Erweiterungen: Neben einigen Skizzen zum Verlauf der Vor- und Frühgeschichte sollen neuere Erkenntnisse zum städtischen und ländlichen Bauen und Wohnen in die Betrachtungen einfließen.

INHALTSVERZEICHNIS

Der Raum Lünen

Viele Merkmale kennzeichnen Lünen als Stadt des Reviers. Kohle und Industrie haben den Ort geprägt, ihm die heutige Gestalt gegeben. Gleichzeitig vermitteln jedoch die nördlichen Ortsteile zum noch traditionell landwirtschaftlich geprägten Münsterland.

Neben dem mittelalterlichen Stadtkern mit seinen späteren Erweiterungen gibt es eine Anzahl von Ortsteilen unterschiedlicher Bedeutung und Größe, dazu kleinere Siedlungssplitter, aber auch Gewerbeflächen und Industriestandorte. Die heutigen Ortsteile sind als Folge von Bergbau und Industrie im Bereich der alten Bauerschaften, deren Namen sie heute tragen, entstanden. So hat sich zum Beispiel um die Jahrhundertwende als Folge der Achenbachschächte aus der alten Brambauerschaft mit wenigen Höfen eine Gemeinde mit schon bald mehreren tausend Einwohnern gebildet. Durch Eingemeindung der einst selbständigen Ortschaften in diesem Jahrhundert wuchs die Stadt Lünen zu ihrer jetzigen Größe.

Zwischen den Ortslagen dehnen sich kleinere und größere Freiräume aus, welche die vorindustrielle Kulturlandschaft erkennen lassen. Aufstehende Waldstücke ergeben im Wechsel mit Weiden und Feldern Landschaftsbilder nicht ohne Reiz. Ein dichtes Straßennetz überzieht das Stadtgebiet, verbindet die Ortsteile untereinander und mit der Region. Schienenwege durchqueren die Stadt, und der Datteln-Hamm-Kanal mit seinen Häfen bildet den Anschluß an das europäische Wasserstraßennetz.

Der untertägige Bergbau hat zu einer nachhaltigen Veränderung der Topographie geführt, so durch die teilweise Absenkung der Erdoberfläche, die sogenannten Bergsenkungen. Als eine Folge sind Gewässer begradigt und, wie der Datteln-Hamm-Kanal, von hohen Deichen eingefaßt worden. Die mit der Kohle immer zutage

Vom Turm des Rathauses zeigt der Blick nach Westen die Weite der grünen Lippeaue. Im Hintergrund rechts ist die Bewaldung des Heikenberges in Alstedde zu erkennen. Die Schornsteine am Bildrand oben links gehören zum Lippewerk auf dem südlichen Lippeufer. Das Werk ist schon dem Industrierevier zuzurechnen.

Alstedde und Lippholthausen
Der Blick vom Heikenberg läßt die Talaue der Lippe als grüne Ebene erkennen. Daraus erhebt sich hinten rechts der Park des ehemaligen Schlosses Buddenburg. Die Lippe bildet hier immer noch die Grenze zum Industriegebiet – das Kraftwerk Kellermann mit seinen Kühltürmen liegt bereits auf dem anderen Ufer des Flusses.

geförderten Steine, die sogenannten Berge, stellen sich heute, modelliert und bepflanzt, als grüne Hügel dar.

Heute, etwa hundert Jahre nach den ersten Teufen, zieht sich der Bergbau wieder aus Lünen zurück.

Das jetzige komplexe Siedlungsgefüge, Ausdruck der sich ständig wandelnden Industriegesellschaft, läßt nur schwer die natürlichen Eigenarten des Raumes erkennen. Sicher, wer mit dem Fahrrad das Stadtgebiet durchfährt, wird alle Feinheiten des Reliefs wahrnehmen können. Ein Blick vom hohen Rathaus zeigt heute noch die Lippe mit ihrer grünen Aue als ein entscheidendes Element der Siedlungslandschaft.

Auf ihrem Weg durch die Westfälische Bucht zum Rhein erreicht die Lippe in Lünen ihren südlichsten Punkt. Sie wird über weite Strecken beidseitig von deutlich erfahrbaren Höhenzügen begleitet. Im Norden des Stadtgebietes sind das die in Ost-West-Richtung verlaufenden sogenannten Lippe-Höhen, die sich hier etwa 40 bis 50 Meter über die Talaue erheben. Mit steilem Abfall lippewärts und starker Bewaldung ist der als „Cappenberger Stufe" bezeichnete Teil oberhalb Lünens besonders eindrucksvoll. Die Lippe-Höhen sind noch dem Kernmünsterland zuzurechnen, das auf diese Weise bis in den Raum Lünen reicht (1).

Südlich folgt dann das Tal der Lippe, das schon einem anderen westfälischen Landschaftsteil, dem Hellweg, zuzurechnen ist. Linksseitig des Flusses verläuft dann ebenfalls eine Reihe flacher Erhebungen, die in unserem Abschnitt als „Derner Höhen" bezeichnet werden und das Tal nach Süden abschließen. Sie erheben sich 30 bis 40 Meter über die Talaue und fallen nach Norden sanft ab. Der Ortsteil Brambauer liegt in ganzer Ausdehnung auf dem westlichen, „Brechtener Platte" genannten Teil dieser Höhen. Von den Ortsrändern neigt sich das Gelände nach Norden in Richtung Lippholthausen und nach Osten in das Mühlenbachtal.

Horstmar (Schwansbell)

Das natürliche Relief des Raumes Lünen ist teilweise stark überformt. So entstand z. B. mit der begrünten ehemaligen Mülldeponie in Schwansbell ein künstlicher Hügel. Über der kanalisierten Seseke ist mit seinen Kirchtürmen und dem Rathaus das Stadtzentrum zu erkennen.

Mit seiner größten Fläche erstreckt sich das Gebiet der Stadt Lünen über das Talbecken, welches von den genannten Höhenzügen gesäumt wird. Im Südosten, wo der Lippe als ihr bedeutendster Nebenarm die Seseke zufließt, haben die Kräfte des Wassers die Talebene großflächig erweitert.

Von den Hängen der umgebenden Höhen fließt eine Anzahl von Bächen in das Talbecken, wo sie dann in die Lippe oder Seseke münden. Soweit sie noch in ihrem natürlichen Bett verlaufen, prägen sie mit ihrem Uferbewuchs das Landschaftsbild nachhaltig. Ein Teil der Bäche ist jedoch, wie die Seseke ja auch, kanalisiert oder gar verrohrt, und es kostet erhebliche Mühe, ihnen im Rahmen einer Renaturierung die alte Bedeutung zurückzugeben.

Zur unberührten Naturlandschaft unseres Raumes gehörten ausgedehnte Wälder, Auwälder in den feuchten Niederungen und Mischwälder mit Rot- und Hainbuchen, Eichen und Birken auf den weiten Sandbodenflächen. Mit ihrem Wirken haben die Menschen dann im Laufe einiger Jahrtausende die Naturlandschaft zu der bäuerlichen Kulturlandschaft gewandelt, wie wir sie heute teilweise noch erfahren können. In weniger als 200 Jahren ist dann die heutige Industrielandschaft entstanden - aber auch sie ist ständig im Wandel.

Die skizzenhafte Darstellung des Raumes Lünen ist notwendig, sollen die Aussagen der Denkmäler in der vorgesehenen Weise verständlich werden. Da zu den Denkmälern ausdrücklich auch Zeugnisse aus erdgeschichtlicher Zeit zählen (2), sind zunächst die Frühzeiten des Raumes zu beschreiben. Bergbau und Industrie, Ursache für die bisher stärksten Änderungen, bereichern sozusagen nebenbei unser erdgeschichtliches Wissen. Es geht um Spuren und Zeugnisse, die in der Tiefe sichtbar werden, in den Bergwerken, Auslehmungen und Baugruben.

Leben als Ausdruck und Versteinerung – Denkmäler aus erdgeschichtlicher Zeit

Vor etwa 300 Millionen Jahren, in dem als „Oberkarbon" bezeichneten Abschnitt des Erdaltertums, gehörte der Bereich des heutigen Ruhrgebietes zu einem großen Ablagerungstrog, der auch die Kohlenbecken von Belgien, Frankreich und England umfaßte (3). Hier muß aber erklärend hinzugefügt werden, daß sich die Landmasse Europas in jenem Abschnitt der Erdgeschichte nicht innerhalb der heutigen geographischen Längen und Breiten befand. Die Kontinente driften, und Europa hatte seine heutige Lage noch lange nicht erreicht.

In jener Zeit sank die Oberfläche des Troges, einem bestimmten Rhythmus folgend, ständig ab. Bei langsamer Senkung bildeten sich Sumpfmoore, in denen Torf entstand. Je länger der Zustand des langsamen Sinkens andauerte, desto mächtiger wurde die Torfschicht. Plötzliche stärkere Senkungen ließen die Torfbildung abreißen, die Oberfläche geriet unter Wasser, und die Torfmoorvegetation starb ab. Vom südlich angrenzenden Gebirgsland gelangten nun Sande und Schlämme, die durch Verwitterung der Gesteine entstanden waren, in das Becken und deckten die überfluteten Torfmoore zu. Diese Deckschicht wandelte sich im Laufe der Erdgeschichte in Sandstein und Schiefer. Auf dem nun wieder zu Land gewordenen Gebiet konnte sich, stetiges Absinken vorausgesetzt, erneut Moorvegetation ansiedeln, die Vorgänge wiederholten sich.

Der oberkarbonische Ablagerungstrog sank auf die beschriebene Weise innerhalb eines langen Zeitraumes immer tiefer ein und wurde mit mehreren Tausend Metern Sediment gefüllt. In regellosem Wechsel und unterschiedlicher Ausbildung und Mächtigkeit sind die darin eingeschlossenen Torfschichten durch Druck und Hitze allmählich zu unseren heutigen Steinkohlenflözen geworden.

Die Schiefertone aber, besonders im Hangenden der Flöze, zeigen als Abdruck die Moorvegetation, die sie einstmals bedeckt haben, oder Tiere, die damals lebten. So zeigen sich Bilder von Farnen und Schachtelhalmen, in manchen Schichten von Muscheln, Fischen, Gliedertieren und Insekten. Im allgemeinen sind die Schichten des Oberkarbon auf dem Festland entstanden, die Abdrücke sind entsprechend terristischer, also festländischer Herkunft. Daß es Zeiten gab, in denen der Trog aber vom Meer bedeckt war, zeigen die sogenannten marinen Schichten.

So arbeiten die Bergleute in einer steingewordenen Welt, deren Leben vor mehr als 275 Millionen Jahren endete. Denjenigen, die nicht ins Bergwerk einfahren, bleibt die Welt des Karbon im

Dieses Zeugnis pflanzlichen Lebens aus erdgeschichtlicher Zeit wurde von Bernhard Falk aus dem Steinkohlengebirge geborgen. Es ist mehr als 275 Millionen Jahre her, daß der abgebildete Farn ein Bestandteil der Moorvegetation war, aus der unsere Steinkohlenflöze entstanden sind. Im aufliegenden Schieferton bildete sich der Abdruck. Heute befindet sich der schöne Hinweis auf die pflanzliche Lebenswelt des Oberkarbon im Museum der Stadt Lünen.

Grunde verschlossen. Das gilt jedenfalls für den Raum Lünen, wo die Flöze nicht, wie am Nordrand des Sauerlandes, an die Oberfläche ausstreichen. Uns allen werden die Spuren dieses frühen Lebens sichtbar, wenn wir zutage geförderte Berge (Steine) untersuchen und, mit etwas Glück, Abdrücke von Pflanzen oder Tieren entdecken.

Um das Steinkohlengebirge zu erreichen, müssen die Bergleute zunächst das sogenannte Deckgebirge durchfahren. Dieses beginnt bereits wenige Meter unter der Erdoberfläche und erreicht eine Mächtigkeit von ungefähr 450 Metern. Dabei handelt es sich um die Ablagerungen der Oberkreide, die in unserer Gegend unmittelbar dem Karbon folgen. Vor etwa 70 Millionen Jahren, im letzten Drittel des Erdmittelalters, drang das Meer in unseren Raum, um in mehreren Schichten seine Sedimente abzulagern. Auf der Oberfläche des Steinkohlengebirges liegt zunächst das Cenoman, es folgen das Turon, schließlich der Emscher und das Senon. Diese Formationen sind nach spezifischen Merkmalen zu unterscheiden, wozu auch die Leitformen der untergegangenen Fauna als erdgeschichtliche Zeugnisse des Kreidemeeres gehören.

Die Schichten der Oberkreide fallen leicht nach Norden ein und treten nach Süden, vom Rande des Kernmünsterlandes bis zum Haarstrang, ihrer untertägigen Abfolge entsprechend, an die Oberfläche. In Lünen sind es die Schichten des Untersenon und des

Die abgebildete Muschel erreichte als Versteinerung unsere Zeit. Sie lebte vor etwa 70 Millionen Jahren, als das Meer unseren Raum bedeckte und mit seinen Ablagerungen die Schichten der Oberkreide bildete. Bernhard Falk barg das Fossil aus der Tongrube der früheren Ziegelei Robbert an der Cappenberger Straße. Es befindet sich heute im Museum der Stadt Lünen.

Emscher, die kurz unter der Oberfläche anstehen und am Landschaftsaufbau beteiligt sind.

Als sich am Ende der Kreidezeit das Meer zurückzog, verwitterte die trockengefallene Oberfläche und wurde abgetragen. Das hat sich vermutlich unterschiedlich ausgewirkt, je nach Beschaffenheit der Kreidestufen, und es ist anzunehmen, daß sich damals bereits die Großformen unserer Landschaft herausbildeten.

Mit dem Teufen der Schächte und bei tieferen Bohrungen ergeben sich Aufschlüsse, die eine Untersuchung und Zuordnung der Kreideschichten ermöglichen. Früher wurden die oberflächennahen Schichten vielfach durch die Tongruben der Ziegeleien zugänglich. Heute gibt es kaum noch derartige Auslehmungen, und bei Baustellen mit tiefen Gruben verhindern oft die verbauten oder gespundeten Seiten ein Betrachten der Schichtenfolgen.

In einigen Bereichen reicht der Kreideuntergrund bis an die Oberfläche, das heißt, er ist nicht oder nur wenig von Sanden oder eiszeitlichen Geschieben bedeckt. Das ist in der Nähe Lünens in Cappenberg der Fall, wo widerstandsfähige Partien des Kreidemergels und der Einschluß harter Sandsteinbänke zur Ausbildung der kräftigen Cappenberger Stufe geführt haben. Eine derart gute Zugänglichkeit der Kreideschichten ermöglichte mancherorts die Anlage von Steinbrüchen. In der westfälischen Stadt Halle ist beim Abbau der Natursteine ein besonders stattliches Beispiel der kreidezeitlichen Tierwelt zutage getreten: Hier konnte im Jahre 1989 das Skelett eines Haies fast vollständig geborgen werden (4).

Es ist schon schwer vorstellbar, daß dort, wo heute Westfalen ist, derartig stattliche Raubfische lebten. Meistens handelt es sich bei den Fossilien, die uns heute aus den Schichten der Kreide entgegentreten, um die Zeugnisse einer friedlicheren Tierwelt, jedenfalls aus dem menschlichen Blickwinkel gesehen. Da gibt es versteinerte Schnecken, Seeigel, aber auch Ammoniten, die in respektablen Größen vorkommen können. Letztere gehörten zu den gehäusetragenden Tintenfischen. Bis auf die Gattung „Nautilus" haben sie, wie die Dinosaurier auch, mit dem Ende der Kreidezeit die Erde wieder verlassen.

All diese Fossilien sind als Zeugnisse der Erdgeschichte Denkmäler von hohem Rang. Sie erschließen uns das vergangene Wirken der Natur, die Lebensformen des Karbonzeitalters und des Kreidemeeres, aber auch den geologischen Aufbau unseres Raumes.

Spuren und Steine – Die Vor- und Frühgeschichte im Spiegel ihrer Denkmäler

Eiszeitliches Leben

Am 18. September 1961 staunen die Arbeiter auf einer Baustelle an der Altstadtstraße nicht schlecht: Beim Ausschachten zur Erweiterung der Kläranlage „Wevelsbach" werden in etwa acht Meter Tiefe große Knochen freigelegt, offensichtlich fünf Rückenwirbel und eine Rippe. Sie liegen, von einer Kiesschicht bedeckt, auf dem Untergrund aus Emschermergel. Bald danach ist der Fund als der Überrest eines Mammuts identifiziert und kann der geologischen Sammlung in der damaligen Stadtschule zugeführt werden (5).

Das Mammut als früher Bewohner des hiesigen Raumes wird durch einen weiteren Fund bestätigt: Bei der Vertiefung des Süggelbaches in Gahmen wurde 1973 das 1,40 Meter lange Teilstück eines Stoßzahnes geborgen. Am Kieferansatz beträgt der Durchmesser respektable 18 Zentimeter. Das stattliche Zahnstück befindet sich heute im Naturkunde-Museum in Dortmund. Auf eine andere, längst ausgestorbene Spezies weist ein Fund in Lippholthausen hin: Bei Ausschachtungsarbeiten Mitte der 70er Jahre trat ein 56 Zentimeter langer und 29 Zentimeter hoher Kieferknochen zutage, der nach Auskunft des Paläontologischen Instituts der Universität Münster eindeutig von einem Fellnashorn stammt. Der Kiefer wurde dem Museum der Stadt Lünen übergeben, wo er eine Sammlung ähnlicher Fossilien, die alle auf die vergangene Tierwelt unseres Raumes verweisen, ergänzt.

Am Aufbau der geologisch-prähistorischen Sammlung, die früher in der alten Stadtschule untergebracht war und später in das Museum übernommen werden konnte, hatte Bernhard Falk wesentlichen Anteil. Falk lebte von 1870 bis 1939, war Bergmann, dazu Geologe und Sammler aus Leidenschaft. Später setzte der Sohn das Werk des Vaters fort. Dem Bergmann Falk waren die Abdrücke des Karbon natürlich gut zugänglich, darüber hinaus forschte er nach den Versteinerungen der Kreide. Aus den oberflächennahen Aufschlüssen, den Auslehmungen und Baugruben, trug er mit seinen Helfern auch die beschriebenen Knochenfunde zusammen, denen eines gemeinsam ist: Es handelt sich um Zeugnisse der eiszeitlichen Tierwelt (6).

Das Pleistozän oder Eiszeitalter ist gekennzeichnet durch den mehrfachen Wechsel von Kaltzeiten, also den eigentlichen Eiszeiten, und den Warmzeiten, die auch Zwischeneiszeiten genannt werden. Während der Kaltzeiten dehnten sich die Gletscher Skandinaviens weit über die Norddeutsche Tiefebene aus und erreichten auch unseren Raum. Mit ihrem Vordringen nahmen sie Stein- und Erdmassen auf, die sie dann beim Auftauen als Moräne niederlegten. Die Schmelzwasser trugen Sand und Schotter noch weit fort (7).

Ein besonders weiter Vorstoß des Eises ist für den Zeitraum zwischen 240.000 bis 180.000 Jahren, während der sogenannten Riß- oder Saale-Eiszeit, nachzuweisen. Es folgt die letzte, die sogenannte Riß-Würm-Zwischeneiszeit, mit einem gemäßigten oder warmen Klima und einer üppigen Vegetation. Für die Tierwelt, deren Zeugnisse heute in den Baugruben zutage treten, bestanden damit die notwendigen Lebensbedingungen. Hinweise auf noch früheres Leben wird es bei uns nicht mehr geben, da das Eis den Boden tiefgreifend umgearbeitet und alle Spuren beseitigt hat. Die nachfolgende Würm-Eiszeit ließ unseren Bereich dann noch einmal vor Kälte erstarren, die Gletscher haben die Lippe aber nicht mehr erreicht.

Wenn heute, meistens bei Tiefbauarbeiten, die Zeugnisse eiszeitlichen Lebens zutage treten, ist die jeweilige Fundsituation oft sehr ähnlich (8). Die Knochen oder die Reste von Hörnern und Geweihstangen finden sich dann unter teils meterdicken sandigen Schichten, am Übergang zu den Mergeln der Oberkreide. Es ist nicht selten, daß hier eine mehrere Dezimeter dicke Schicht aus nordischen Kieseln angetroffen wird, die wegen der Fundhäufung auch als Knochenkiese bezeichnet werden. Dabei handelt es sich um die ausgewaschenen Reste der saaleeiszeitlichen Grundmoräne, deren Geschiebe einst den ganzen Raum der Lippeniederung

Lünen-Alstedde

Im Frühjahr 1990 erfolgte der Erdaushub für ein neues Pumpwerk. Nach dem Abbau der mehrere Meter mächtigen Talsande wird die Oberkreide mit ihren schweren Mergeln erreicht.

überdeckten, die durch Erosion aber weitgehend wieder abgetragen wurden. Von den Schmelzwässern hertransportiert und dann abgelegt (9), sind hier manchmal, wie an der Altstadtstraße geschehen, die Reste des eiszeitlichen Mammuts zu finden.

Mammutherden oder Nashörner an der Lippe und Seseke können wir uns heute wirklich schwer vorstellen. Aber damit sind nur die größten Tiere genannt; es gab damals noch viele weitere Arten, die uns heute ebenso exotisch anmuten. Die Tier- und Pflanzenwelt des Eiszeitalters war vielfältig und entsprach den jeweiligen klimatischen Verhältnissen unseres Raumes (10). So gab es zum Beispiel beim Vordringen oder beim Rückzug der Gletscher ein tundrenartiges Vorfeld, in dem der arktische Sommer eine spärliche Vegetation entstehen ließ. Während dieser Zeit lebte als typisches Tier der Tundra das Ren bei uns, das zeitweise weite Teile Europas bevölkerte. Es kam auch das wollhaarige Nashorn, dessen genaues Aussehen uns bekannt ist, da es seinen Steckbrief tiefgefroren im Eis Sibiriens hinterlassen hat.

Demnach ist es ein regelrechtes Ungetüm gewesen, plump, schwerfällig, mit einem dichten Haarkleid versehen und mit einem meterlangen Horn bewaffnet – dabei ein friedlicher Vegetarier. Es leistet gern dem Mammut Gesellschaft, das, bis zu vier Meter groß und machmal 80 Zentner schwer, zeitweilig in fast ganz Europa lebte. Die gebogenen, vier Meter langen Stoßzähne gaben ihm einen martialischen Ausdruck. Aber auch das Mammut war Vegetarier, fraß friedlich Flechten, Moose und die Triebe junger Weiden und Birken, der Mageninhalt tiefgefrorener Mammuts in Sibirien erbrachte den Nachweis.

In der eigentlichen Warmzeit war die Fauna deutlich anders. Da tummelten sich Höhlenbären und Höhlenlöwen im heutigen Westfalen, aber auch Hyänen und Säbelkatzen. Es waren auch die Ahnen unserer heutigen Tierwelt vertreten, so Hirsche und Rehe in großer Zahl.

Eines Tages betraten erstmalig Menschen den Raum an der Lippe. Über ihre früheste Anwesenheit ist nichts bekannt, die Gletscher der Eiszeit haben, wie bereits ausgeführt, alle Spuren beseitigt. So ist denn, wie bei der eiszeitlichen Tierwelt auch, mit frühen Zeugnissen menschlichen Lebens allenfalls für die Zeit zu rechnen, die der maximalen Ausdehnung der saaleeiszeitlichen Gletscher folgt (11).

Die Menschen lebten vom Fischfang und von der Jagd (12). Dabei wurde nicht nur Niederwild ihre Beute, sie gingen auch erfolgreich die Großtiere des Eiszeitalters an, so das Mammut oder das Wollnashorn. Weitere Nahrung gewannen die Menschen durch das Sammeln von Kleintieren, Früchten, Vogeleiern und Wildpflanzen.

Ein Höhlenbewohner ist der Mensch jener Zeit, jedenfalls in unserem Raum, nicht gewesen, im Gebiet der mittleren Lippe hätte auch keine Behausung dieser Art zur Verfügung gestanden (13). Generell belegt sind aber für diesen Abschnitt der Steinzeit Hütten mit Feuerstellen sowie Schutzschilde gegen den Wind (14).

Das Rohmaterial für die Werkzeuge, mit denen die Beute zerlegt werden konnte, und die überhaupt die tägliche Daseinsfürsorge ermöglichten, lieferten die Gerölle und Schotter der Lippeniederung (15). Aus den leicht spaltbaren Feuersteinknollen ließen sich Geräte verschiedener Zweckbestimmung herstellen, deren bearbeitete Kanten scharf wie Glas waren. In diesem Abschnitt der Menschheitsgeschichte spielte der Faustkeil eine größere Rolle. Mit Hilfe der steinernen Werkzeuge fertigten die Menschen Geräte aus Holz, Knochen und Horn , deren Reste heute aber vergangen sind. Die steinerne Hinterlassenschaft der Menschen verbleibt uns dagegen als Beleg ihrer frühen Anwesenheit.

Artefakte (Werkzeuge) der Menschen des eigentlichen Eiszeitalters sind im Raum des heutigen Lünen bisher nicht sicher belegt (16). Die von Lünen aus gesehen nächsten Funde aus diesem Abschnitt der Menschheitsgeschichte, das ist die frühe und mittlere Altsteinzeit, sind aus Selm-Ternsche, aus Hullern und aus Herne bekanntgeworden (17). Von einer zeitweisen Anwesenheit der frühen Jäger und Sammler auch „bei uns", als Zeitgenossen der beschriebenen eiszeitlichen Tierwelt, kann jedenfalls ausgegangen werden.

Der Menschentyp, um den es hier geht, hat die Welt dann wieder verlassen, er hatte keinen Bestand. Es handelt sich um den sogenannten Neandertaler, dem ein Tal bei Düsseldorf den Namen gegeben hat.

Späte Jäger und Sammler und die ersten Siedler

Nach den Ablagerungen des Kreidemeeres modellierten die Eiszeiten weiter an der Oberflächengestalt unseres Raumes (18). Eiszeitliche und nacheiszeitliche Abtragungen und Aufträge, so die Anwehungen von Flugsand, verfeinerten das Relief. Im Ergebnis stellt sich der Raum Lünen überwiegend als ein Talbecken dar, dessen Grund terrassenförmig ausgebildet ist und leicht zu den Rändern aufsteigt. Noch bis in den Anfang unseres Jahrhunderts bildeten Sanddünen viele kleine Hügel. An wenigen Stellen stößt der Mergeluntergrund aus den Decksanden hervor und erreicht mit seinen Kuppen, so zum Beispiel mit dem Buchenberg, die

Übersicht über die Geländeform des Lüner Raumes

Die Karte zeigt das Relief des Raumes Lünen, wie es das Kreidemeer, die Eiszeiten und nacheiszeitliche Naturkräfte geschaffen haben. Das Lüner Flachbecken mit den seitlich begrenzenden Höhenzügen tritt deutlich hervor. Nach den letzten Kälterückschlägen des Eiszeitalters breitete sich der Wald hier aus, ein Auwald in den Niederungen und ein Mischwald aus Buchen, Eichen und Birken auf den Sandböden der Terrassen. Zunächst durchstreiften dann späte Jäger und Sammler das Tal der Lippe. Seit der Jungsteinzeit haben Menschen auch die Spuren ihres Siedelns hier hinterlassen.

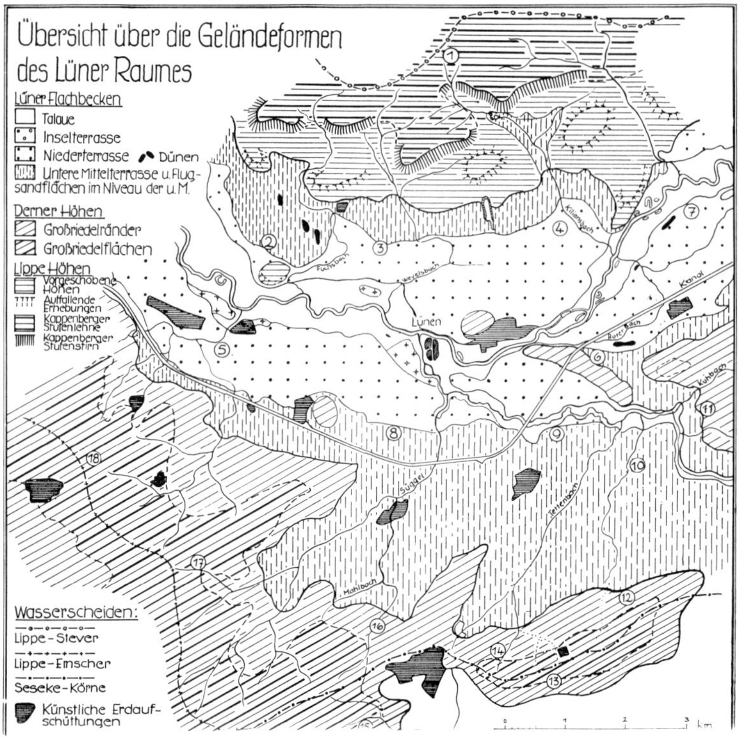

stattliche Höhe von über 20 Metern gegenüber dem umgebenden Gelände.

Nach einigen Kälterückschlägen endete die Eiszeit schließlich endgültig, und ab etwa 8000 v. Chr. vollzieht sich die Änderung zu einem wärmeren Klima, das im Grunde bis heute andauert (19). Nun breitete sich der Wald wieder bei uns aus, ein Auwald in den Niederungen von Lippe und Seseke und ein Mischwald mit Rot- und Hainbuchen, Erlen und Birken im Sandbodenbezirk der Terrassen (20).

Als die natürlichen Bedingungen es zuließen, kamen auch wieder Menschen in unseren Raum. Seit der jüngeren Altsteinzeit, also seit etwa 35.000 bis 30.000 Jahren, entsprechen die in Mittel- und Westeuropa lebenden Menschen im Hinblick auf ihre körperliche Beschaffenheit den heutigen Erdenbewohnern (21). Wir können also von unseren eigentlichen Vorfahren sprechen. Ihre kulturellen Leistungen gingen bereits weit über die tägliche Daseinsfürsorge hinaus, wie die berühmten Höhlenmalereien besonders in Frankreich und Spanien beweisen. Es gab auch „Kleinkunstwerke" in jener Zeit, so Bilder von Tieren und menschenähnlichen Gestalten, die in Steinplättchen oder Stücken aus Knochen und Elfenbein eingeritzt sind. Nach etwa 15.000 v. Chr. breitete sich diese Kunst von Westeuropa bis nach Sibirien aus. In der Balver Höhle im Sauerland konnte ein Tonschieferstück mit der lebensnahen Gravie-

Schulwandbilder dieser Art waren in den Jahrzehnten vor dem Ersten Weltkrieg ein Mittel, den Kindern die altsteinzeitliche Lebenswelt nahezubringen. Die Darstellung läßt sich nicht ohne weiteres auf den Raum Lünen übertragen: Hier haben keinerlei Höhlen oder Felsvorsprünge Lager und Schutz bieten können. Es werden aber summarisch viele Aspekte des steinzeitlichen Lebens angesprochen, so die Jagd, das Verarbeiten der Beute, die Bedeutung des Feuers und das Herstellen von Gegenständen. Vieles wurde aus Knochen, Horn oder Holz gefertigt, aber fast nur die steinernen Gebrauchsgüter erreichten unsere Zeit und gaben diesem Abschnitt der Menschheitsgeschichte den Namen.
Die Tätigkeit des Malers an der Felswand geht bereits weit über die Notwendigkeit der Daseinsfürsorge hinaus.
Das Schulwandbild befindet sich im Museum der Stadt Lünen.

rung eines Pferdekopfes geborgen werden, das in den Zeitraum von 10.000 bis 15.000 v. Chr. datiert wird (22). Mit diesem Fund hat auch Westfalen Anteil an jenem Phänomen von europäischen Ausmaßen.

Nach der Eiszeit, bei noch arktisch geprägtem Klima, durchstreiften zunächst jagende Gruppen die Tundren unseres Raumes. Besonders Rentiere und Wildpferde waren ihre geschätzte Beute (23). Mit der weiteren Änderung des Klimas bot dann die sich entwickelnde Urlandschaft mit ihren fischreichen Flüssen und Seen den Menschen und Tieren vielfältige Nahrung. So durchstreiften Jäger und Sammler (24) auch das Tal der Lippe. Sie erlegten Hirsche, Rehe und anderes großes Wild, aber auch Kleintiere, wie zum Beispiel Vögel. Darüber hinaus lebten die Menschen vom Fischfang sowie vom Sammeln von Beeren, Nüssen und anderen Wildfrüchten. Die Bedingungen der Nahrungsbeschaffung zwangen zum Leben in kleinen Gruppen und zum mehrfachen Wechsel der Wohnplätze. Hütten aus Ästen, Zweigen, Blättern und Schilf bildeten die Behausungen (25).

Im Raum Lünen haben die Menschen jener Zeit die Spuren ihrer Anwesenheit besonders im heutigen Beckinghausen hinterlassen (26). Es handelt sich um die steinernen Reste von Gerätschaften. Alles, was aus Holz oder Knochen gefertigt war, ist vergangen. Vom Pfeil und Bogen, der Hauptwaffe jener Zeit (27), sind nur die steinernen Spitzen geblieben. Sie tauchen hin und wieder aus den Äckern auf und können als Lesefunde geborgen werden.

Werkzeuge, Waffen und Geräte waren seit dem Eiszeitalter verfeinert worden. Die Rohlinge aus Feuerstein wurden nun zu feinsten Mikrolithen verarbeitet (28), so zu Pfeilspitzen, Klingen, Schabern usw. Nach dem kulturellen Stand der Menschen, den selbstgeschaffenen Möglichkeiten der Daseinsfürsorge, wozu auch die steinernen Geräte gehören, sowie nach vielen anderen Faktoren bezeichnet die Wissenschaft diesen Abschnitt der Menschheitsgeschichte als Mesolithikum, also als Mittelsteinzeit.

Etwa ab der Mitte des 6. Jahrtausends v. Chr. änderte sich die Lebensweise im heutigen Westfalen grundlegend. Pflanzenanbau und Tierhaltung waren nun die neuen Grundlagen der Nahrungsbeschaffung (29). Jetzt wurden Weizen, Gerste und Hülsenfrüchte angebaut, und die Menschen hielten Schweine, Rinder und Schafe als Nutztiere. Die neue Wirtschaftsweise hatte wohl mehrere tausend Jahre gebraucht, um durch Weitergabe der Kenntnisse und Fertigkeiten, aber auch durch zuziehende Siedler, von den Ländern Kleinasiens bis an die Lippe zu kommen. Das planvolle Eingreifen in die Natur sowie die Vorratswirtschaft setzten ein Leben an festen Wohnplätzen voraus, bedeuteten Seßhaftigkeit.

So begann mit ersten Siedlungen, Ackerbau und Viehhaltung allmählich und ohne spektakuläre Wende eine Zeit, die als Neolithikum, Jungsteinzeit also, bezeichnet wird. Jagende und sammelnde Gruppen der späten Mittelsteinzeit gab es aber noch lange gleichzeitig. Die Sandbodenbereiche der Lippe und das Münsterland waren die von ihnen bevorzugten Schweifgebiete (30).

Zusammen mit Ackerbau und Viehhaltung war erstmalig das Auftreten von keramischen Gefäßen verbunden (31). Die neue Art der Hauswirtschaft erlaubte – beziehungsweise bedingte – feste Gefäße unterschiedlicher Zweckbestimmung. Es leuchtet ein, daß jagende und sammelnde Gruppen keinen derartigen Hausrat mitführen konnten. Nun wurden zu unterschiedlichen Zeiten von den Gruppen der einzelnen Lebensräume verschiedene Formen der Keramik entwickelt und vielfältige Techniken der Herstellung angewendet. Danach, sowie nach regionaler Verbreitung der Funde, definiert die Wissenschaft jeweilige „Leitkeramiken" und benennt entsprechende Kulturen.

Im nordeuropäischen Flachland bildete sich allmählich eine eigenständige Bauernkultur heraus, die nach ihren Gefäßen mit trichterförmig ausbiegendem Rand als Trichterbecherkultur bezeichnet wird. Die Keramik ist reich dekoriert, und einzelne Zierstreifen sind dabei zur Aufnahme von Farbeinlagen tief in die Gefäßwand eingedrückt. Wir sprechen daher auch von norddeutscher Tiefstichkeramik. Eng verbunden mit dieser Art Töpferwaren war das Vorkommen von Großsteingräbern, den sogenannten Megalithgräbern (32).

Nach der Mitte des 4. Jahrtausends kam es nun zu einer Südausbreitung der Trichterbecherkultur, die um diese Zeit etwa die Lippelinie erreichte und bis in das 3. Jahrtausend v. Chr. angedauert haben mag (33).

Die Zeit der Großsteingräber

Wer seinen Urlaub in der südlichen Bretagne verbringt, wird es nicht versäumen, die Allee-artigen, 1,5 km langen und sehr eindrucksvollen Steinsetzungen bei Carnac, die Menhire, zu bewundern. Vielleicht wird er auch, mit einem etwas klammen Gefühl natürlich, die Kammern eines der vielen Steingräber betreten, die in der Bretagne weit verbreitet sind. Diese aus großen Steinen wie ein Tisch zusammengesetzten Gebilde, die in mancherlei Abwandlungen und Größen vorkommen können, nennt man Dolmen. Sie waren einst in West- und Nordeuropa häufig anzutreffen; Verbindungslinien weisen auf eine Verknüpfung dieser Grabkultur mit Nordafrika (34). Ihr europäisches Verbreitungsgebiet reichte von der Iberischen Halbinsel bis hoch in den Norden und umfaßte auch den Nordwesten Deutschlands. Hier hat ihnen der Volksmund den Namen „Hünengräber" gegeben. Die westfälischen Großsteingräber befinden sich vor allem nördlich des Teutoburger Waldes. In Wersen bei Tecklenburg kann in einem Wald die Kammer der „Großen Sloopsteene" betreten werden, die bei zwei Metern Breite respektable achtzehn Meter lang ist.

Der Urlauber wird in aller Regel nicht wissen, daß er auch in Lünen, genauer in Alstedde, wenn auch in sehr bescheidenem Maße, an jenem beschriebenen Phänomen teilhaben kann, das treffend „Megalithkultur" genannt wird: Als im Jahre 1909 in

Lünen-Alstedde

Mit dem im Jahre 1909 entdeckten Großsteingrab hat der Raum Lünen Anteil an der jungsteinzeitlichen Megalithkultur. Ein verbliebener Deckstein des zerstörten Grabes ziert heute die Grünfläche vor der Ludgeruskirche.

Alstedde der unter dem Humus anstehende Sand abgebaut wird, stoßen die Arbeiter in etwa einem Meter Tiefe auf ein Großsteingrab von ungefähr neun Metern Länge und fünf Metern Breite (35). Das Grab wird leider zerstört, eine archäologische Untersuchung findet nicht statt. Immerhin konnte von den Grabbeigaben etwas Tiefstichkeramik gerettet und in die sogenannte Trichterbecherkultur eingeordnet werden. Großsteingräber und Trichterbecher gehören vielfach zusammen (36) und entstammen beide der Jungsteinzeit, jenem vorgeschichtlichen Abschnitt, der bei uns bis in das zweite Jahrtausend v. Chr. andauert.

Bei einem Megalithgrab bilden aufrecht stehende seitliche Tragsteine mit den darüberliegenden Decksteinen eine zu ebener Erde liegende Kammer. In der Regel lieferte die Natur das Baumaterial in Form von Findlingen. Das Bauwerk wurde abschließend hügelartig mit Erde überdeckt, die seitlich von einer Steinsetzung eingefaßt werden konnte. Die Lücken zwischen den großen Findlingen wurden mit kleinen Steinen ausgefüllt (37). Zur Bautechnik der Großsteingräber hat die Archäologie Hinweise dahingehend, daß nicht allein natürlich vorgefundene Blöcke genutzt wurden. Die Menschen der Jungsteinzeit verstanden es vielmehr, wohl mit Hilfe von Kälte und Wärme Steine zu spalten. Auf diese Weise konnten glatte Flächen für die Innenseiten der Kammern gewonnen werden (38).

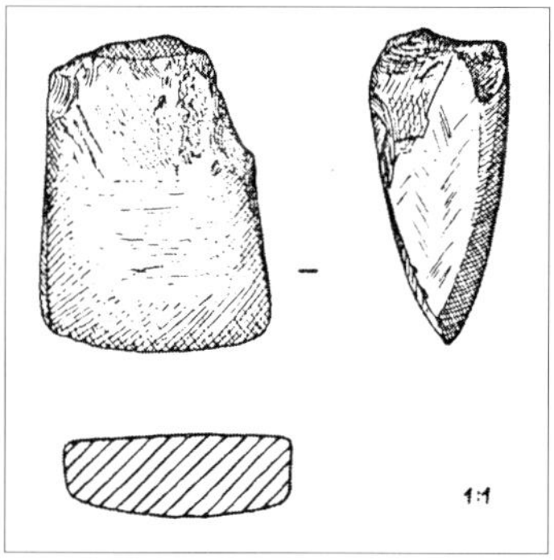

Dieser sogenannte „Schuhleistenkeil" wurde im Jahre 1938 auf dem Gelände der heutigen STEAG als Lesefund entdeckt. Es handelt sich dabei um die Schneide eines kleinen Querbeiles aus schiefrigem Sediment. Die Menschen der Jungsteinzeit benutzten derartige Geräte besonders zur Holzbearbeitung.

Im Innern unzerstörter Megalithgräber wurden schon oft die Reste zahlreicher Individuen gefunden. Großfamilien oder Sippen haben demnach auf diese Weise über Generationen ihre Angehörigen bestattet (39). Den Toten hat man in der Regel viele Beigaben zugefügt, so keramische Gefäße, Beile aus Feuerstein oder auch Schmuck aus Bernstein. Das Großsteingrab in der Alstedder Mark, es ist das südlichste seiner Art in Nordwestdeutschland (40), liefert in dieser Hinsicht kaum Hinweise. Eines aber ist sicher: In der Jungsteinzeit siedelte im heutigen Alstedde, zumindest zeitweise, eine bäuerliche Bevölkerung. Die Menschen ernährten sich vom Ackerbau und der Viehhaltung, sie bauten Häuser und begruben hier ihre Toten.

Ein Stein des zerstörten Megalithgrabes wurde in den 30er Jahren in den Hof der Gaststätte „Heideblümchen" gebracht, wo er heute noch sichtbar ist. In den 70er Jahren tauchte dann bei Drän-Arbeiten ein Deckstein des früheren Grabes wieder auf. Er zeigt eine kräftige Kerbe auf der Oberfläche, wohl von einem früheren Spaltungsversuch herrührend – die Steine waren als Baumaterial gefragt. Inzwischen steht fest, daß der Deckstein aus dem Teutoburger Wald stammt, die Eiszeitgletscher haben ihn hertransportiert. Heute liegt er als kleines Denkmal in der Grünanlage vor der Ludgeruskirche (41).

In der nun ausklingenden Steinzeit ist das heutige Westfalen durch grundlegende kulturelle Wandlungen gekennzeichnet (42). Maßgeblich waren dabei Einflüsse von außen, wobei bisher nicht bestimmt werden kann, inwieweit diese durch Einwanderung oder durch Austausch mit Nachbarräumen wirksam wurden. Trotz der verschiedenartigen kulturellen Einflüsse und Ausprägungen sind auch verbindende Züge zu erkennen. Es ist üblich geworden, die Gruppierungen jener Zeit mit dem übergreifenden Namen „Becherkulturen" zu bezeichnen.

Die bäuerliche Bevölkerung, so ist es aus den Nachbarräumen bekannt und für unser Gebiet anzunehmen, hielt Rinder, Schafe und Ziegen, dazu Hunde und Schweine. Sie gewann als weiteres Nutztier das Pferd hinzu.

Die Menschen der ausgehenden Steinzeit hinterließen im Raum Lünen viele kleine Spuren, die heute als neolithische Lesefunde oder „Neolithen" in den Listen verzeichnet sind (43). Es gibt aber auch größere Funde: Wo heute die Spieler vom BV 05 in der Geist kicken, wurde 1937 beim Sandabbau ein neolithisches Flintbeil geborgen. Schon 1892 entdeckte man in der Lippe bei Lünen eine aus dem Ausgang der Steinzeit stammende „Gemeineuropäische Hammeraxt" (44), die in das Museum Haltern gebracht wurde. Allgemein ist in den Gräbern der zu Ende gehenden Steinzeit jetzt häufiger Kupfer als Beigabe zu beobachten. Es kündigt einen neuen Abschnitt der Geschichte an.

Urnen im Sand

Aus Kupfer und Zinn entsteht als Legierung Bronze. Das Metall mit den bahnbrechenden Eigenschaften ist härter als Kupfer, aber leichter als dieses zu schmelzen. Im Mischungsverhältnis 9 zu 1 wird seine optimale Güte erreicht, was die Menschen bereits um 2200 v. Chr. herausgefunden hatten (45).

In Nordwestdeutschland kamen die Rohstoffe nicht vor. Kupfererze gab es in Spanien und Italien, auf der Insel Zypern, aber auch in Mitteldeutschland und Österreich. Wegen ihrer Zinnvorkommen waren dagegen schon früh die Bretagne und dic Britischen Inseln bekannt. So bestanden um das Jahr 2000 v. Chr. ausgeprägte Fernhandelsbeziehungen, um die Rohstoffe zusammenzuführen (46). In den Werkstätten wurden nun Gegenstände für den täglichen Gebrauch, zum Beispiel Gürtel, Schnallen oder Werkzeuge, dazu aber auch Waffen und Schmuck, aus Bronze gefertigt. Nach und nach gelangten dann fertige, aus Bronze hergestellte Gegenstände ins heutige Westfalen. Ab etwa 1700 v. Chr. hatte der neue Werkstoff dann eine solche Bedeutung, daß

Grabung Lünen-Wethmar

Eine vielleicht 2000 Jahre alte Graburne wird freigelegt. Die über die Bestattung ausgestreuten Rückstände des Scheiterhaufens zeichnen sich vorne links als schwarze Flecken im hellen Sand ab.

man sagen kann, in unserem Raum habe die Bronzezeit begonnen (47). Steinerne Geräte gab es aber noch lange gleichzeitig.

Dem letzten vorgeschichtlichen Abschnitt vor der Zeitenwende hat dann das Eisen seinen Namen gegeben. Der Übergang ist um etwa 700 v. Chr. anzunehmen (48), wobei allerdings angemerkt werden muß, daß sich das neue Metall erst nach und nach durchsetzte. Es wurde zunächst für Schmuck, später für Geräte aller Art und für Waffen verwendet.

Die Bewohner unseres Raumes behielten während der vorrömischen Metallzeiten ihre bäuerliche Wirtschaftsweise bei. Zu den bereits bekannten Getreidesorten pflanzten sie jetzt Hafer an. Auch das Pferd, bereits seit der späten Steinzeit als Nutztier bekannt, gewann an weiterer Bedeutung.

Im Totenbrauchtum jenes Zeitabschnittes (49) ist allderdings eine wesentliche Änderung festzustellen: In der älteren Bronzezeit wurden die Körper der Verstorbenen noch in ausgestreckter Lage in Baumsärgen und unter mächtigen Hügeln bestattet. Die jüngere Bronzezeit ging dann zur Feuerbestattung über, wobei die kalzinierten Reste des Toten, mit oder ohne Urne, in kleinen Erdgruben beigesetzt wurden. Darüber haben die Hinterbliebenen dann einen Hügel aufgeworfen und manchmal, so jedenfalls die archäologische Erkenntnis, ein hölzernes Totenhaus gesetzt.

Als Grabumhegungen sind heute schmale, muldenartige Gräben, aber auch niedrige Mauern und Pfostensetzungen nachzuweisen. Sie sind vielfach kreisrund, aber es gibt auch ovale, rechteckige oder schlüssellochartige Formen. Bei Gräbern der jüngeren Eisenzeit herrschen rechteckige Grabumhegungen vor. Auf archäologischen Grabungen zeichnen sich die Umhegungen oft deutlich in der Fläche ab, zum Beispiel als dunkler Kreis im hellen Sand. Eine praktische, bautechnische Aufgabe hatten die Gräben oder Mauern wohl nicht immer zu erfüllen, der Sinn ist möglicherweise eher außerhalb des Rationalen zu suchen. Vielleicht galt es, den Raum der Toten von dem der Lebenden zu trennen oder einen Schutz vor Wiedergängern zu erreichen (50).

Was haben uns die Menschen der vorrömischen Metallzeiten nun als Zeugnis ihrer Anwesenheit im Raum Lünen hinterlassen? In den Berichten zur Bronzezeit hieß es lange lediglich „Scherben aus der Bronze- oder Eisenzeit", so daß sich dieser Abschnitt der Menschheitsgeschichte im hiesigen Raum nicht gerade deutlich abzeichnete. Seit 1992 ist das anders (51): Auf der archäologischen Grabung in Lünen-Wethmar, es wird noch davon die Rede sein, wurde der Nachweis bronzezeitlicher Feuerbestattungen erbracht. Das heißt auch, daß in jener Zeit in nicht allzu großer Entfernung Menschen siedelten. Die Grabumhegungen stellten sich im hellen Sand sowohl in der Form eines Schlüsselloches, aber auch als ein sogenanntes Langbett dar, das durch parallele Lang- und abgerundete Schmalseiten gekennzeichnet ist. Die letztgenannte Form der Grabumhegung mit ausgestreutem Leichenbrand in der Längsachse wird von den Archäologen als Ausdruck des Übergangs von der älteren in die jüngere Bronzezeit angesehen, da hier noch Elemente der früheren Körperbestattung anklingen.

Die anschließende Eisenzeit ist im Fundbild deutlicher vertreten: Mit dem Einzug der Industrie, die im 19. Jahrhundert die Lippelinie erreichte, wurden große Mengen Bau- und Formsand benötigt. So hat man die Sande auf den Terrassen der Lippe, die während oder nach der Eiszeit dort aufgetragen oder angeweht worden waren, großflächig abgebaut. Sandgrubenbetriebe gab es im Raum Lünen noch bis weit in unser Jahrhundert hinein. Der Sandabbau förderte nun Graburnen in großer Anzahl zutage, die meisten wurden dabei zerstört, nur wenige konnten gerettet werden.

Die Zusammenschau der Funde, von denen es Nachrichten und Berichte gibt, läßt erkennen, daß sich linksseitig der Lippe, von den Vereinigten Aluminium-Werken bis weit in die heutige Geist, ein Gräberfeld erstreckte (52). In den Jahren 1938/39 wurde hier sogar eine archäologische Grabung durchgeführt. Neben den Bestattungen waren auch Siedlungsspuren der Jahrhunderte vor Christi Geburt zu erkennen. Nach den Erkenntnissen der Archäologen verweisen Funde und Befunde, so zum Beispiel Brand und Form der Keramik, auf den Bereich der vorrömischen Eisenzeit.

Auch nördlich des Flusses hat der Sandabbau alte Bodenurkunden vernichtet, wie zum Beispiel im Jahre 1908 einen Urnenfriedhof westlich der Ortslage Alstedde (53). Aber der Denkmalpfleger, der ja auf die Erhaltung der Grabsetzungen in ihren urspünglichen Zusammenhängen bedacht ist, behält dennoch seine Funktion: In unmittelbarer Nähe der alten Fundstellen gibt es mitunter Felder, die nicht ausgesandet sind. Eventuell ist der Gesamtbereich, das heißt, der ausgesandete Acker und die unberührte Fläche daneben, als ehemals zusammenhängende größere Fläche nachzuweisen. Wenn nun vorgeschichtliche Keramik als Lesefunde weitere Hinweise liefert, ist der Bereich in die Denkmalliste einzutragen. Als Begründung kann es dort heißen: *Die Grabsetzungen der späten Bronzezeit sowie der Eisenzeit auf den Terrassen der Lippe erschließen uns Kenntnisse von der frühen Besiedlung des Raumes und vom Totenbrauchtum in vorgeschichtlicher Zeit; kulturelle Zusammenhänge werden deutlich. Damit sind sie als Bodenurkunden bedeutend für die Geschichte des Menschen und aus wissenschaftlichen Gründen zu erhalten* (54).

Wenn die Menschen der Eisenzeit ihre Toten so zahlreich im Tal der Lippe begruben, lagen ihre Siedlungen vermutlich in der Nähe. Archäologisch geführte Nachweise für den Raum Lünen sind bisher nur wenig aussagefähig, aber aus dem Münsterland, aus Ostwestfalen und dem Siegerland sind eisenzeitliche Siedlungen bekannt, die von den Urnenfeldern nicht weit entfernt lagen.

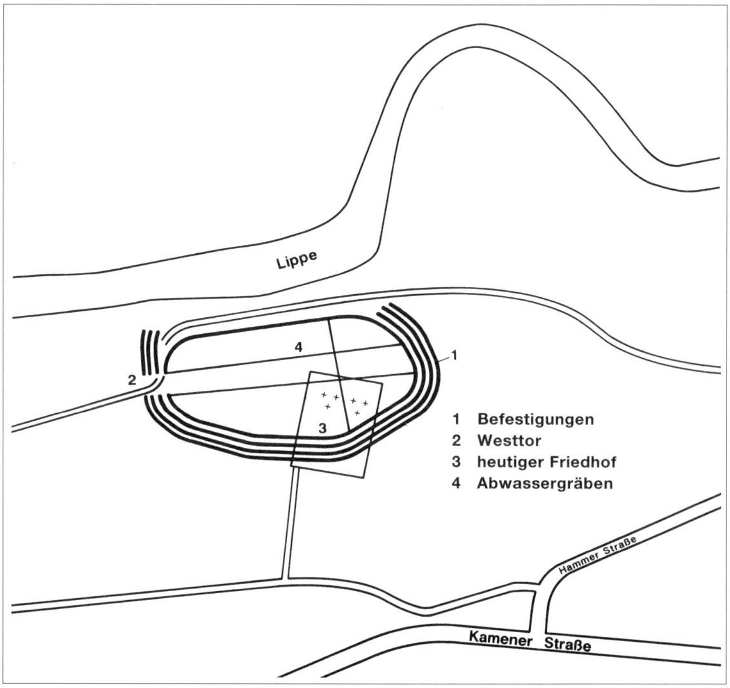

Lünen-Beckinghausen

Das unebene Gelände mit den Spuren früherer Sondierungen auf der bewaldeten Kuppe läßt nichts von dem früheren Bauwerk erkennen. Durch Ausgrabungen ist das Uferkastell jedoch nachgewiesen. Im Südosten wird demnach eine Teilfläche des römischen Uferkastells vom heutigen katholischen Friedhof bedeckt. Das Kartenbild läßt besonders die starken landseitigen Befestigungen erkennen.

Wir können mit Sicherheit davon ausgehen, daß zur Zeitenwende im Gebiet des heutigen Lünen eine bäuerliche Bevölkerung ansässig war.

Auf den Spuren der Römer

In den Jahren zwischen 58 und 51 v. Chr. eroberte Caesar Gallien. Als Folge davon wurde der Rhein zur Grenze zwischen der Römischen Provinz und dem rechtsrheinischen, unbesetzten Germanien. Dieser Zustand hielt solange an, bis das Römische Weltreich in zwei Teile zerfiel. Etwa ab 400 n. Chr. konnte die Rheingrenze dann von dem schwachen Westreich nicht mehr gehalten werden.

Über vier Jahrhunderte wurde die germanische Welt mit dem Imperium Romanum konfrontiert. Neben kriegerischen Auseinandersetzungen war es auch eine Zeit des Warenaustausches und der kulturellen Befruchtung. Im heutigen Westfalen liefern vielfältige Bodenurkunden den Nachweis römischer Einflüsse. Die Wissenschaft nennt diesen Abschnitt der Geschichte die Römische Kaiserzeit.

Um Christi Geburt standen für einige Jahrzehnte die Kriegshandlungen im Vordergrund (55). Römische Truppen drangen dabei weit in rechtsrheinisches Gebiet ein, erreichten die Weser und später auch die Elbe. Den Römern ging es offensichtlich zunächst darum, die Ostgrenze ihrer Provinz Gallien durch militärische Maßnahmen im Vorfeld zu sichern. Für die spätere Zeit kann jedoch von der Absicht ausgegangen werden, das bis dahin freie Germanien dem Römischen Reich einzugliedern. Bei ihren Feldzügen erreichten die Römer auch den Raum des heutigen Lünen.

Otto Prein, Pfarrer in Methler, folgte um die Jahrhundertwende römischen Spuren. Ziel seiner Suche war besonders das Lager Aliso, das in zeitgenössischen römischen Quellen erwähnt ist. Er war damit nicht allein, Prein hatte Vorgänger und Nachfolger: *Das Römische Kastell Aliso an der Lippe, nachgewiesen und aufgefunden von Fr. Hülsenbeck* ist der Titel eines Buches, das 1873 in Paderborn erscheint. Der Autor Friedrich Hülsenbeck hatte auf dem Heikenberg in Alstedde gegraben und war auf historische Spuren gestoßen. Das sagenumwobene Aliso hat er jedoch ebenso wenig gefunden wie Pfarrer Prein (56). Dieser konnte allerdings dennoch mit respektablen Ergebnissen aufwarten:

Prein entdeckte auf dem sogenannten Burghügel in Oberaden eine große römische Anlage (57). Archäologische Ausgrabungen, die 1906 einsetzten und mit langen Unterbrechungen bis heute fortdauern, führen uns eine Militärbasis für mindestens zwei

Legionen und weitere Hilfstruppen vor Augen. Das ganzjährige Standlager bedeckte eine Fläche von insgesamt von 54 Hektar.

Innerhalb der starken Befestigungsanlage sind Lagerstraßen mit Straßengräben, verschiedene Bauten, Brunnen sowie Koch-, Abfall- und Abortgruben nachgewiesen. Auf mediterrane Lebensmittel mochten die Herren auch in Oberaden nicht verzichten, wie die Reste von Oliven, Feigen, Weintrauben und Mandeln belegen (58).

Der im Hinblick auf die Spatenforschung fast besessene Pfarrer suchte weiter (59). Die Analyse alter Flurnamen führte ihn auf die Beckinghäuser Anhöhe über der Lippe und den hier einmündenden Rotherbach. Von der so geschützten Kuppe aus kann man weit ins Land und über den Fluß schauen. Eine Furt unterhalb des Steilufers war schon in früherer Zeit, wie Funde belegen, als Lippeübergang benutzt worden. Als hier 1911 der Dortmunder Geschichtsverein eine Grabung unternimmt, werden die Konturen einer römischen Anlage sichtbar, die als Uferkastell bezeichnet wird (60). Mit dem etwa 2,5 km entfernten Legionslager bestand offensichtlich ein Zusammenhang. Die Grundfläche des Kastells betrug nur 2,6 Hektar, es war aber gut befestigt: Einer umlaufenden Holz-Erde-Mauer waren, mit Ausnahme der Lippeseite, drei parallele Spitzgräben vorgelagert. Die Gesamttiefe der Befestigungsanlage beträgt hier 22 Meter. Im Westen ist ein Tor nachgewiesen, im Osten wird ein weiteres vermutet. Auch in diesem Lager sind Straßen, Gräben und Gruben erkannt worden, allerdings sind die Informationen zur Infrastruktur insgesamt wenig gesichert. Zur Funktion des Kastells ist davon auszugehen, daß hier Einheiten den Nachschub auf der Lippe zu sichern hatten.

Die Grenze am Rhein war, wie ausgeführt, nicht sicher, immer wieder versuchten germanische Gruppierungen, in Gallien einzufallen. Als Reaktion kam es ab 12 v. Christus – in Rom regierte Kaiser Augustus – zum Einmarsch römischer Legionen in rechtsrheinisches Gebiet. Die Expeditionen standen zunächst unter dem Kommando des Nero Claudius Drusus. Im Feldzug des Jahres 11 v. Chr. stieß Drusus weit nach Osten vor, erreichte die Weser, um sich dann wieder nach Westen zu wenden. Um zwischen Lippe und Ruhr das unruhige Volk der Sugambrer niederzuhalten, ließ er am Zusammenfluß von Lippe und Seseke eine starke römische Bastion errichten – das Römerlager in Oberaden. Dendrochronologische Untersuchungen, das heißt: Untersuchungen zur Altersbestimmung des dort verbauten Holzes anhand der Jahresringe, weisen auf das Jahr 11 v. Chr. Im Jahre 9 v. Chr. wurden nun die Sugambrer – oder auch nur die Angehörigen der Führungsschicht – auf die linke Rheinseite umgesiedelt, wo sie unter Kuratel der Provinzialverwaltung standen.

Die Funktion des Legionslagers (61) war damit aber entfallen, es wurde, vermutlich im Jahre 8 v. Chr., von der Besatzung planmäßig geräumt und durch Brand unbrauchbar gemacht. Von den Römern selbst wurden die Brunnen vergiftet – auf die Spuren mediterraner Früchte haben wir bereits verwiesen (62). Unser kleines Uferkastell in Beckinghausen ist nach heutiger Kenntnis in einem direkten zeitlichen Zusammenhang mit dem Lager Oberaden zu sehen (63), ein gleiches Ende kann daher vermutet werden. Es kam in den Jahren danach noch zu weiteren römischen Feldzügen in das germanische Gebiet östlich der Provinz, um 16 n. Chr. nahmen sie aber auf Dauer ein Ende.

Die Lippe spielte als Aufmarschweg für römische Unternehmungen, ausgehend von Vetera, dem heutigen Xanten, mehrfach eine bedeutende Rolle, wie zum Beispiel die großen Läger an ihrem Lauf bezeugen. Ihr Tal war daher vermutlich über einen längeren Zeitraum fest in römischer Hand und kann als Basis einer Romanisierung angesehen werden, die das Militär mit großem Sendungsbewußtsein betrieb.

Römische Provinz aber ist Westfalen und damit unser Raum nie gewesen. Als Quintilius Varus, ein hoher Verwaltungsbeamter, in Westfalen eindrang, um möglicherweise die Eingliederung in das Imperium zu betreiben, erfuhr er mit seinen Legionen eine vernichtende Niederlage. Als „Schlacht im Teutoburger Wald" ist die folgenschwere Begegnung der Römer mit den Germanen in die Geschichte eingegangen. Das Uferkastell mit seinem südöstlichen Umfeld wird uns jedenfalls weiter beschäftigen. Lesefunde in hoher Konzentration (64) zeigen, daß nicht nur Römer, sondern auch Germanen diesen Bereich intensiv nutzten. Über die Berichte zur großen Weltgeschichte, an der unser Raum mit der römischen Präsenz teilhatte, wird oft vergessen, daß hier eine heimische Bevölkerung lebte, die den Acker bebaute, Nutzvieh hielt und Häuser errichtete. Diese Menschen waren unsere eigentlichen Vorfahren.

Grabung Lünen-Wethmar

Der Aushub einer Grube zur Erkundung der Bodenschichtung führte bereits zu einem ersten Urnenfund. Rechts, auf dem Boden der Grube, zeichnet sich der Rand einer Urne ab. Sie wird später als germanische Bestattung identifiziert.

Etwas von den Germanen

Die Menschen, die um Christi Geburt im heutigen Westfalen lebten, werden von der Geschichtswissenschaft Germanen genannt. In den zeitgenössischen schriftlichen Quellen tauchen allmählich auch Völkernamen auf, mit denen die hiesigen Menschengruppen bezeichnet werden (65). Es ist von Bündnissen die Rede und von kriegerischen Auseinandersetzungen, aber die Konturen dieser Gruppen bleiben unscharf. Städte oder Territorialherrschaften gab es im Raum des heutigen Westfalen noch lange nicht.

Die Fundkarten zeigen andererseits recht deutlich, daß die Germanen neben dem Tal des Hellwegs auch den Bereich der Lippe als Lebensraum schätzten (66). Waren es dort die fruchtbaren Böden, so gab es „bei uns" vielleicht Standortvorteile anderer Art: Ausreichend Wasser für die Viehwirtschaft und ein leichter Boden für den Ackerbau. So ist davon auszugehen, daß die Menschen hochwasserfrei auf den Terrassen der Lippe und ihrer Nebenflüsse lebten, während das Vieh im lichten Wald der wechselfeuchten Flußauen weiden konnte.

Auch in Brambauer, über der Niederung des Stellenbaches, an der Grenze zu Waltrop, haben im zweiten oder dritten nachchristlichen Jahrhundert germanische Bauern gelebt, gebaut und gewirtschaftet. Durch eine archäologische Grabung im Jahre 1938 konnten hier die Reste einer Siedlung erfaßt werden, so die Pfostenlöcher der vergangenen Häuser und die Scherben zeittypischer Keramik (67).

Aus dem heutigen Wethmar gibt es ebenfalls Hinweise auf germanische Siedler. Die archäologische Grabung, es wird noch genauer davon berichtet, hat Grabsetzungen nachweisen können, wie sie im germanischen Kulturkreis der Zeit um Christi Geburt üblich waren (68). Es handelt sich dabei um zeittypische Keramik mit Leichenbrand, also um Urnen, denen auch schon einmal eine Fibel, das ist eine Gewandspange, als Beigabe zugefügt sein kann. Nach heutiger Kenntnis des germanischen Totenbrauchtums wurden die Verstorbenen in voller Kleidung auf einem Scheiterhaufen verbrannt. Soweit dem Toten Tongefäße oder andere Gegenstände beigegeben waren, sind diese oft bis zur Unkenntlichkeit verglüht. Der Leichenbrand wurde dann gesammelt und in geringer Tiefe beigesetzt. Wenn die dabei verwendeten Behältnisse aus organischen Materialien waren, zum Beispiel aus Holz, Leder oder Stoff, sind diese heute vergangen. Allein tönerne Gefäße haben die 2 000 Jahre im Boden überstanden und können oft unversehrt geborgen werden. Die Rückstände des Scheiterhaufens streuten die Hinterbliebenen dann über die Bestattung, so daß sie sich heute als dunkle Flecken im hellen Sand abzeichnen.

Die Siedlungen der Menschen, die ihre Toten in der beschriebenen Weise begruben, lagen vermutlich in nicht allzu großer Entfernung (69). Soweit aus Westfalen hierzu Nachweise vorliegen, wurden die Friedhöfe wohl in Sichtweite der Wohnstätten angelegt. Ein Dorf darf man sich allerdings unter einer solchen Siedlung nicht vorstellen. Die Menschen lebten hier vielmehr in Einzelgehöften, die aus einem Hauptgebäude und mehreren kleinen Nebengebäuden bestehen konnten. Es ist allerdings nicht ganz

Grabung Lünen-Wethmar

Die freigelegte Urne wird mit einer Gipsbinde für den Transport gesichert.

Grabung Lünen-Wethmar

Die mit einer Gipsbinde gesicherte Urne wird in einen mit Sand gefüllten Transportbehälter gelegt. Im Labor wird nun der Inhalt einer osteologischen Analyse unterzogen. Unter bestimmten Voraussetzungen können das Geschlecht, das Alter, vielleicht auch die Ernährungsweise des Toten bestimmt werden.

auszuschließen, daß es auch lockere Höfegruppen in der Art kleiner Weiler gegeben hat (70).

In den Hauptgebäuden lebten, zumindest im Winter, Menschen und Tiere unter einem Dach, die Menschen auf der einen und die Tiere auf der anderen Seite. Wir sprechen daher von sogenannten Wohnstallhäusern (71). Ein Haus dieser Art konnte zwischen vier und acht Metern breit sein und, einschließlich eines möglichen Anbaus, eine Länge von 13 bis zu stattlichen 59 Metern aufweisen. Die Längsachse der Hauptgebäude entsprach annähernd der Ost-West-Richtung – auf diese Weise war jeweils die Schmalseite der Hauptwindrichtung zugewandt. Eingegrabene Pfostenreihen bildeten den Kern des Hauses, auf ihnen ruhte die weitere Konstruktion. In der Anfangszeit teilten Pfostenreihen das Innere dieser Häuser in mehrere Schiffe, im Laufe der folgenden Jahrhunderte

Dieser keltische Quinar aus Silber mit dem tanzenden Männlein wiegt 1,56 Gramm und wurde im 1. Jahrhundert v. Chr. geprägt. Der Lesefund aus Lünen – ein bewegliches Bodendenkmal – ist ein Zeugnis der weiträumigen Verflechtungen zwischen Völkern zur Zeitenwende. Die Münze zeigt, daß der Raum Lünen daran Anteil hatte. Das Bild hat die Hälfte der wirklichen Größe.

ist dann allerdings die Tendenz zur Verringerung dieser Reihen zu beobachten. Einschiffige Bauten, die ganz ohne innere Pfostenreihen auskamen, erfreuten sich zunehmender Beliebtheit. Die Wände bestanden aus einem Rutengeflecht mit Lehmbewurf, die Dachhaut war aus Reet oder Stroh gefertigt. Tief herabgezogene Traufen schützten die Wände vor den Auswaschungen des Regens.

Die Vertiefungen, in denen die Pfosten einst standen, zeichnen sich heute bei archäologischen Grabungen als dunkle Flecken im hellen Sand ab. Selbst die Eingänge der Häuser sind auf diese Weise zu erkennen. Es gilt als nachgewiesen, daß auf den beiden Langseiten je ein Eingang lag. Diesen Befunden entsprechend wurden die Bauten quer zur Längsrichtung erschlossen. Verschiedene Nebengebäude (72) waren um das Hauptgebäude gruppiert, so Speicher und sogenannte Grubenhäuser. Letztere waren etwas eingetieft, so daß die Dachflächen gleich auf dem umgebenden Erdboden aufsetzten. Sie dienten vor allem als Webhütten und Werkstätten.

Die Bewohner der germanischen Höfe konnten sich weitgehend selbst versorgen (73). Auf ihren Äckern bauten sie Gerste, Hafer und Roggen an, auf den Weiden grasten Rinder und Pferde. Nachgewiesene Nutztiere der Germanen waren auch Schafe, Ziegen und Hühner, dazu hielten sie Hunde als ihre Hausgenossen. Das Vieh war eine Grundlage der Ernährung, es lieferte aber auch Wolle, Horn, Leder und Bein, also viele wertvolle Rohstoffe, die zu Gebrauchsartikeln verarbeitet werden konnten. Die Germanen töpferten einen Teil ihres Geschirrs (74), sie verhütteten aber auch Erz und schufen sich Gegenstände aus dem gewonnenen Eisen (75). Der notwendige Rohstoff konnte im Tal der Lippe selbst gewonnen werden, wo er als Raseneisenerz anstand, oder er wurde aus dem Gebirgsland hertransportiert.

Es gab zu jener Zeit aber auch schon einen regen Handel, der am Rhein, also an der Grenze des römischen Imperiums, nicht haltmachte (76). Viele provinzialrömische Importe gelangten in das heutige Westfalen, so keramische Gebrauchsartikel, aber auch Prachtgeschirr, gläserne Gefäße und Münzen. Die Nähe des römischen Weltreiches wirkte sich also während der etwa vierhundertjährigen Präsenz der Römer auf der linken, manchmal auch auf der rechten Rheinseite, in unserem Raum in vielfacher Hinsicht aus (77).

In Lünen verweisen, wie ausgeführt, die Siedlung in Brambauer und der Friedhof in Wethmar auf diesen Abschnitt unserer Geschichte. „Kaiserzeitliche Scherben" heißt es darüber hinaus auch manchmal zu weiteren Fundstellen, die in den Berichten verzeichnet sind (78). In Lünen ist das Umfeld des römischen Uferkastells in dieser Hinsicht besonders ergiebig. Die Dichte und die Art der Funde lassen den Schluß zu, daß an dieser Stelle, wohl in der Zeit um Christi Geburt, eine germanische Siedlung bestand. Um die Bodenurkunden vor Zerstörungen durch unsachgemäße Eingriffe zu schützen, ist der Bereich zusammen mit dem Uferkastell in die Denkmalliste eingetragen worden.

Franken und Sachsen an der Lippe

Joseph Holz, 14 Jahre alt, bewaffnet sich eines Abends im März 1954 mit einem Spaten. Im Garten des Elternhauses in Wethmar ist ein Teich geplant, und heute soll der Graben für die Wasserleitung ausgehoben werden. Bald zeichnen sich im Sandboden in etwa einem Meter Tiefe die Umrisse eines Topfes ab. Der verunsicherte Junge holt seinen Vater, den Schneidermeister Joseph Holz, hinzu. Beide bergen das Keramikgefäß, in dem sich Leichenbrand befindet und das sie richtig als Urne erkennen. *4000 Jahre alte Urne in Wethmar* (79) berichtet daraufhin die Tagespresse und ordnet den Fund der jüngeren Steinzeit zu. Und Joseph Holz sen. erinnert sich in diesem Zeitungsartikel auch, daß Jahre zuvor in etwa 40 Metern Entfernung eine weitere, deutlich kleinere Urne entdeckt worden sei.

Heute ist der Verbleib der Funde ungeklärt, möglicherweise schlummern sie in den Magazinen der Museen. Die damalige Mel-

Grabung Lünen-Wethmar

Der durchscheinende Ammonit aus dem Jura gehört erdgeschichtlich nicht in unseren Raum, einige Merkmale weisen vielmehr nach England.
Als Schmuck hat das Stück – der größte Durchmesser beträgt 5,3 cm – in Westfalen aber eine größere Rolle gespielt: Es stammt aus einem West-Ost-gerichteten frühgeschichtlichen Grab. Sicher läßt der Fund Rückschlüsse auf die soziale Stellung des Toten zu, aber mit Interpretationen sind die Archäologen noch sehr zurückhaltend.

Grabung Lünen-Alstedde

Das Foto aus dem Jahre 1987 zeigt beispielhaft die Vorgehensweise beim Beginn einer Grabung: Nachdem der Bagger den Mutterboden entfernt hat, wird durch vorsichtiges Abheben einer 10–15 cm dicken Sandschicht ein erstes Schüppenplanum geschaffen.

dung schlummerte auch, und zwar in einer Akte der städtischen Denkmalbehörde – bis Anfang 1989. Da sollte ganz in der Nähe, auf dem früheren Sportplatz von TUS Westfalia Wethmar, ein Gebäude entstehen. Der 35 Jahre alte Fund wurde nun auf einmal aktuell.

Zusammen mit zwei anderen Gefäßen, die im Umfeld bisher bekannt geworden sind, war die 1954 entdeckte Urne ein Hinweis auf ein hier befindliches größeres Gräberfeld. Das archäologische Interesse wurde aber noch aus einem anderen Grund geweckt: Der Sportplatz mit seinem südlichen Vorgelände bis an die Münsterstraße war nach Augenschein und Recherchen nie ausgesandet worden. Das Gelände liegt vielmehr deutlich höher als der nördlich angrenzende, offensichtlich ausgesandete Acker. Alles in allem Grund genug für eine Meldung an das Westfälische Museum für Archäologie – Amt für Bodendenkmalpflege.

Die Archäologen handelten sofort: Mit Einverständnis des Eigentümers wurde am 22. Mai 1989 in östlicher Verlängerung des Urnenfundes von 1954 mit einem großflächigen Suchschnitt begonnen. Noch bevor der Bagger anrückte, wurden an den beiden Enden der geplanten Grabungsfläche Gruben mit dem Spaten ausgehoben, um Art und Schichtung des Bodens zu erkunden. Und bereits bei dieser Vorarbeit, in etwa einem halben Meter Tiefe, wurde der Rand einer Urne sichtbar! Ein solcher Anfangstreffer ist in der Archäologie ganz selten und erstaunte selbst die „alten Hasen". Der Fund brachte die Bestätigung, auf der richtigen Fährte zu sein.

Die Untersuchungsfläche des Sommers 1989 war 17 x 40 Meter groß. Das Vorgehen der Archäologen entsprach einer vielfach bewährten Grabungstechnik, und auch die größeren Flächen der folgenden Jahre wurden nach der gleichen Methode untersucht: Ein Bagger entfernte zunächst den Mutterboden und schaffte auf diese Weise das sogenannte Baggerplanum. Dieses bewegte sich deutlich über der Höhenlage des ersten Urnenfundes. Mit sorgfältig gefeilten Schüppen wurden dann in Handarbeit weitere 10 bis 15 Zentimeter abgearbeitet, so daß ein recht glattes Schüppenplanum entstand. Mit weiteren Schüppenplana arbeiteten sich die Archäologen tiefer, und dunkle Färbungen im hellen Sand deuteten bereits auf Stellen, die der besonderen Aufmerksamkeit bedurften. Das Ganze erfolgte in Wethmar in kleinen Abschnitten, die ständig feucht gehalten werden mußten, damit der heiße Wind des Sommers den Sand nicht forttrug. Schließlich wurde die tiefste erreichte Ebene sorgfältig mit dem Kratzer „geputzt". Und nun zeigte sich eine Vielzahl von Verfärbungen, Funden und Auffälligkeiten, die alle zu kartieren, einzumessen und zu bergen waren. Nach genauer Dokumentation wurden bestimmte Stellen dann als „Befunde" geschnitten, das heißt, ein Querschnitt in die Tiefe zeigte den Untersuchungsgegenstand auch in der dritten Dimension.

In den Sommern 1990 bis 1993 wurde die Kampagne in Wethmar auf größeren Grabungsflächen fortgesetzt. Vorausgegangen war eine sorgfältige Untersuchung des Bodens, die Aufschluß darüber gebracht hatte, inwieweit die natürliche Schichtung noch anstand. Das Ergebnis der Bodenproben ließ dann eine weitgehend ungestörte Fläche erkennen.

Was ist auf dem alten Sportplatz Wethmar und seinem südlichen Vorfeld zur Münsterstraße denn nun archäologisch erfaßt worden? Wie bereits erwähnt, begann die Grabung gleich mit dem Fund einer Urne. Im Zuge der folgenden Kampagne wurden dann weitere Brandbestattungen nachgewiesen, die in lockerer Streuung im Bereich der anderen Funde und darüber hinaus auftauchten. Durch die Randausbildung der keramischen Urnen, vor allem aber durch Beigaben in Form geschweifter Gewandspangen – sogenannter Fibeln – lassen sich diese Brandgräber der römischen Kaiserzeit zuweisen, und zwar durchaus der älteren Phase um Christi Geburt. Schon zur Zeitenwende bestand hier also ein Friedhof, und man kann davon ausgehen, daß in nicht allzu großer Entfernung eine bäuerliche Bevölkerung lebte. Aber von diesen frühen Zeiten war ja bereits die Rede, hier sollen nun die weiteren Ergebnisse der Grabung ansatzweise beschrieben werden (80):

Dunkle, schattenartige Verfärbungen des gelben Sandes kennzeichneten Körpergräber, von denen bis auf Schmuck und Waffen, eine Gürtelschnalle oder den Rest eines Baumsarges alles vergangen war. Die Gräber waren entweder in Süd-Nord-Richtung oder in West-Ost-Richtung angelegt. Aus einem West-Ost-Grab wurde ein Amulett geborgen, ein durchscheinender Ammonit aus dem Jura von 5,3 cm Durchmesser. In den Süd-Nord-Gräbern

Grabung Lünen-Wethmar

Die verbliebenen Knochen einer frühgeschichtlichen Pferdebestattung werden genau eingemessen und kartiert. Als technische Hilfsmittel dienen ein Raster aus Drahtstäben, ein Lot und ein Maßstab.

Grabung Lünen-Wethmar

Die dunklen Verfärbungen des gelben Sandes kennzeichnen frühgeschichtliche Körpergräber. Dabei handelt es sich bei dem geschnittenen Befund in der Bildmitte rechts um eine Bestattung in Süd-Nord-Richtung. Links im Bild deutet die Verfärbung eine vermutlich jüngere West-Ost-gerichtete Bestattung an.

konnte insgesamt der größere Fundreichtum beobachtet werden. Bei einem Frauengrab zum Beispiel definierten elf bunte Glasperlen in einer Reihe, ein Eisenmesser und eine eiserne Schnalle die ursprüngliche Lage der Toten. Drei Männergräber, in einer Zeile angelegt, gaben jeweils einen Sax – das ist ein einschneidiges Kurzschwert – drei Pfeilspitzen und ein Messer frei. Es wurden auch Pferdegräber erforscht, wovon eines einen besonderen Aufwand zeigte: Die Süd-Nord-gerichtete Bestattung war in einem 1,20 x 1,90 Meter großen Holzsarg vorgenommen worden, und zwar inmitten einer kreisrunden Grabumhegung von 6 Metern Durchmesser.

Weiter nördlich zeichneten sich im gelben Sand aber auch dunkle Pfostenlöcher ab. Es handelt sich dabei um die Spuren vergangener Pfahlspeicher mit jeweils sechs paarig angeordneten Pfosten und Außenmaßen von circa 2,60 x 5,30 m. Die Menschen, die im heutigen Wethmar ihre Toten begruben, werden also in nicht allzu großer Entfernung gesiedelt haben (81).

Brandgräber, Körpergräber, Schmuck und Waffen, verschiedene Himmelsrichtungen und Pferdebestattungen – die Fußballer und die Schützen haben ja nicht geahnt, auf welch geheimnisvollem Platz sie sich bisher bewegten. Aber uns drängt sich jetzt die Frage auf, welche Ereignisse zu welcher Zeit denn zu diesem ungewöhnlichen Begräbnisplatz führten (82).

Noch während der Römischen Kaiserzeit, doch schon im Zeichen der Völkerwanderung, begannen zwischen Rhein und Weser lebende Völker, sich zum Bund der Franken zusammenzuschließen. Dazu gehörten auch die Brukterer, die von der Ems in den Bereich südlich der Lippe gezogen waren. Zu Anfang des 6. Jahrhunderts vereinigten sich die Rheinfranken, zu denen die hiesigen Völker gehörten, mit den im Norden des heutigen Frankreich siedelnden Salfranken. Danach, unter König Clodewech (Chlodwig) hatte das Reich der Franken eine Ausdehnung vom Pariser Becken bis Thüringen. Das Münsterland war inzwischen aber weitgehend siedlungsleer geworden, die dort lebende Bevölkerung im großen Zusammenhang der Völkerwanderung fortgezogen. Damit bildete die Lippe für diesen Bereich Westfalens die Nordgrenze des Frankenreiches. Allerdings nahm dessen Bevölkerung ausweislich der archäologischen Funde auch Gelände auf dem Nordufer des Flusses in Anspruch. Eine Zeitlang tauchte im Schriftgut noch der Name des Volkes der Brukterer für den Abschnitt zwischen Ruhr und Lippe auf, um allmählich unterzugehen. Von nun an ist nur noch von den Franken die Rede.

Die Kenntnis von den Eigentümlichkeiten der Franken wird uns mit den ergrabenen Siedlungen, aber auch durch das Totenbrauchtum vermittelt. Ihre Verstorbenen begruben sie zum Teil unter Erdhügeln in der Nähe der Ahnengräber, und zwar in Süd-Nord-Ausrichtung. Fränkisches Geschirr aus Keramik, so zum Beispiel Knicktöpfe, wurde als Beigabe gesetzt. Am Ende des 5. Jahrhunderts trat nun Frankenkönig Chlodwig zum Christentum über. Viele Franken folgten ihm, in weiten Landesteilen wurde missioniert. Zu Anfang des 7. Jahrhunderts n. Chr. verfügte König Dagobert, daß alle Franken Christen sein sollten. Da die Mission nicht alle Landesteile erreichte und sich auch nicht jeder taufen ließ, gab es weiterhin einen heidnischen Bevölkerungsanteil. Wo die Menschen aber Christen geworden waren, legten sie die Körpergräber jetzt in West-Ost-Richtung an, heidnische Gräber behielten dagegen die Süd-Nord-Richtung.

Grabung Lünen-Wethmar

Die dunkle Färbung des Bodens ist die noch sichtbare Spur einer kreisrunden, frühgeschichtlichen Grabumhegung. Ihr Durchmesser beträgt ca. 6 Meter. Ursprünglich mag sie aus einem schmalen, muldenförmigen Graben bestanden haben. Im Zentrum der Fläche kennzeichnet die Verfärbung eine Süd-Nord-gerichtete Bestattung. Sie konnte später als Pferdegrab in einem ca. 1,20 x 1,90 m großen Holzsarg bestimmt werden.

Um die Zeitenwende wurde nun nördlich der Elbmündung eine Art „Unruhebewegung" spürbar. Für den Historiker lassen sich die Konturen einer Völkerschaft erkennen, die nach Süden Raum gewinnt. Das nordwestdeutsche Gebiet, in dem dieser Verband siedelte, wurde bereits um 400 n. Chr. in den antiken Quellen „Sachsen" genannt (83). Im 6. und 7. Jahrhundert kam es zu einer weiteren Ausdehnung nach Süden, mit der auch das Münsterland wieder besiedelt wurde. Wohl in der Mitte des 7. Jahrhunderts, spätestens um 700, erreichten die Sachsen die Lippe, die längere Zeit die Grenze bildete (84). Später überschritten die Sachsen die Lippe und dehnten sich in Richtung Süden, nach archäologischen Funden bis in das Sauerland, aus.

Der Alltag des sächsischen Lebens ist relativ gut durch ergrabene Siedlungen dokumentiert, wenn auch aus dem Raum Lünen und der näheren Umgebung keine entsprechenden Nachweise vorliegen. Die Bauart der Häuser und einstige Gebrauchsartikel lassen eine eigene sächsische Welt erkennen, die sich von der fränkischen unterscheidet.

Ein Unterschied wird auch in den Bestattungsriten deutlich (85): Die Sachsen belegten die fränkischen Friedhöfe weiter oder fügten neue Felder an. Nun erhielten die Körpergräber wieder die heidnische Süd-Nord-Richtung, hinzu kam das Begräbnis von Pferden. Pferdebestattungen waren allerdings auch in weiten Bereichen der fränkischen Welt als Totenbeigabe einer sozial gehobenen Schicht bekannt.

Die Frankenherrscher – Karl Martell, Pippin und Karl der Große seien genannt – führten zahlreiche Feldzüge gegen die Sachsen, das 8. Jahrhundert war das Zeitalter der Sachsenkriege. So wurde verlorengegangenes fränkisches Gebiet zurückerobert, die Sachsen konnten unterworfen werden, Herzog Widukind nahm die Taufe. Für die Bestattungsriten – und damit für die Bodendenkmäler – hatte das nun wieder Folgen: Kaiser Karl verbot die Friedhöfe in der Nähe heidnischer Grabhügel, dazu erfolgte die Anlage der Gräber jetzt wieder in West-Ost-Richtung (86).

Der kleine Ausflug in die Geschichte zeigt den Raum Lünen als Teil des Reiches der Franken, später als Feld der Begegnung zweier Völkerschaften unterschiedlicher Lebensweise. Kulturelle Beeinflussung, aber auch zwangsweise Überformung durch Krieg und Eroberung folgten. Für diese Zeit, den Eintritt in das Mittelalter, gibt es nur wenige schriftliche Quellen, die das Geschehen erhellen können. Wir mögen daran ermessen, wie bedeutend die Bodenurkunden für das Erfassen von geschichtlichen Zusammenhängen jener Zeit sind.

Die archäologische Grabung zeigt, daß der Friedhof Wethmar über einen sehr langen Zeitraum belegt wurde. Die Funde und untersuchten Befunde vermitteln schon jetzt einen Eindruck von der außerordentlichen Vielfalt kultureller Erscheinungen jener Zeit. Da gibt es noch viel zu interpretieren und in Zusammenhänge zu setzen. Damit werden die Archäologen in den nächsten Jahren zu tun haben.

HAUS UND HOF DER BAUERN – DIE DENKMÄLER DES LÄNDLICHEN SIEDLUNGSRAUMES

Der landwirtschaftliche Baubestand als Geschichtsquelle

In den Freiräumen des Stadtgebietes begegnen uns immer wieder landwirtschaftliche Gebäude als selbstverständlicher Bestandteil der Kulturlandschaft. Da gibt es die selbstbewußt gruppierten Baulichkeiten des Schulzenhofes, wir sehen Fachwerkhäuser, die Menschen, Vieh und Ernte unter ihrem Dach bergen – oder bargen. Am Rande der Mark stoßen wir auf ein Heuerlingshaus von nur wenigen Gebinden.

Der erhaltene Baubestand entstammt teilweise noch dem 17. Jahrhundert, doch läßt sich die Existenz der Höfe oft wesentlich weiter zurückverfolgen. Damit erschließen sie uns die Geschichte der Besiedlung unseres Raumes vom Mittelalter bis in die heutige Zeit. Betrachten wir die einzelnen Gebäude näher, lassen sie noch die Zusammenhänge ländlichen Wirtschaftens und Wohnens der Entstehungszeit erkennen. Trotz moderner Technik, die auf den Höfen Einzug gehalten hat, sind die grundsätzlichen Nutzungsstrukturen eines solchen Hauses oft noch vorhanden. Die Lage, Größe und Bauweise der Höfe und Häuser geben uns Auskunft über die wirtschaftliche und soziale Stellung der früheren Bewohner. Und letztlich läßt die Bauweise auf die Einbindung in eine Bautradition und Hauslandschaft schließen, darüber hinaus werden die Fertigkeiten der Handwerker deutlich.

Der ländliche Hausbestand kann uns also ein breit gefächertes Wissen um die Siedlungsentwicklung, die Lebens- und Produktionsverhältnisse und die Bauweisen vermitteln. Grund genug also zu einer näheren Betrachtung.

Alstedde

Dieses kleine Kötterhaus von 5 Gebinden steht, gerahmt von stattlichen Bäumen, in der Alstedder Mark. Im Torbalken ist als Baudatum die Jahreszahl 1811 zu erkennen. Die frühere Tordurchfahrt wurde zugemauert.

Die Entwicklung der Siedlungsstruktur

Das Siedlungsbild, das uns seit dem Mittelalter verstärkt durch Schriftzeugnisse vermittelt wird, ist wohl bereits um 800 n. Chr. in den Grundzügen vorgeprägt (87). Der Raum Lünen gehört siedlungsgeschichtlich zum großen Gebiet der Einzelhofsiedlung. Vielfach standen die Höfe in lockerer Form, vielleicht in Ruf- oder Sichtweite zusammen und bildeten als sogenannte „Drubbel" kleine Ortschaften. An der Lippe ist zu beobachten, daß die Höfe hochwasserfrei auf den Lippeterrassen angesiedelt waren, und zwar in der Nähe des Übergangs zur Flußaue. Man spricht hier von einer Aueorientierung der Hofstätten (88). Im tiefer liegenden, wechselfeuchten Bereich fand das Vieh reichliche Nahrung. Oberhalb der Siedlung aber lag das Dauerackerland, Esch genannt, an dem jeder der Berechtigten seinen Anteil hatte. Diese Ackerform ist für den Sandbodenbereich typisch, der Boden mußte allerdings durch Plaggendüngung verbessert werden.

Ein wesentliches Element der bäuerlichen Wirtschaft jener Zeit war die Gemeine Mark (89), waren also jene Wiesen- und Waldflächen, die von den Markgenossen gemeinsam bewirtschaftet wurden. Hierher hat man Rinder, Schafe und Pferde zur Weide und die Schweine zur Eichelmast getrieben. Die Bauern holten auch das Bau- und Brennholz aus der Mark sowie die Plaggen zum Düngen und den Lehm für den Hausbau.

Im Laufe der weiteren Siedlungsentwicklung verdichteten sich allmählich die Drubbelsiedlungen. So wurden zum Beispiel Höfe geteilt (90), es entstanden sogenannte Zwiehöfe. Hofesnamen aus unserem Raum, wie Große-Herrenthey und Kleine-Herrenthey, Große- und Kleine-Oetringhaus und andere weisen auf diesen Vorgang. Die Teilungen erfolgten auch im Interesse des Grundherren, der seine Einkünfte und Rechte damit erhöhte. Für die Bauern ergab sich jedoch die Möglichkeit, für nachgeborene Söhne eine Existenz zu schaffen.

Am Anfang des 12. Jahrhunderts werden in Westfalen erstmals Erbkötter als Nachsiedler genannt (91). Sie erhielten noch Anteile an der Gemeinen Mark, das heißt an der Viehweide, der Eichelmast und am Holzeinschlag. Eine Beteiligung an den alten Ackerfluren erfolgte selten. Ihre Häuser errichteten sie in der Nähe der alten Höfe. Später, mit dem Beginn der Neuzeit, kam dann noch die Schicht der Klein- und Markkötter hinzu, die ihre Markkotten am Rande oder inmitten der Mark bauten.

Das westfälische Siedlungsbild wurde dann durch die Pachtkötter der Bauern, die Heuerlinge, noch weiter verdichtet. Diesen Landarbeitern wurden Nebengebäude oder kleine Kotten mit einem Stück Land „verheuert", wobei die Heuer durch Arbeit auf dem Hof des Bauern abgegolten wurde. Doch wie die Markkötter konnten die Heuerlinge auf ihren Kleinhöfen allein den Lebensunterhalt nicht erwirtschaften, so daß sie vielfach auch als Bauhandwerker tätig waren.

Der Hof eines Schulzen

Älteren Lünern ist das „Dorf Gahmen" noch ein Begriff. Ein Dorf im engeren Sinne hat hier zwar nie bestanden, wohl eine Gruppe von Höfen und landwirtschaftlichen Gebäuden verschiedener Größe und Zweckbestimmung. Das äußere Erscheinungsbild entsprach ursprünglich wohl genau den Drubbel-Siedlungen, wie sie oben beschrieben worden sind. Heute ist Gahmen eher ein Wohnstandort mit einigen gewerblichen Betrieben.

Zwei landwirtschaftlich produzierende Höfe gibt es aber noch, wovon einer, der Schulzenhof, durch seine Größe und die Art seiner Baugestalt besonders auffällt. Hinter einer Ziegelmauer als Einfriedung öffnet sich der Blick auf einen großen, rechteckigen Platz. In der Mitte steht eine prächtige Kastanie, zur Blütezeit ein überwältigender Anblick. Die seitlichen Platzwände werden von den traufseitigen Fassaden langgestreckter Wirtschaftsgebäude gebildet. Sie sind um die Jahrhundertwende entstanden und im Hinblick auf ihre raumbildende Wirkung bewußt plaziert worden.

Das Wohnhaus der Familie bildet vor Kopf den Abschluß des rechteckigen Hofes (92). Es ist ein zweigeschossiges Gebäude mit hohem Drempel und einem geschwungenen Mansarddach. Die Mitte der fünfachsigen Fassade wird akzentuiert durch einen Säulenportekus vor dem Eingang und – in der Dachzone – durch ein Zwerchhaus mit Schweifgiebel. Das verputzte Gebäude ist stets hell gefaßt. Flache Reliefs mit Ornamenten im Jugendstil verweisen auf die Bauzeit.

Gahmen

Das Wohnhaus auf dem Schulzenhof zu Gahmen ist um die Jahrhundertwende in der Art eines ländlichen Herrenhauses errichtet worden. Es umfaßt aber auch noch ältere Bestandteile des vorherigen Gebäudes.
In der Mitte des Hofes steht eine prächtige Kastanie – zur Blütezeit ein besonders schöner Anblick.

Im Jahre 1904 ist das Gebäude entstanden, als Umbau eines älteren Hauses, das im Kern noch besteht. Es ist ein ländliches Herrenhaus, eine Villa geworden, und das entspricht durchaus dem Selbstverständnis eines Schulzen auf dem Hof zu Gahmen, dessen Geschichte weit zurückreicht.

Der Hof zu Gahmen, das heißt der Schulzenhof mit den zugehörigen Höfen der Bauern und Kötter, gelangte im Jahre 1285 in den Besitz des Klosters Cappenberg (93). Kirche und Adel waren im Mittelalter die wesentlichen Eigentümer an Grund und Boden in Westfalen (94). Die Bauern, soweit nicht schon bisher hofrechtlich gebunden, gerieten in die Abhängigkeit zum Grundherren, dem sie Abgaben entrichten mußten (95).

So waren z. B. Naturalien abzuliefern, daß heißt ein Teil der Ernte und des Viehbestandes, und es war der sogenannte „Gewinn" zu entrichten, mit dem der Hof in jeder Generation praktisch neu zu erwerben war. Dazu galt es, Hand- und Spanndienste auf den Gutsflächen des Klosters Cappenberg zu leisten. Obwohl die Bauern ihr Eigentumsrecht verloren, behielten sie doch auf den Höfen das erbliche Sitz- und Nutzungsrecht für sich und ihre Nachfahren. Als Grundherr der Höfe unseres Raumes konnten der Bischof oder das Domkapitel zu Münster, verschiedene Klöster, das kaiserliche Haus oder Adelshäuser in Frage kommen. Im Raum Lünen gelangte im Laufe der Zeit ein großer Teil der Höfe durch Schenkung, Tausch oder Kauf in den Besitz des Klosters Cappenberg (96).

Die einzelnen Hofstellen gehörten jeweils Hofesverbänden an, so zum Beispiel dem Hof zu Gahmen. Innerhalb des Verbandes waren die Anteile der einzelnen Höfe an der Nutzung der gemeinen Mark, also an der Hude (Weide), an Eichelmast und Holzeinschlag usw. genau festgelegt (97). Die höchsten Anteile standen dem Schulzenhof zu.

Der Besitzer des Amtshofes war der Schulze oder Schulte (98). Als geborener Vertreter des Grundherrn hatte er dafür zu sorgen, daß die Hofgenossen ihren hofrechtlichen Pflichten nachkamen. Er stand auch dem Hofgericht vor, das alle Angelegenheiten der Hofgenossen untereinander und zum Grundherrn regelte. Für seine Dienste hatte der Schulze zusätzliche Einnahmen, die von der Gemeinschaft aufzubringen waren.

Durch Napoleons Edikt von Madrid wurden die Bauern unseres Raumes am 24. Februar 1809 frei. Das später gültige preußische Landrecht hat die alten Abhängigkeitsverhältnisse nicht wieder eingeführt. Im Laufe der folgenden Jahrzehnte konnten die auf den Höfen lastenden Abgaben und Dienste durch Geldzahlungen endgültig abgelöst werden. Zudem wurden auch die gemeinen Marken geteilt (99) und den einzelnen Höfen reale Flächenanteile als Eigentum zuerkannt.

Bedingt durch die Entlassung aus der grundherrlichen Gebundenheit und befreit von den Abgabenlasten, insbesondere aber als eine Folge der Markenteilung, verbesserter Anbaumethoden und moderner Düngung, nahm die Landwirtschaft des Raumes im Laufe des 19. Jahrhunderts einen deutlichen Aufschwung. Das wird auch in einer selbstbewußten Baugestaltung, wie z. B. auf dem Schulzenhof Gahmen, zum Ausdruck gebracht.

Ein Bauernhof wird „entdeckt"

Im Nordosten Brambauers liegt über der Niederung des Stellenbaches, umgeben von alten Bäumen, der Hof Overthun. Wer aus Richtung Süden, am Sportplatz vorbei, den Hang herunterkommt, erkennt bald ein stattliches Fachwerkhaus. Im Inschriftbalken über dem Tor ist die Jahreszahl 1813 als Baudatum zu erkennen. Der linksseitige Anbau ist, wie man nachher sieht, später hinzugekommen. Zum Hof gehört noch eine freistehende Scheune, die wir wie den Anbau vernachlässigen wollen. Das Hauptgebäude ist ohne Zweifel das Fachwerkhaus, ihm soll im folgenden unsere Aufmerksamkeit gelten (100).

Im Grunde ist es ein einfacher Baukörper auf rechteckigem Grundriß. Das Satteldach hat die typischen undurchbrochenen Flächen, dessen alte Deckung aus gebrannten Ziegeln aber inzwischen modern ersetzt ist. Beide Giebeldreiecke sind senkrecht mit Eichenholz verbrettert. Die Bretterschürzen kragen jeweils über den Wänden und noch einmal im oberen Drittel vor.

Das Fachwerk wird, soweit sichtbar, aus den senkrechten Ständern, einer Fußschwelle, den waagerechten Riegelketten so-

Brambauer, Hof Overthun

Der Wirtschaftsgiebel mit dem großen Deelentor ist dem Hof zugewandt. Auf der von hier aus gesehenen rückwärtigen Seite des Hauses befindet sich der Wohnbereich. Auffallend sind die lebhaft gegliederten Fachwerkwände. Die langen, von der Schwelle zum Rähm hochreichenden Streben verstärken die Knoten der Konstruktion, mit ihrer symmetrischen Anordnung wird aber auch bewußt eine malerische Wirkung hervorgerufen.

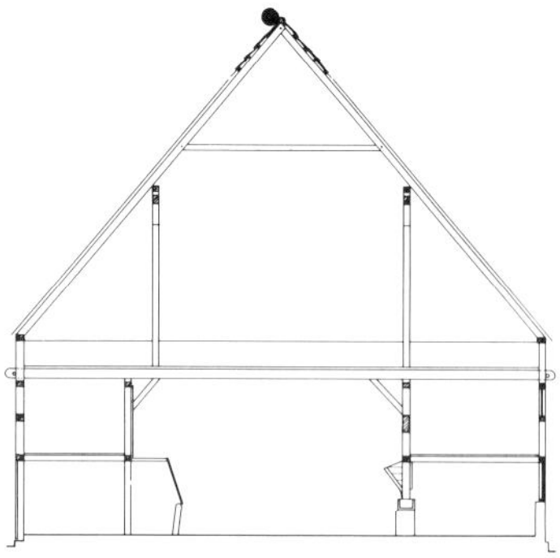

Brambauer, Hof Overthun

Der vereinfachte Querschnitt durch den Wirtschaftsteil zeigt wesentliche Merkmale des Hauses: Die Dreischiffigkeit mit der zentralen Deele tritt klar hervor. Über den seitlich angeordneten Ställen sind Kammern, z. B. eine Häcksel- oder eine Knechtskammer, abgeteilt. Die Ankerbalken überspannen die ganze Hausbreite. Auf einem knapp einem Meter hohen Kniestock setzen die Sparren auf. So wird ein spitzer Winkel zum Dachboden vermieden, die Möglichkeit der Erntebergung also verbessert.

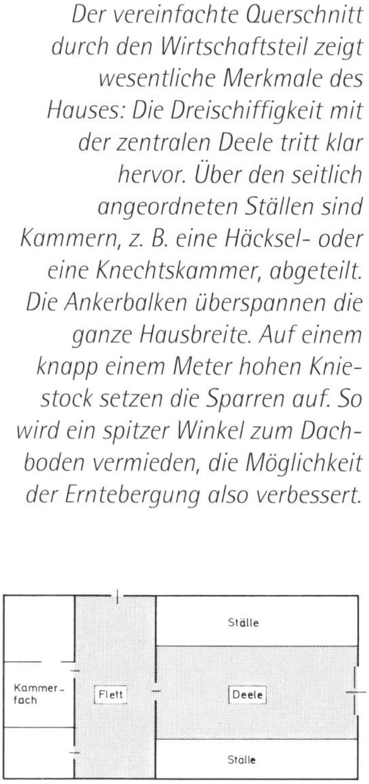

Brambauer, Hof Overthun

Im Grundriß scheint noch die klassische Grundfigur des niederdeutschen Hallenhauses durch, bei der Deele und Flett ein großes „T" bilden. Beide Bereiche sind durch eine Scherwand getrennt. Allerdings hat es die reine Form des Flettdeelenhauses hier nicht mehr gegeben, da das Flett, vermutlich von Anfang an, durch eine Längswand in zwei Räume geteilt war.

wie aus den diagonalen Streben gebildet. Die Streben verstärken Knotenpunkte der Konstruktion; die mit ihrer Anordnung erreichte malerische Wirkung entspricht aber eindeutig dem Gestaltungswillen der Erbauer.

Gefache heißen die Felder zwischen den konstruktiven Hölzern. In ihrem Innern befinden sich senkrechte Eichenstaken, um die waagerecht Weidenruten geflochten sind. Darauf ist beidseitig eine Lehmschicht aufgebracht worden, die zur Armierung mit Stroh vermischt ist. Den Abschluß nach innen und außen bildet jeweils ein Kalkputz. Der helle Anstrich prägt zusammen mit den dunklen Hölzern das charakteristische Bild eines Fachwerkhauses unserer Gegend.

Aus Richtung Süden kommend nehmen wir zunächst den Wirtschaftsgiebel wahr, sofort erkennbar an seinem großen Deelentor. Wenn wir an der Traufe entlanggehen, wird mit der Haustür und den folgenden Fenstern die Wohnfunktion im rückwärtigen Teil des Hauses deutlich. An der Westseite, im Winkel zwischen Hauptgebäude und Anbau, liegt heute noch der alte Bauerngarten.

Hinter dem Rückgiebel fällt das Gelände bald steil in die Bachniederung ab. Hier sind die verschilften Reste der ehemaligen großen Karpfenteiche zu sehen, die einst noch Bereiche des heutigen Freibades umfaßten.

Betreten wir das Haus durch das Deelentor: Die Öffnung ist so groß, daß ein Erntewagen hineinfahren kann, Radabweiser verhindern die Beschädigung der Torständer. Die Deele mit ihren großflächigen Steinplatten bildet den zentralen Wirtschaftsraum des Hauses. In den ebenerdigen Räumen zu beiden Seiten ist mit dem Kopf zur Deele das Vieh aufgestallt. Weiter hinten finden sich seitlich Wirtschaftsräume, zum Beispiel die Milchkammer. Die in der Deele sichtbaren Deckenbalken gehen durch bis zu den Außenwänden und überspannen daher auch die niedrigen Räume über den Ställen, die heute als Speicher für Futtermittel genutzt werden. Diese „Hillen" waren früher teilweise zur Deele offen und dienten als Futterboden, Kornkammer, Häckselkammer und Knechtskammer. Der große Dachraum nimmt heute wie früher einen Teil der Ernte auf: Heu, Stroh und Korn. Durch die Ritzen der Bretterschürzen dringt ständig ein Luftstrom und hält das Erntegut trocken.

Wie wir bereits von außen feststellen konnten, dient der hintere Teil des Hauses dem Wohnen. Damit sind die drei Hauptfunktionen eines niederdeutschen Einhauses genannt: Wirtschaften, Wohnen und Erntebergung. Darüber hinaus werden hier alle notwendigen Binnenarbeiten eines bäuerlichen Betriebes durchgeführt.

Brambauer, Hof Overthun

Die Deele ist der Hauptwirtschaftsraum des Hauses. In den abgetrennten Seitenschiffen steht das Vieh, die Fütterung erfolgt von der Deele aus.

Wohnen und Wirtschaften im niederdeutschen Hallenhaus

Seit dem späten Mittelalter ist im ganzen niederdeutschen Raum das Einhaus der beschriebenen Art als Bauform für das bäuerliche Wohnen und Wirtschaften vorherrschend (101).

Josef Schepers, verstorbener Nestor der westfälischen Hausforschung, sagt hierzu, daß die spätmittelalterlichen Ackerbürgerstädte, auf engem Baugrund notwendigerweise viele Aufgaben bündelnd, das Bauernhaus zum alles umfassenden Einhaus steigerten. Nach und nach hätte das *hus* die Aufgaben der *schunen, spiker, kasten* und von *anderen gebuwe* in sich hineingenommen (102), so Schepers, der Archivalien zitiert. Die dort entwickelte Bauform wurde dann, so die These, an das Land zurückgegeben. Die neuere Hausforschung regt allerdings an, diesen Thesenkomplex nochmals zu untersuchen (103).

In der Entwicklungsgeschichte des niederdeutschen Einhauses (104) spielte die Deele eine zentrale Rolle. Sie bildet das Mittelschiff eines insgesamt dreischiffigen Hauses. In den ursprünglich zur Mitte offenen Seitenschiffen steht das Vieh, sind die Kammern und Futterböden untergebracht. Abgeschlossene Schlafkammern gab es noch lange nicht, wohl Bettkästen hinter Läden oder einem Vorhang. Die großzügige Weite im Innern dieser Häuser hat den Namen Hallenhaus hervorgebracht. Zunächst ging die Deele bis zur Rückwand des Hauses durch, wir sprechen vom „Durchgangsdeelenhaus". Im hinteren Teil befand sich mit der Feuerstelle der Kernbereich der bäuerlichen Lebensgemeinschaft. Die Seitenschiffe öffneten sich hier und erweiterten den Wohnbereich um Nischen, die sogenannten Hööke. Sie ermöglichten die direkte Belichtung durch Fenster in der Seitenwand. Mit den

Hööken wurde allmählich der Wohnbereich des Hauses, jetzt Flett genannt, größer. Flett und Deele bildeten zusammen im Hausgrundriß ein großes „T". Das Haus erhielt dann auch eine rückwärtige Erweiterung um das Kammerfach mit den Privaträumen der Familie. Ein Teil davon wurde oft auf einem Keller errichtet; darauf, über eine Treppe erreichbar, befand sich die sogenannte Aufkammer (Upkammer) oder der Saal. Mit dem Flettdeelenhaus erreichte das niederdeutsche Hallenhaus seine klassische Gestalt. Den bei Schepers dokumentierten Beispielen zufolge wurde die Entwicklung dahin wohl schon im 17. Jahrhundert abgeschlossen.

Mit der weiteren Differenzierung der bäuerlichen Lebens- und Witschaftsformen ist dann das Flett durch eine Wand abgeschert, also abgetrennt worden. So entstand, von der Deele aus gesehen, die eigenständige Flettküche hinter einer Scherwand. Die einst zentrale Feuerstelle rückte nach hinten an die Kaminwand, hinter der die privaten Räume der Familie lagen.

Die so entstandene Gestalt des Grundrisses ist in vielen dokumentierten Bauernhäusern noch vorhanden oder läßt sich doch herauslesen (105). Mit dem Flettdeelenhaus blieb die Entwicklung nicht stehen, da sich mit den Lebensumständen der Bewohner auch immer die Raumansprüche änderten (106). So konnten zum Beispiel die Seitennischen des Fletts geschlossen werden, um zusätzliche Zimmer zu gewinnen; in anderen Fällen wurde einseitig von der einst stattlichen Flettküche eine Stube abgetrennt.

Derartige Veränderungen erfolgten entweder durch Umbau bestehender Häuser, oder sie entsprachen von Anfang an dem Raumprogramm bei Neubauten. Diese Entwicklungen verliefen regional und nach der sozialen Stellung der Bewohner unterschiedlich.

Brambauer, Hof Overthun

Der große Dachraum nimmt einen Teil der Ernte auf. Durch die Ritzen der Bretterschürze dringt ständig ein Luftstrom und hält das Erntegut trocken. Vorne im Bild ist gut zu erkennen, daß der Boden über dem Wohnteil höher liegt als über dem Wirtschaftsteil.

Auch der Grundriß des vorgestellten Hauses Overthun läßt die Grundfigur eines Flettdeelenhauses erkennen, bei dem Deele und Flett, durch eine Scherwand getrennt, ein großes „T" bilden. Aber in Wirklichkeit hat es bei diesem Hause kein von einer Traufwand zur anderen durchgehendes Flett mehr gegeben. Hier wurde, vermutlich von Anfang an, mittels einer Längswand ein seitlicher Raum abgetrennt. Die heutige Diele ist dann durch einen Umbau im Jahre 1900 entstanden, als der Eigentümer den hohen, ursprünglich über zwei Geschosse durchgehenden Raum in der Höhe teilte (107). Eine genauere hauskundliche Untersuchung ist nicht möglich, da die Wände verkleidet sind.

Einige gefügekundliche Entwicklungen

Grundriß, Querschnitt und Konstruktion eines Fachwerkhauses können nicht getrennt von einander betrachtet werden. Den Kern des Hauses bildet das hölzerne Gerüst. Im Zusammenwirken seiner einzelnen Elemente nimmt es alle Lasten auf, die auf das Haus einwirken und leitet sie in das Erdreich ab. Durch das Ausfüllen der Gefache, also der Felder zwischen den Konstruktionsteilen, entstehen die Wände. Den oberen Abschluß bildet die Dachhaut, ursprünglich aus Stroh, später aus gebrannten Hohlziegeln.

Aber bleiben wir etwas beim hölzernen Gerüst eines Hallenhauses, dem Gefüge (108). Das ursprüngliche Fachwerkhaus war ein sogenannter Pfostenbau, das heißt, die vertikalen Hölzer wurden eingegraben. Damit hatte die Konstruktion unverrückbare Fußpunkte und das Haus einen sicheren Stand. Anhand der Pfostenlöcher sind heute noch, wir erinnern uns, die Hausstandorte der Vor- und Frühgeschichte nachzuweisen. Vom 10. bis etwa zum 14. Jahrhundert entwickelte sich der Ständerbau. Die vertikalen Hölzer, die Ständer also, stehen dabei in aller Regel auf Schwellhölzern, die ihrerseits steinernen Sockeln aufgelegt sind. Eine kräftige Quer- und Längsverspannung des Gerüstes ist erforderlich.

Seit dem 17. Jahrhundert wurde im ländlichen Westfalen der sogenannte Vierständer (109) die beherrschende Form des Fachwerkhauses. Das heißt, im Querschnitt sind immer vier Ständer durch einen von Wand zu Wand durchgehenden Querbalken miteinander verbunden und bilden so ein Gebinde. Diese Balken sind teils dergestalt eingefügt, daß sie den nach außen wirkenden Schub der Dachsparren aufnehmen und so wie ein Zuganker wirken. Sie heißen daher auch Ankerbalken und gelten der Hauskunde als die relativ ältere Bindungsart (110).

Brambauer, Hof Overthun

An den seitlichen Wänden sind die Enden der Ankerbalken als Zapfenschlösser durch die Ständer geführt. Eingetriebene Keile verhindern das Ausgleiten der Balken nach innen.

Als jüngere Konstruktion sind dann die sogenannten Dachbalken zu nennen, die mit dem Sparren ein festes Dreieck bilden und keinen Schub mehr aufkommen lassen. In der Längsrichtung der Häuser bilden die Ständer vier parallele Reihen. Hierzu sagt Schepers: *Dat Hus steiht up veer riegen Pöste* (111). Zwei der Reihen verlaufen in den Außenwänden, die zwei anderen trennen im Wirtschaftsteil die seitlichen Ställe und Kammern von der Deele. Auf diese Weise ist der Grundriß der ländlichen Vierständer festgelegt, wie auch an allen Lüner Beispielen nachvollzogen werden kann.

Haus und Hof der Bauern, teilweise heute als Baudenkmal eingetragen, sind in ihrer heutigen Gestalt und Konstruktion das Ergebnis einer langen Entwicklung. Dabei haben verschiedene Regionen ihre eigenen Bauweisen entwickelt und an nachfolgende Generationen weitergegeben. So gibt es heute für die Hauskunde sogenannte Hauslandschaften mit ihrer jeweils eigenen Bautradition.

Die einzelnen Konstruktionen, Gestaltmerkmale und Schmuckformen sind aber immer auch an Nachbarräume weitergegeben worden, wo es dann zur Umformung, Weiterentwicklung und wiederum zur Weitergabe kommen konnte. Dabei spielten politische oder konfessionelle Grenzen wohl keine entscheidende Rolle, sondern eher die Verkehrsbeziehungen (112). Viele Neuerungen entstanden in den Städten des Oberweserraumes und wurden an das übrige Westfalen weitergegeben (113). Mit der Verbreitung nach Westen, so auch über das Verkehrsband des Hellwegs, kam es zu verschiedenen Abwandlungen. Das Westmünsterland, der westliche Hellweg und das Vest Recklinghausen hielten allerdings immer lange an hergebrachten Bauweisen fest (114).

Der Raum Lünen empfing auf dem beschriebenen Wege Impulse aus dem Oberweserraum, gleichzeitig ist aber auch die Nähe der westlichen Hauslandschaften erkennbar. Nehmen wir als Beispiel das Bauernhaus Overthun: Hier sind im Wirtschaftsteil die Ständer eines Gebindes durch Ankerbalken miteinander verbunden. An den Zapfenschlössern in den Außenwänden ist die Bindungsart schnell zu erkennen. Dabei ist auf die Sicherung durch zwei Zapfen hinzuweisen, von denen einer durch das senkrechte Holz geführt wird, der andere aber seitlich vorbei. Bei den Außenwänden liegt die Verbindungsstelle von Balken und Ständern etwa 50 cm unter den Ständerköpfen. Diese Differenz, der sogenannte Drempel oder Kniestock, vermeidet im Wirtschaftsteil den unbrauchbaren Dachbodenwinkel. Über dem Wohnteil von zwei Geschossen liegt der Boden entsprechend um etwa 50 cm, das Maß des Kniestocks, höher.

Das Haus auf dem Hof Overthun ist also ein Vierständer mit über dem Wirtschaftsteil eingesenkten Ankerbalken, einem Kniestock sowie einem zweigeschossigen Wohnteil mit entsprechend höherem Dachboden. Damit liegt hier ein Gebäudetyp vor, der in der Hausforschung als eigenständige Entwicklungsleistung des benachbarten Vests Recklinghausen und des westlichen Hellwegs bezeichnet wird (115). Etwa seit der Mitte des 18. Jahrhunderts ist diese Bauweise dort üblich. Auch die Gestaltung des Tores, davon wird noch die Rede sein, weist in diese Region.

Nebengebäude als Zeugnis landwirtschaftlicher Produktionsweisen – der Schafstall

Der stattliche Schulzenhof Wethmar liegt etwas verborgen hinter einem kleinen Wald. Wer ihn über den Wirtschaftsweg erreicht, dem fällt sicher zunächst das Hauptgebäude in schwarzweißem Fachwerk ins Auge. Die Hofanlage besteht insgesamt aus einer Gruppe verschiedenartiger Gebäude, umgeben von einer älteren, wohl aus dem 19. Jahrhundert stammenden Ziegelmauer. Linkerhand, von Eichen umstanden, erblickt man dann ein landwirtschaftliches Gebäude besonderer Zweckbestimmung: einen Schafstall (116).

Die Bauweise entspricht der ursprünglichen Nutzung. Auf der Ostseite befindet sich ein jüngerer Anbau, der allerdings nicht weiter beschrieben werden soll. Auf einem hohen Sockel aus Bruchsteinen erhebt sich ein eingeschossiges, einschiffiges Fachwerkhaus mit Satteldach. Gebrannte Hohlziegel in Strohdocken

Wethmar

Der alte Schafstall auf dem Schulzenhof zeigt die typischen Merkmale seiner Baugattung: Den hohen Sockel und, an beiden Giebeln, ein Tor zum Ein- und Austreiben der Herde.

bilden die heutige, allerdings vielfach reparierte Dachhaut. Die Giebeldreiecke sind verbrettert und enthalten Luken zum Durchreichen von Futter und Streu.

In früheren Zeiten hielt sich die Schafherde zum Schutz gegen die Winterkälte und zum Zufüttern im Stall auf, wobei sich der als Dünger geschätzte Kot ansammelte. Um nun die Fachwerkwände gegen Zersetzung zu schützen, war der hohe Steinsockel erforderlich. Ein Tor an beiden Giebeln ermöglichte das Ein- und Austreiben der Herde.

Das Gerüst des Schafstalles mit insgesamt sieben Gebinden stammt vermutlich aus dem 17. Jahrhundert. Die Giebelbalken – gleichzeitig Giebelschwellen – kragen weit vor, von eingezapften Balkenköpfchen gestützt. Darüber bauen sich die dreieckigen Bretterschürzen auf. Die Ankerbalken des Gerüstes sind den Köpfen der Bundständer eingehälst. Ein darüberliegendes Holz, Rähm genannt, verbindet die Ständerköpfe in Längsrichtung und bildet damit gleichzeitig die Sparrenschwelle. Hier setzen die zehn nicht im Gebinde stehenden Sparrenpaare auf.

Die Längs- und Giebelwände sind jeweils völlig gleichartig gezimmert. Zwei Riegelketten verlaufen ringsum in den Fachwerkwänden. Mit Ausnahme je eines Faches in den Längswänden reichen Kopfstreben von den Ständern zum Rähm hoch.

Heute sind die Gefache mit Handstrichziegeln ausgemauert, aber die ursprüngliche Lehmausfachung ist nachweisbar und an der östlichen Außenwand zum heutigen Anbau auch noch in Resten vorhanden. Schmale, senkrecht zwischen die Riegel gesetzte Eichenhölzer sind wohl eine spätere Zutat und wurden im Zusammenhang mit der Ausmauerung eingebaut. Da zum Teil eiserne Fitschen daran befestigt sind, dienten sie wohl als Rahmen für Fenster oder Luken, die sich zwischenzeitlich einmal in den Stallwänden befunden haben müssen.

Schafställe sind als Bautyp in der Literatur recht genau definiert (117). In Lünen sind uns vier aus einem einst wohl größeren Bestand erhalten geblieben: der hier beschriebene, zwei weitere in Alstedde und einer in Nordlünen. Der alte Schafstall auf dem Schulzenhof in Wethmar hat die Jahrhunderte ganz gut überstanden, so daß er heute als Remise dienen kann. Trotz der altersbedingten baulichen Mängel ist er immer noch bedeutend als ein Zeugnis für die früheren landwirtschaftlichen Produktionsverhältnisse. Die Balkenbindung mit Einhälsung sowie die Verwendung des Ankerbalkens weisen auf die Nähe des westlichen Hellwegs und des Vests Recklinghausen hin.

Politische Grenzen und der Lippefluß waren für die Ausbreitung der Zimmermannstechniken des 17. Jahrhunderts wohl kein großes Hindernis.

Giebel, Tor und Hausinschrift

O Gott bewahr mit deiner handt
disz hausz für unglück und für brandt,
die menschheit auch für alles leidt,
gib gnad und segen bei lebenszeit
und nach dem todt die seeligkeit. Amen
Anno Dni 1690: den 18. May +++ IHS
Rudolff Nagelt und Elisabeth
Lonnemanns Eheleute

Die Hausinschrift auf dem Torbalken des Kötterhauses Böhmken an der Laakstraße hat den Charakter eines Gebetes. Spruchinschriften dieser Art sind im Bereich ländlicher Streusiedlungen bis etwa 1720 selten (118). Es gibt kaum Belege für die Vermutung, aber vielleicht hängt die frühe Verwendung eines gebetähnlichen Spruches mit dem Beruf des Mannes zusammen, der das Haus bauen ließ. Das war Rudolf Nagell, aus Rulle bei Osnabrück stammend, Küster und Lehrer der Sankt-Marien-Pfarre in der Lüner Altstadt. Nagell war ein bedeutender Kirchenliedersammler sowie der Herausgeber des ersten münsterischen Gesangbuches (119).

Hausinschriften finden sich im Bereich des überkommenen ländlichen und bürgerlichen Fachwerkhausbestandes recht häufig. Sie erschließen dem Betrachter mancherlei Wissen, so über das Gebäude selbst, seine ersten Bewohner, über den damaligen Zeitgeist, erlittene Not und über die regionalen Verflechtungen. Darüber hinaus stehen die verwendeten Inschriften in einer Abhängigkeit zum Baugefüge (120).

Die frühen Fachwerkhäuser boten wenig Gelegenheit zum Anbringen von Inschriften. Hohe Wände hat es ringsum nicht gegeben, da die Dächer allseitig, also auch an den Schmalseiten, in der Form eines Vollwalmes tief herabgezogen waren. Erst allmählich entstand an den Schmalseiten das bekannte Giebeldreieck, wobei es vermutlich verschiedene Übergangsformen – zum Beispiel als Halb- oder Drittelwalm – gegeben hatte. Im ländlichen Bereich wurden die Dreiecke als eichene Bretterschürzen ausgebildet, während im Kulturkreis der Städte auch Fachwerk- oder Backsteingiebel errichtet wurden. Aber auch die so entstandenen dreieckigen Giebelflächen kragten noch weit auf unterstützenden Hölzern, den sogenannten Knaggen, vor. So entstanden stark verschattete Flächen, die nicht zum Anbringen von Schmuckformen und Inschriften einluden. Erst allmählich wurde der Überstand verringert und die stützende Konstruktion entsprechend verkürzt (121). Am Hof Böhmken können wir bereits derart reduzierte Knaggen feststellen.

Erst mit weitgehend unverschatteten, hohen Wänden im Fachwerkbau sind die Möglichkeiten entstanden, konstruktiv bedeutsames Holzwerk großflächig außen zu zeigen. Nur derartige Elemente bilden einen Anreiz für Inschrift und Schmuck (122). So wurden denn allmählich auch Hausinschriften und verzierende Elemente in unseren Raum getragen.

Die Impulse gingen von den Städten des Oberweserraumes als einer überlegenen Hauslandschaft aus. Zunächst wurden die Anregungen dann von den Städten und Dörfern, später auch von den bäuerlichen Streusiedlungen aufgenommen. Die ältesten und ersten Inschriften in unserem Raum sind an den Bürgerhäusern des 16. Jahrhunderts nachzuweisen, so 1546 in Werne und 1596 in Lünen, am abgebrochenen Haus Mauerstraße 42 (123).

Es handelte sich zunächst um einzelne Jahreszahlen, die als Baudatum zum Beispiel in eine Knagge geschnitten wurden. Hin und wieder tauchten aber auch schon mit dem Baudatum die Initialen oder Namen der erbauenden Besitzer auf. Diese schon etwas reichere Form ist in den Städten des Ruhr-Lippe-Raumes im 16. und 17. Jahrhundert auch in den ländlichen Gebieten häufiger anzutreffen (124).

Reichere Hausinschriften entstanden dadurch, daß den bisherigen Formen Sprüche hinzugefügt wurden. Diese konnten aus

Brambauer, Hof Overthun

Der scheitrechte (waagerechte) Torbalken ist durch einen schmalen Fachwerkstreifen, den ein Fries von Andreaskreuzen schmückt,von der darüberliegenden Bretterschürze getrennt. Auf diese Weise soll seine Bedeutung besonders betont werden. Die Inschrift sagt aus, daß die Eheleute Johann Bros und Elisabeth Eickhof sich dieses neue Haus im Jahre 1813 von Meister Franz Holtkot errichten ließen.

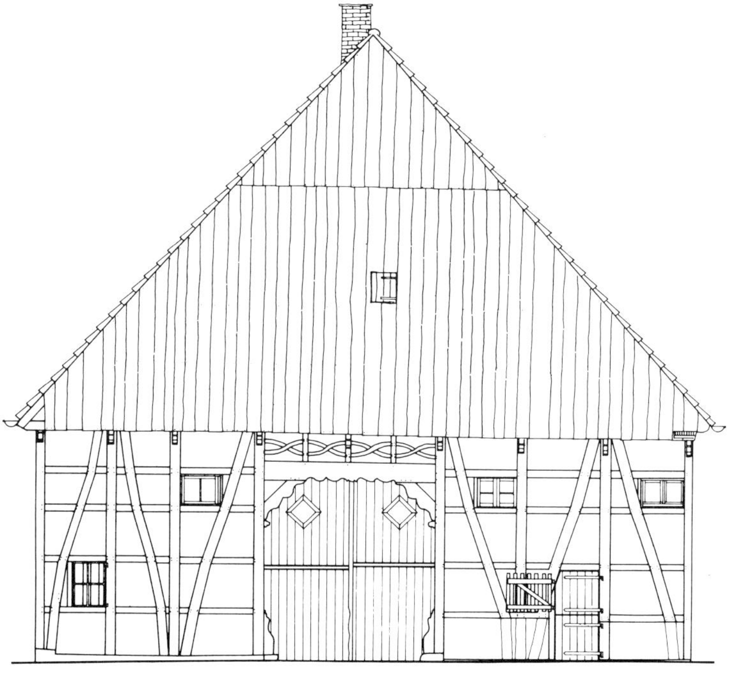

anderen Landschaften übernommen sein oder dem landschaftseigenen Spruchgut entstammen.

Das Münsterland gilt dabei nicht eben als schöpferisch, fast alle anzutreffenden Inschriften gab es schon früher in südlich und östlich angrenzenden Hauslandschaften. In evangelischen Gebieten sind vielfach Bibelsprüche als Hausinschrift anzutreffen, katholische Landesteile verwendeten allenfalls Ableitungen aus der Bibel. Ansonsten überwiegen dort volksläufige Sprüche, Kirchenliederstrophen oder eingedeutschte Liturgieformeln. Der eingangs zitierte Gebetsspruch auf dem Torbogen des Hauses Böhmke ist sicher den letztgenannten volkstümlichen Sprüchen zuzurechnen.

Eine ausgesprochen volkstümliche Hausbauformel findet sich an dem stattlichen Bauernhaus Wieneke (Übbert) in Wethmar. Dort heißt es:

Im Jahre 1797 warf eine unversehrte Feuersbrunst mich ganz schnell nieder
Im Jahr 1798 steh ich gottlob neu hier wieder

Johann Heinrich Wieneke   Margarete Schulze-Gemberg

Dieses Spruchmuster kommt in starker Häufung am Westhellweg und im Vest Recklinghausen vor. Die gemeinsame katholische Konfession ließ den Spruch möglicherweise ins südliche Münsterland wandern (125).

Die Hausinschrift schmückt in aller Regel am Wirtschaftsgiebel den Torbalken über der Deeleneinfahrt. Im Laufe der Zeit hat sich die Form des Torbogens vom halbkreisförmigen Rundbogen über den Korb- und Flachbogen im 19. Jahrhundert zum scheitrechten Bogen gewandelt. Gegen Ende des 18. Jahrhunderts wurde im Vest und am westlichen Hellweg der bis dahin glatte Innenrand des Bogens und der Kopfbänder durch eine lebhafte Linienführung aufgelöst (126).

Diese Form des Schmucks ist im Raum Lünen in schöner Weise an den Lippholthäuser Höfen und am Bauernhaus Overthun in Brambauer zu sehen. Das letztgenannte Haus zeigt besonders deutlich, welchen Wert die Erbauer dem Torbereich zugemessen haben: Der schmale Fachwerkstreifen zwischen Tor und Giebelbalken läßt den Torbalken besonders markant hervortreten.

Lünens Altstadt und die St. Marien-Kirche

Eine Altstadt ohne Denkmäler?

Lüner Neubürger, heranwachsende Generationen oder Besucher erleben Reste einer typischen Altstadt nur südlich der Lippe, am ehesten im Südwesten des Stadtkerns. Dennoch ist die eigentliche Altstadt ein engerer Bereich nördlich der Lippe, im Umfeld der Altstadtkirche, wie die neugotische St.-Marien-Kirche bei der eingesessenen Bevölkerung heute noch heißt. Der Betrachter wird hier kaum ein altstadttypisches Denkmal finden, allenfalls Hinweise wie „Altstadtstraße" oder, wenn er sich die Mühe macht nachzuforschen, die Flurbezeichnung „Auf der Altstadt" im Kataster. Und diese Hinweise kennzeichnen in der Tat den Bereich, in dem die Stadt Lünen im Mittelalter aus der Bauerschaft Südlünen entstanden ist (127).

Südlünen und Nordlünen waren wohl schon zur sächsischen Zeit kleine Ortschaften mit jeweils einigen Einzelhöfen. Ihre Namen werden im Heberegister der Benediktinerabtei Werden an der Ruhr zwischen 880 und 890 erstmalig urkundlich erwähnt. Haric, ein Bauer aus Südlünen, hatte demnach 20 Denare als Abgabe zu entrichten.

Südlünen lag hochwasserfrei auf dem Nordufer der Lippe, da hier die Niederterrasse bis an den Fluß heranreicht. Diesem Bereich kam eine besondere Bedeutung insofern zu, als hier eine Fernstraße die Lippe querte, die, in Dortmund vom Hellweg abzweigend, über Münster bis zur Nordsee führte (128). Wir können heute die Dortmunder Straße beziehungsweise die Münsterstraße als ungefähre Trasse dieses Handelsweges annehmen. Der Lippeübergang, zunächst wohl nur eine Furt, war Ursache dafür, daß sich hier neben der bäuerlichen Bevölkerung auch Handwerker, Kaufleute und Beamte – zum Beispiel für den Zoll – ansiedelten. Ab etwa 1018 ist dann auch eine Kirche auf dem Nordufer der Lippe vorhanden. Damit waren alle Voraussetzungen für die weitere Entwicklung der kleinen Ansiedlung gegeben.

Nach dem Sturz Heinrichs des Löwen wurde Lünen – der Name Südlünen ging langsam unter – ein Grenzort. Nördlich der Lippe herrschten die Bischöfe von Münster und übten dabei auch das Recht der Städtegründung aus.

Südlich des Flusses begann das Territorium der Erzbischöfe von Köln. Lünen wurde daher als münsterischer Grenzort befestigt und gewann damit weiter an Bedeutung. Vom Ende des 12. Jahrhunderts an entwickelte sich Lünen vom Kirchdorf zur befestigten

Stadt, in der Markt, Gericht, Ratsherren, Zoll und Lüner Maße belegt sind (129).

Seit dem 13. Jahrhundert gewannen die Grafen von der Mark im Gebiet südlich der Lippe die Oberhand. Mit dem Aufbau ihres Territoriums geriet auch Lünen unter ihren Einfluß (130), und die Stadt wurde als märkische Festung ausgebaut. Aber Lünen blieb für die Grafen ein unsicherer Besitz. In den Jahren von 1336 bis 1340 wurde die Stadt daher auf landesherrliche Anordnung auf das Südufer der Lippe verlegt. Die Lüner Bürger zogen mit ihrer ganzen Habe, einschließlich ihrer Häuser, auf das Südufer. Selbst die Stadtmauer trug man ab, um sie am neuen Ort wieder aufzumauern. Mit dem Umzug in die neue Stadt hatte Lünen nun eine Altstadt, in der mit der Kirche und dem Pfarrhaus nur wenige Wohnhäuser verblieben. Auf den alten Hausplätzen aber legten die Neu-Lüner Gärten an. Wälle und Gräben hielten sie zu Verteidigungszwecken instand.

Die Befestigung der alten Stadt

Ein Sprung ins 20. Jahrhundert. Im Norden und Westen der Innenstadt gibt es heute die Konrad-Adenauer-Straße als Teil des Stadtringes um Lünen. Im Bereich der Altstadt verläuft, parallel dazu, und zwar innerhalb des Ringes, die Marienstraße. Nun gilt es als hinreichend gesichert, daß die Befestigungsanlagen der alten Stadt an der Außenseite der heutigen Marienstraße – früher hieß sie einmal Karrenstraße – verlaufen sein müssen (131). Auch über das Aussehen der Befestigungen gibt es Angaben: Die Altstadt ist *an der einer seidten nach dem stifft Munster mit dreien hohen ansehnlichen wellen, auch so vil tieffer graben muniert und*

Lünen, Altstadt

Bevor noch ein freier Geländestreifen zwischen Marienstraße und Konrad-Adenauer-Straße bebaut werden konnte, kamen im Frühjahr 1987 die Archäologen. Auf der Seitenwand eines Suchschnittes konnte deutlich die Böschung eines früheren Grabens beobachtet werden: Der gelbe Sand steht natürlich an, die dunkle Erde darüber füllt den früheren Graben. Dieser war Bestandteil des mittelalterlichen Befestigungssystems und bot der Stadt Lünen schon vor ihrer Verlegung Schutz.

gevestiget, heißt es in einer Urkunde von 1575 (132). Im Süden bot allein die Lippe Schutz.

Im Frühjahr 1987 lag die Fläche zwischen den beiden genannten Straßen völlig brach. Auf einer nördlichen Teilfläche sollte bald ein Neubau entstehen, darüber hinaus war eine Grüngestaltung geplant. Für die Stadt Lünen als Denkmalbehörde gab es damit Grund genug, das Westfälische Museum für Archäologie – Amt für Bodendenkmalpflege – auf den Bereich hinzuweisen. Mit organisatorischer und finanzieller Hilfe der Stadt Lünen kam es noch im April 1987 zu einer Sondierung (133). Dabei wurde zunächst im rechten Winkel zum Verlauf der früheren Befestigungen ein tiefer Graben als Suchschnitt ausgeworfen.

Der angefüllte Boden der Oberfläche ging nach etwa 1,80 Metern unter dem Niveau der Konrad-Adenauer-Straße in den natürlich anstehenden Sand über. Auf der „geputzten" Grabenböschung wurde durch dunkle Färbung das Profil einer nach außen, das heißt nach Norden, abfallenden Grabenböschung sichtbar. An das Böschungsprofil schloß eine flacher geneigte Sohle an, mit der am Ende des Suchschnittes 3,80 Meter Tiefe erreicht wurden.

Der Graben konnte nicht in ganzer Breite durch den Suchschnitt erfaßt werden, ein Teil der Sohle und die ganze Gegenböschung liegen vielmehr unter der Konrad-Adenauer-Straße. Aus dem Befund kann, ein symmetrischer Querschnitt vorausgesetzt, auf eine Grabenbreite von über 12 Metern und eine Tiefe von über zwei Metern geschlossen werden. Die Neigung der Böschung bewegt sich zwischen 20 und 25 Grad, im Bereich der Sohle um unter 10 Grad. Als Grabenfüllung ließ der Suchschnitt einen dunklen, nahezu sterilen Boden erkennen, aus dem etwas Irdenware mittelalterlicher und neuzeitlicher Herkunft geborgen werden konnte.

Durch Vergleich mit alten Karten und schriftlichen Quellen wird deutlich, daß mit der Untersuchung wohl der ehemals innere Graben des Verteidigungssystems erfaßt wurde. Das Urkataster läßt eine Breite von 16 Metern als möglich erscheinen. Der Hauptwall mit der im Jahre 1336 abgetragenen Mauer wird dann zwischen diesem Graben und der Marienstraße gelegen haben. Außerdem läßt das Urkataster außenseitig – heute ist hier der Stadtring – einen weiteren Graben mit Wall vermuten. Der Hinweis einer Karte von 1566 auf die *dubbelde olde grefte* (134) hätte damit seine Berechtigung. Ein weiter außen vorgelagerter Wall, vielleicht eine Landwehr, in der gleichen Karte verzeichnet, gehörte ebenfalls zu den Befestigungsanlagen der Altstadt. Die eingangs zitierte Quelle, die von drei hohen Wällen spricht, hätte damit die Elemente der Anlage zusammengefaßt. Mit der

Abbildung rechte Seite
Lünen, Altstadt

Ein Blick vom Turm des Rathauses auf die St. Marien-Kirche ist für die Bevölkerung nicht alltäglich. Aus dieser Perspektive wird aber deutlich, wie das stattliche Gebäude seine Wirkung bis weit in das Kirchspiel Altlünen entfalten konnte. Ähnlich war der Einfluß auf die Neustadt und die Bauerschaften südlich der Lippe. Heute beeinträchtigen andere hohe Bauten, so z. B. das Lippezentrum, die ursprüngliche Bedeutung. Die schönen Bäume und das grüne Ufer der Lippe sind inzwischen Hochwasserschutzmaßnahmen zum Opfer gefallen.

Sondierung ist unserer Kenntnis von der mittelalterlichen Befestigung der Altstadt ein wichtiger Baustein hinzugefügt worden.

Tausend Jahre Kirchenstandort Lünen

St. Marien ist Lünens größte Kirche. Der mächtige Ziegelbau liegt beherrschend über der Lippe. Seine Konturen, geprägt durch das Langhaus, die breiten Querhausgiebel und den markanten Dachreiter über der Vierung, sind weithin erkennbar. Der 80 Meter hohe Kirchturm bestimmte, zusammen mit den Kirchtürmen von St. Georg und Herz Jesu, lange Zeit die Silhouette der Innenstadt.

Ein Kranz von Lindenbäumen umgibt die Kirche. Sie markieren auch den Kirchplatz, der teilweise hoch – im Westen um die zwei Meter – über dem umgebenden Gelände liegt. Hier dient eine urtümliche Bruchsteinmauer als Einfassung. Im Süden und Osten sind die Konturen des Kirchplatzes heute verwischt. Im Westen des Kirchhofes steht ein hölzernes Missionskreuz von 1933 und erinnert an die großen Volksmissionen des 19. und 20. Jahrhunderts. Der alten Linde an dieser Stelle, inzwischen aus vier auseinanderstrebenden Teilen bestehend, wird ein Alter von 1000 Jahren nachgesagt. Die Fotos des 19. Jahrhunderts zeigen an dieser Stelle einen Baum mit mächtigem Stammumfang.

Es ist unschwer zu erkennen, daß der gotische Stil der Kirche ein sogenannter Neo-Stil ist, also eine Schöpfung des 19. Jahrhunderts oder der Jahrhundertwende. Bei genauer Betrachtung aber erkennen wir im Innern Teile der Ausstattung, die in das Mittelalter

Lünen, Altstadt

Die Wurzeln der Lindenbäume haben einen Teil der Sandsteinmauer, die den mittelalterlichen Kirchhof an der St. Marien-Kirche umgibt, herausgedrückt. Im Jahre 1987 mußte daher ein Stück wieder aufgemauert werden. Ursprünglich war die Mauer höher, so daß innenseitig Speicher daran gebaut werden konnten.

weisen, zudem sind Bauteile vorheriger Kirchen als Spolien eingefügt worden.

Seit etwa 1000 Jahren gibt es eine Kirche an diesem Ort (135). Ein früheres Gotteshaus, das wohl aus Holz gewesen sein wird, ist bisher nicht nachzuweisen. Um die Kirche herum, auf dem Kirchhof, hat die Gemeinde bis in das 19. Jahrhundert ihre Toten begraben. Gegen die Innenseite einer Mauer, die den Kirchhof umfaßte, waren kleine Häuser gestellt, die als Speicher dienten. Der Mauerring mit den Speichern bot den Einwohnern Lünens und der bäuerlichen Bevölkerung des Umlandes Zuflucht und Schutz im Verteidigungsfall (136).

Ein Zeugnis dieser mittelalterlichen Befestigung des Kirchhofes ist uns erhalten geblieben: Bei der oben bereits erwähnten Bruchsteinmauer, die den heutigen Kirchplatz teilweise umgibt, handelt es sich mit großer Sicherheit um einen Bestandteil der mittelalterlichen Umfassung. In ihrer langen und wechselvollen Geschichte hat man die Mauer offenbar in Teilbereichen erneuert und dabei auch ihre ursprüngliche Höhe verringert. Trotzdem ist die heute verbliebene Einfassung mit ihrer lagerhaften Vermauerung aus quaderartig zugeschlagenen Steinen ein respektables Denkmal des mittelalterlichen Kirchplatzes (137).

Lünen, Altstadt

Das hölzerne Kreuz am Ende des St. Marien-Kirchplatzes erinnert an die Volksmissionen. Es ist im Jahre 1933 aufgestellt worden und ersetzte ein älteres Kreuz. Der Linde im Hintergrund wird ein Alter von eintausend Jahren zugesprochen.

Im Jahre 1894 wurde der Vorgängerbau der heutigen Kirche, eine gotische Halle aus dem späten 13. Jahrhundert, abgebrochen, um Platz für den Neubau zu schaffen. Das wäre nicht nötig gewesen – ein Neubau hätte trotzdem Platz gehabt –, und es gab auch entsprechende Konflikte. Die Hintergründe des Abbruchs sind in der Festschrift *950 Jahre Lünen Sankt Marien* (138) umfassend reflektiert, es soll daher nicht mehr darauf eingegangen werden. In der gleichen Schrift findet sich auch eine baugeschichtliche Würdigung der Vorgängerkirche von Franz Mühlen. Die Fundamente dieses Baus aber sind als Bodendenkmal bis heute erhalten.

Die abgebrochene Marienkirche zu Lünen ist der verlorene Schlüssel zu den gotischen Hallenkirchen des Münsterlandes. Einen so hohen Stellenwert mißt der Kunsthistoriker Franz Mühlen dem Vorgängerbau bei (139). Durch Fotos und Pläne ist dieser recht gut dokumentiert. Der Grundriß hatte demnach einen quadratischen Chor, ein breiteres, nur wenig gestrecktes Langhaus und einen etwas eingezogenen, quadratischen Westturm. Dieser war ein wenig aus der Längsachse der Kirche nach Süden verschoben. Das Innere des Langhauses wurde durch zwei Paar Rundpfeiler in drei Schiffe und drei Joche geteilt.

Beim Abbruch der Kirche wurden die Mauern bis unter das Niveau des Erdreiches abgetragen. Die Grundfläche des abgebrochenen Gebäudes wird zu einem Teil von der heutigen Kirche bedeckt. Als hier nun eine neue Heizung installiert werden sollte, traten mit dem Ausheben der Leitungskanäle die alten Grundmauern zutage. Architekt Fritz Bette aus Lünen – er war der Gemeinde immer eng verbunden –ließ ihre Lage im Oberbelag des Fußbodens dauerhaft markieren.

Auch der außerhalb des Neubaus liegende Teil des Bodendenkmals „St. Marien-Kirche" ist im Oberbelag gekennzeichnet: Das Pflaster des Kirchplatzes westlich des heutigen Turmes zeichnet seit einigen Jahren die Konturen der alten Kirche nach. Grundlage dafür waren neben den Planunterlagen auch Ergebnisse von Untersuchungen, die Wingolf Lehnemann und Dirk Ostendorf, zum Teil mit Schülern und unter Mithilfe von Architekt Bette, in den Jahren 1974 und 1976 durchführten (140). Etwa 30 cm unter der Oberfläche des Kirchplatzes wurden damals die Grundmauern der alten Kirche gefunden. Ihre Lage, Dicke und die Bauweise konnten bestimmt, die Pläne entsprechend korrigiert werden. Bei der Südwand des früheren Kirchturmes wurde dabei eine Grundmauer von 3,15 Metern Mächtigkeit ermittelt.

Das Mauerwerk im unteren Teil des Turmes fiel im späten 19. Jahrhundert schon dem damaligen Provinzialkonservator Ludorff auf (141). Es war hier wesentlich mächtiger und damit wohl auch älter als in den darüberliegenden Bereichen. Darüber hinaus zeigte das eigentlich gotische Gebäude weitere bauliche Abweichungen, die für einen Teil der Kirche eine frühere Entstehungszeit annehmen lassen (142). Der Bau der Kirche hatte sich wohl über einen längeren Zeitraum erstreckt, so daß sich die Bau- und Schmuckformen zwischenzeitlich allgemein änderten. Und auch damals, beim Bau der gotischen Halle, gab es schon eine Vorgängerkirche: Deren mächtiges Mauerwerk aus dem unteren Teil des Turmes wurde nun in den Neubau einbezogen. Nach Ludorff gehörte es, wie Teile des Chores auch, der Zeit des Übergangs von der Romanik zur Gotik an.

Vor weiteren Ausführungen zu den sakralen Baudenkmälern unseres Raumes sind einige Anmerkungen zu den allgemeinen baugeschichtlichen Entwicklungen erforderlich.

Von der karolingischen Baukunst zur Gotik

Die ersten steinernen Großbauten in Westfalen entstanden zur Zeit der Karolinger im 9. Jahrhundert (143). Dabei handelte es sich zunächst um wenige hervorragende Einzelbauten. Das, was uns heute davon verblieben ist, hat viele Umbauten, Abtragungen und Ergänzungen erfahren. Im berühmten Westwerk der früheren Abtei Corvey ist der karolingische Bau noch als Kern nachweisbar.

Mit St. Patrokli in Soest – in Teilbereichen aus dem 10. Jahrhundert – begegnet uns der ehemals stattlichste Steinbau der Ottonenzeit in Westfalen. Kaiser Otto I. und seine Nachfolger haben der Epoche den Namen gegeben. Die karolingische und ottonische Baukunst zeigen noch deutliche Parallelen zum Mittelmeerraum, dazu wurden neue, bisher unbekannte abendländische Bauweisen entwickelt, die uns dann in den Formen der Romanik begegnen.

Im hohen Mittelalter war das Christentum die alle Lebensbereiche durchdringende Kraft. Die Baukunst nahm einen großen Aufschwung, wobei der Sakralbau vorherrschte. Im Weltbild des romanischen Menschen stellte die Macht des Kaisers das Abbild der Allgewalt Gottes dar. Entsprechend monumental, wie Gottesburgen, wurden die Kirchen gebaut. In Europa bewirkten der gemeinsame christliche Geist, der tradierte römische Steinbau in blockhafter Ausbildung sowie die Anwendung allgemein anerkannter Bauformen, wie Rundbogen und das Würfelkapitell mit seinen Abwandlungen, eine einheitliche Formensprache.

Ein im Kern rein romanisches Gebäude können wir ganz in der Nähe mit der Stiftskirche Cappenberg erleben (144). Es wurde 1122 begonnen und vermutlich bis zum Jahre 1149 vollendet. Langhaus, Querhaus und ein quadratischer Chorraum bilden im Grundriß ein lateinisches Kreuz. Ein bei romanischen Kirchen häufig anzutreffender Vierungsturm fehlt. Der Altarraum schloß ursprünglich mit einer eingezogenen, halbrunden Apsis. Dem Langhaus war zunächst ein zweitürmiger Westbau in der Breite des Mittelschiffes vorgelagert, der auch eine Empore für den Frauenkonvent aufnahm.

Eigenarten der verschiedenen Orden finden immer auch in der Baugestalt ihren Ausdruck. So atmet denn auch die Stiftskirche mit ihrem schmucklosen Äußeren etwas von der schlichten Strenge des Reformordens der Prämonstratenser. Auch innen vermittelt der Bau mit seinen kantigen Pfeilern, zu denen man sich die ursprüngliche Flachdecke vorstellen muß, den Geist der Entstehungszeit. Die heutigen Gewölbe entstammen der späteren Gotik.

Neu aufkommende gesellschaftliche, philosophische und politische Strömungen änderten das mittelalterliche Europa in seiner Hoch- und Spätphase. Das sich wandelnde Weltbild fand seinen Ausdruck im Bau und in der Dekoration gotischer Kathedralen und Kirchen. Ausgangsgebiet der Gotik waren Paris und die Ile de France, hier empfing sie die entscheidenden Impulse. Zur gleichen Zeit nahm in dieser Region auch die Scholastik ihren Anfang, eine philosophische Schule, die soweit wie möglich verstehend in den Glauben einzudringen versuchte. Scholastische Philosophie und frühe gotische Baukunst stehen in einem engen Zusammenhang (145).

Das Mittelalter war aber auch eine Zeit der Epedemien, der Kriege und Entbehrungen. Not und Unsicherheit brachten die Menschen zu einem immer vertrauteren Umgang mit Gott und den Heiligen, die Mystik entwickelte sich zu einer bedeutenden Kraft. Die Steilheit des gotischen Baus mit der Vertikalität seiner Elemente sind Zeugnis der wachsenden Inbrunst und Frömmigkeit. Im späten Mittelalter trug und förderte das selbstbewußt gewordene Bürgertum die gotische Baukunst, und die Kathedralen und Kirchen wurden Wahrzeichen der Städte und Versammlungsort ihrer Gemeinden.

Die gotische Epoche begann etwa in der Mitte des 12. Jahrhunderts und erfaßte mit unterschiedlicher Ausprägung die Länder Europas. Deutsche Baumeister lernten in Nordfrankreich das vollendete gotische System kennen und wendeten bei Bauaufgaben in Deutschland Gestaltmittel aus dem gotischen Formenkanon an. Aber die neuen Ideen wurden doch nur zögernd aufgenommen, so daß sich der spätromanische Eindruck der Bauwerke noch bis nach der Mitte des 13. Jahrhunderts hielt.

Während dieser Zeit war in Deutschland, besonders auch in Westfalen, eine starke Entwicklung zur Raumvereinheitlichung festzustellen (146). Der von Außenwand zu Außenwand voll überschaubare Kirchenraum war das Ziel, Mittelschiff und Seitenschiffe sollten mit gleichen Raumhöhen von den Gewölben überspannt werden. In der Umgebung Lünens können diese Tendenzen an einigen Kirchen gut nachvollzogen werden (147): Während die Marienkirche in Dortmund-Mitte von etwa 1220 noch eine Pfeilerbasilika gebundener Ordnung ist, wurde wenige Jahre später in Dortmund-Kirchderne die St. Dionysius-Kirche schon als Halle gebaut. Auch die ev. Pfarrkirche ehem. St. Johannes der Täufer in Brechten entstand in der 2. Hälfte des 13. Jahrhunderts als Hallenkirche. Bei der Reinoldikirche in Dortmund-Mitte, die etwa zur gleichen Zeit gebaut wurde, ist die räumliche Wirkung einer Hallenkirche schon deutlich ausgeprägt.

Als in der Mitte des 13. Jahrhunderts die ersten rein gotischen Kirchen in Deutschland entstanden, fand das französische Vorbild der Kathedralgotik nur wenig Nachahmung. In Marburg entstand vielmehr ab 1235 mit der St. Elisabeth-Kirche als gotischer Halle ein Bautyp, dem die Deutschen über zweieinhalb Jahrhunderte treu blieben.

Die abgebrochene Marienkirche in Lünens Altstadt ist auch eine Halle gewesen. Als sie gebaut wurde, konnten im Hinblick auf die Raumvereinheitlichung die langjährigen westfälischen Erfahrungen genutzt werden. Im 14. Jahrhundert war die Marienkirche Vorbild für eine Reihe weiterer westfälischer Hallenkirchen (148). Aber sie selbst besteht nicht mehr, und es soll daher auch nicht weiter auf sie eingegangen werden. Zum Bauprinzip einer gotischen Hallenkirche wird später, am Beispiel der St. Georgs-Kirche, noch etwas zu sagen sein. Die basilikale Bauform aber soll anhand der heutigen St. Marien-Kirche etwas deutlicher werden.

Die Basilika von Wilhelm Rincklake

Der Neubau der Marienkirche von 1894/96 knüpft nicht an die Gestaltung der Vorgängerkirche an. Das war nur eine bescheidene gotische Halle, aus Natursteinen gemauert, mit einem niedrigen Turm. Die heutige Kirche aus rotem Backstein reckt sich selbstbewußt in die Höhe. Zur Entstehungszeit sollte mit einer solchen Architektur sicher auch das Selbstverständnis der katholischen Kirche als einer gesellschaftlich bedeutenden Kraft ausgedrückt werden (149). Das mächtige Gebäude wirkte damals nicht nur auf die Neustadt südlich der Lippe ein, seine weithin sichtbare Silhouette ist noch in der entferntesten Bauerschaft ein Zeichen katholischer Präsenz. Zum Geist der Entstehungszeit, zum Historismus, wird noch an späterer Stelle etwas gesagt werden müssen.

Die Marienkirche ist Lünens einzige Basilika. Diese Bauform begleitet die christliche Baukunst von Anfang an. Die frühen Christen benötigten für ihre wachsenden Gemeinden Räume und suchten dafür Vorbilder, die eine Ausrichtung auf den Altar und auf den Bischofssitz zeigen. Am ehesten entsprachen die römischen Basiliken, die Markt- und Gerichtsgebäude in den Städten diesen Bedürfnissen. Durchgängiges Merkmal dieser Anlagen sind ein rechteckiges, überhöhtes Mittelschiff und entsprechend niedrige Nebenschiffe.

Unsere St. Marien-Kirche hat die französische Kathedralgotik zum Vorbild, ohne jedoch ein bekanntes Beispiel zu kopieren. Rincklake hat eine durchaus eigene neugotische Lösung entwikkelt. Die Bauzeichnungen (150), besonders der Schnitt, zeigen die basilikale Form deutlich: Wesentliches Merkmal ist das gegenüber den Seitenschiffen höhere Mittelschiff. Es wird oberhalb der Seitenschiffdächer durch die Obergadenfenster direkt belichtet. Der Kirchenraum ist insgesamt überwölbt, die Vierung mit einem achtteiligen Rippen-, alle übrigen Felder mit einem vierteiligen Kreuzrippengewölbe. Über die Gewölberippen und Gurte, die in die vertikalen Dienste übergehen, werden die Lasten des Gewölbes nach unten abgetragen. Um den verbleibenden Seitenschub aufzunehmen, umsteht ein Kranz von Strebepfeilern die Kirche. Strebebögen überbrücken die Seitenschiffe, langen hoch zu den Wänden des Mittelschiffes und nehmen auch hier den Schub auf. Mit der beschriebenen Art der Lastabtragung verlieren die Wände statisch

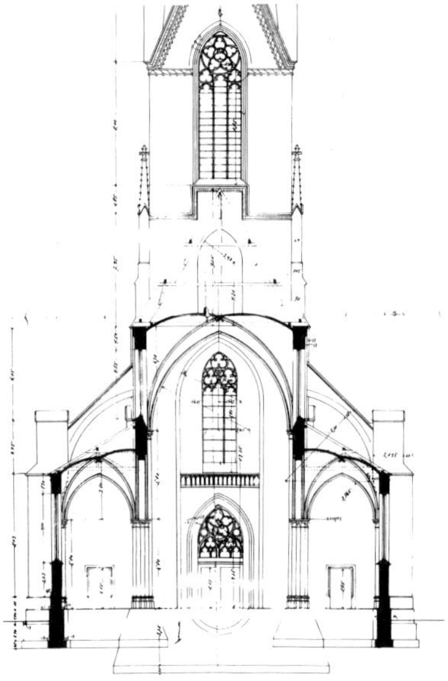

Lünen, Altstadt, St. Marien-Kirche

Der Querschnitt zeigt das basilikale Bauschema mit dem gegenüber den Seitenschiffen höheren Mittelschiff. Oberhalb der Seitenschiffdächer erfolgt eine direkte Belichtung durch die Obergadenfenster. In schöner Weise wird auch das Strebewerk sichtbar, das innere mit den Pfeilern, Gurten, Rippen und Diensten sowie das äußere mit den Strebepfeilern und Strebebögen.

an Bedeutung, in hochgotischen Kathedralen konnten daher auch die bekannten großartigen Glaswände entstehen. Einen kleinen Eindruck von der Auflösung massiver Wände in Glas kann die Durchfensterung des Chorschlusses der St. Marien-Kirche vermitteln.

Wilhelm Rincklakes Entwurf findet sich in der Grundstruktur in vielen seiner Bauten wieder (151). Die Herz-Jesu-Kirche in Münster (152) und die Kirche St. Maria Himmelfahrt in Recklinghausen zeigen viel Ähnlichkeit mit dem Bau in Lünen. Der Grundriß Rincklakes hätte, bei einem entsprechenden Wunsch der Gemeinde, auch ein Bauwerk in romanischer Formensprache oder eine Ausführung als Halle ermöglicht. Aber im Bistum Münster hatte sich für den Bereich der Sakralarchitektur die sogenannte Kölner Schule durchgesetzt, die den gotischen Stil bevorzugte (153).

Der Grundriß zeigt ein dreischiffiges Langhaus von vier Jochen. Das Querhaus in der Breite des Mittelschiffes steht gegenüber den Seitenschiffwänden nur geringfügig vor. Im Osten folgt ein rechteckiges Chorjoch mit einer Apsis, die aus fünf Seiten eines Zehnecks gebildet wird. In der Achse der Seitenschiffe schließen polygonale Chorkapellen für die Seitenaltäre unmittelbar an das Querhaus an. Die Vierung ist durch Gurtbögen ausgeschieden, während sonst die Gewölbefelder der Joche nur durch Gewölberippen getrennt sind. Die Arkaden zwischen dem Mittelschiff und den Seitenschiffen bilden im Verhältnis zum Gesamtwandaufbau große, lichte Öffnungen und wirken so der Trennung der Kirchenschiffe entgegen.

Die einfache Reihung der Joche, der Pfeiler und Dienste leitet die Augen aus dem Langhaus zum Altar – wie es der gotischen Raumauffassung entspricht. Der ursprüngliche Hochaltar lag allerdings abgehoben, weit hinten im Chorraum. Zwischen Priesterchor und Kirchenvolk wirkten das unbestuhlte Querhaus und die ungeteilte Kommunionbank wie Schranken. Diese Trennung war sicher durchaus im Sinne des Architekten Rincklake, des späteren Pater Ludgerus OSB (154).

Wohl mit dem Ziel, ausgewogene Räume, Ansichten und Baumassen zu erreichen, läßt Rincklake bei der Höhenentwicklung ein jeweiliges Grundmaß – manchmal mehrfach – wiederkehren. So ist innen zum Beispiel der Abstand vom Fußboden bis zum Kämpfer der Pfeiler genau so groß wie von dort bis zum Ansatz der Gewölberippen. Außen lassen sich derartige Maßbeziehungen (mit geringen Abweichungen) vom Erdboden bis zum Ansatz des Turmhelmes nachweisen. Rincklake hatte derartige Entwurfsprinzipien schon bei der Pfarrkirche St. Maria Himmelfahrt in Recklinghausen angewandt (155).

Im Innern bilden alle für das Raumbild wesentlichen Bögen – das sind die Gurtbögen der Vierung, die Scheidarkaden und alle jochtrennenden Bögen – eine im geometrischen Sinne ähnliche Figur. Das heißt, es handelt sich immer um gedrückte Spitzbögen, bei denen die Öffnungsweite und die Scheitelhöhe im nahezu gleichen Verhältnis zueinander stehen (156). Das gleiche gilt übrigens für die Öffnungen der Fenster und Türen. Dem Wunsch des Architekten nach Ausgewogenheit entspricht es auch, wenn der Vertikalität von Baugliedern innen wie außen immer waagerechte Elemente entgegengestellt werden. In diesem Sinne sind innen die Sohlbankgesimse unter dem Obergadenfenster oder außen die waagerechten Gesimsbänder zu interpretieren.

Spolien und Madonnen – alte Bauplastik in der neuen Kirche

Im Turmraum der Kirche sowie im offenen Übergang zum Mittelschiff finden sich wiederverwendete Bauteile der Vorgängerkirche (157). Die Spolien sind der Situation und den Maßen des Neubaus angepaßt. Demnach war es nicht beabsichtigt, einen Eindruck von der räumlichen Wirkung der gotischen Halle zu vermitteln, aus der die Bauteile entnommen wurden. Immerhin begegnen uns hier aber einige Details der Bauplastik, die etwa beim Eintritt in die Hochgotik entstanden sein dürften. In die Turmecken sind Teile des östlichen Pfeilerpaares der alten Kirche eingefügt. Dabei nimmt jede Ecke etwas mehr als ein Viertel des ursprünglichen Querschnitts auf. Die Höhe ist gegenüber dem

Lünen, Altstadt, St. Marien-Kirche

Im Turmraum und am Übergang zwischen Turm und Mittelschiff sind Bauteile aus der Vorgängerkirche als Spolien eingebaut. Das Bild zeigt den Ausschnitt aus einem früheren Rundpfeiler, dem zwei der „Alten Dienste" vorgelegt sind. Über dem Kapitell setzen außen die gekehlten Gurtbänder an, die in der alten Kirche die Gewölbefelder untereinander schieden. In der Mitte beginnt über einer Konsole, die von einem Köpfchen gestützt wird, eine zum Schlußstein führende Birnstabrippe.

Original reduziert, aber die prägenden Elemente, Sockel, Basis, Schaft, Kapitell und Kämpfer, sind vollständig vorhanden.

Unser Auge kann das Bild des ursprünglichen Pfeilers vervollständigen. Wir erkennen die „alten" Dienste, die als Rundpfeiler weit aus dem Schaft hervortreten. Mit vier Diensten war jeder Pfeiler der alten Kirche umgeben, über sie werden die Lasten von den Gurtbögen nach unten abgeleitet. An den vier Wänden des Turmraumes sind die seitlich gekehlten Gurtbögen aus den Originalsteinen zusammengefügt. Die gotischen Birnstabrippen des Kreuz-

Lünen, Altstadt, St. Marien-Kirche

Provinzialkonservator Ludorff hatte im Jahre 1895 die 1,47 m hohe Marienfigur aus Baumberger Sandstein noch erwähnt. Sie stand außen an der alten Kirche, in einer verzierten Nische der östlichen Chorwand. Einige Zeit war ihr Verbleib dann wohl unbekannt, bis sie 1937 bei Reparaturarbeiten hinter der Orgel entdeckt wurde. Die gotische Marienfigur mit den krönenden Engeln hat heute auf der linken Seite des Chorraumes ihren Platz.

gewölbes münden in der Feldmitte in einem alten Schußstein, in den Ecken setzen sie auf Konsolen auf, welche in die Kapitelle integriert sind. Die Konsolen gehen unterhalb des Kapitells in plastisch ausgeformte Köpfchen, Figuren etc. über.

Vom Turmraum gelangen wir durch einen großen spitzbogig schließenden Durchgang in das Mittelschiff. Die Laibung ist aus kräftigen Sandsteinquadern gebildet, wohl aus dem Chorraum der alten Kirche, vielleicht vom Triumphbogen stammend. Zu beiden Seiten der Öffnung, zum Kirchenraum gerichtet, befinden sich weitere Ausschnitte aus den Rundpfeilern der alten Kirche als Spolien.

Die Kunst des Mittelalters begegnet uns in der heutigen Kirche noch an mehreren Stellen. Es sollen hier jedoch nur einige Beispiele genannt werden: Das „Gnadenbild" von Altlünen, eine sitzende Muttergottes mit dem Jesuskind, weist in die Bauzeit der späteren, 1894 abgebrochenen gotischen Hallenkirche (158). Die Figur steht in einem Zusammenhang mit den Wallfahrten, die Sankt Marien in Lünen jahrhundertelang erreichten. Heute hat sie im linken Seitenaltar ihren Platz.

Ein anderes Marienbild, das zur Ausstattung der gotischen Hallenkirche gehörte, war lange verschollen. Im Jahre 1937 berichtet der Provinzialkonservator: *Bei Instandsetzungsarbeiten [...] wurde hinter der Orgel eine steinerne Madonnenfigur entdeckt, die von dem alten Bau herrührte und unbemerkt in einer Nische des früheren Ostgiebels gestanden hatte* (159). Der 1,47 Meter große Fund, Maria mit krönenden Engeln, ist diesem Bericht entsprechend stilistisch der Mitte des 14. Jahrhunderts zuzuweisen. Nach heutiger Erkenntnis ist das Bild vermutlich älter. In einer Wandnische auf der linken Seite des Chores hat die Figur heute wieder einen angemessenen Platz.

Zum frühgotischen Taufstein ist mit einem Aufsatz von Karl Hoecken, zuletzt veröffentlicht in der bereits zitierten Festschrift, eine umfassende Würdigung erschienen (160).

So ist die heutige Marienkirche mit dem Kirchhof, Teilen der alten Ausstattung und allen baulichen Verweisen in die Vergangenheit das Denkmal einer tausendjährigen Stadt-, Gemeinde- und Baugeschichte. Neben den nachgewiesenen Spuren der Stadtbefestigung im Boden ist sie ein realer Hinweis auf die Entstehung der Stadt auf dem Nordufer der Lippe und auf die Existenz einer Altstadt.

Lünen wird verlegt– Die Denkmäler der neuen Stadt

Die Stadt auf dem Südufer der Lippe

Im Jahre 1340, das ist nun über 650 Jahre her, wurde der Umzug auf das südliche Lippeufer beendet. Als Abschluß verlieh Graf Adolph IV. von der Mark 1341 seine Stadtrechte nach dem Vorbild von Hörde (161). Mit der Verlegung zog ein großer Teil der Einwohner einschließlich der Burgmannen in die neue Stadt. Auch die Bewohner zweier benachbarter Bauerschaften siedelten sich innerhalb der Mauern an (162). Das waren die Bauern von Ostgahmen und von Selm, das etwa im Bereich der heutigen Geist zu suchen ist.

Lünen-Mitte

Der Katasterplan zeigt den historischen Stadtkern zu Anfang der 60er Jahre unseres Jahrhunderts. Die spätmittelalterlichen Strukturen, so das Straßengerüst, die kleinteilige Parzellierung und die parallelen Linien der früheren Befestigungen an den Außenrändern sind noch gut zu erkennen.

Der Umzug einer ganzen Stadt setzte eine bewußte Planung voraus, einen äußeren Rahmen für den neuen Standort. Dieser gab das Straßennetz vor, bestimmte die Befestigungsanlagen und wies den öffentlichen Einrichtungen wie Markt, Kirche und Rathaus die Plätze zu. Dabei war den örtlichen Gegebenheiten Rechnung zu tragen: Die Anlage der Tore und der Stadtstraßen zum Beispiel richtete sich nach dem Fernstraßennetz, der Kirche war ein bevorzugter Punkt des Ortes zu überlassen. Dazu erhielt Lünen eine zeitgemäße Befestigung aus Gräben, Wällen und einer Mauer, die mit Türmen gesichert war. Im Norden bot die Lippe wirkungsvollen Schutz, im Süden und Westen wurde der hier mäandrierenden Seseke ein neues Bett geschaffen, so daß sie als Außengraben wirken konnte. Drei Tore im Zuge der Mauer verbanden Lünen mit der Außenwelt: Der Weg durch das Lipptor führte ins Münsterland und über die Stadt Münster weiter zur Nordsee. Durch das Steintor im Westen war der Hellweg in Dortmund zu erreichen, durch das Stinentor im Süden die Stadt Kamen und der östliche Hellwegraum.

Die Neuanlage Lünens (163) führte zu einem regelhaften, in der Grundstruktur leiterförmigen Straßengerüst mit drei Nord-Süd-Straßen und diese in rechten Winkeln querenden Ost-West-Straßen. Hauptstraße der Stadt, sozusagen das Rückgrat, war die von Nord nach Süd durchgehende Lange Straße, die das Lipptor mit dem Stinentor verband.

Die wichtigste Querstraße war die zum Steintor führende Bäckerstraße. Am Marktplatz mündete sie in die Lange Straße, dort, wo das Rathaus gebaut wurde und, etwas abgerückt, die Kirche ihren Standort hat. In der Nähe des Stinen- und des Steintores fallen noch heute deutliche Verbreiterungen der Straßen auf, die Häuser treten etwas zurück. Hier, in der Nähe der Tore, stellten die Kaufleute ihre Wagen ab.

Das Straßengerüst schied näherungsweise rechteckige Baublöcke aus, die man in etwa gleichgroße Parzellen für die Bürger teilte. Größere Parzellen können auf Burgmannssitze weisen. Auf diese Weise wurde Lünen wohl zunächst in einem engeren Kern besiedelt (164). Wie in anderen mittelalterlichen Städten auch gab es noch Freiflächen, die als Weide- oder Gartenland genutzt wurden und in Krisenzeiten die ländliche Bevölkerung ringsum aufnahmen. Nach und nach wurden weitere Bereiche der Stadt, so in der Nähe der Mauern, mit Häusern besetzt.

Mit dem Umzug entfiel der natürliche Hochwasserschutz, den das Nordufer durch die Höhenlage geboten hatte. Das neue Lünen war nunmehr den Hochwässern von Lippe und Seseke ausgesetzt. Die ersten bescheidenen, hölzernen Häuser wurden daher auf Warften gebaut , künstlichen Anschüttungen aus Sand,

Lünen-Mitte

Bei Erdarbeiten im Kern der Neustadt südlich der Lippe, wie hier in der Kirchstraße, stoßen Bauarbeiter immer wieder auf alte Brunnen. Die Bodendenkmäler werden dann eingemessen, beschrieben und fotografiert. Wenn die örtlichen Bedingungen es zulassen, wird die Öffnung anschließend mit einer Betonplatte abgedeckt, so daß der Brunnen im Erdbereich erhalten werden kann.

wie sie aus dem Bereich der Küste bekannt sind (165). Auch als Straßendecke wurde Sand verwendet. Später sollten dann Rundhölzer, quer zur Längsachse verlegt, ein Einsinken, zum Beispiel nach langen Regenfällen, verhindern. Bei Tiefbauarbeiten im historischen Straßennetz werden diese alten Bohlwege – manchmal mehrere übereinander – immer wieder durchstoßen. Der Sandauftrag nach Bränden, Bohlwege übereinander, dazu der Unrat der Jahrhunderte mit Tierknochen, alten Schuhsohlen und zerbrochener Keramik ließen die Straßen ständig in die Höhe wachsen.

Das auf die beschriebene Weise gegründete neue Lünen dehnte sich über Jahrhunderte nicht über den ursprünglichen Rahmen aus. Allmählich erreichte die Stadt ihre spätere Baudichte, die sie bis in den Anfang dieses Jahrhunderts behielt. Der ursprüngliche Stadtgrundriß änderte sich bis dahin nicht wesentlich, selbst wenn der Baubestand, zum Beispiel nach Stadtbränden, mehrfach erneuert wurde.

Doch sind noch eine Anzahl historischer Fachwerkhäuser aus dem Bereich der Neustadt des 14. Jahrhunderts, der heutigen Innenstadt, erhalten geblieben. Die älteren entstammen dem 17. Jahrhundert, und zwar überwiegend der Zeit nach dem Dreißigjährigen Krieg. Der historische Baubestand erschließt uns zusammen mit dem Stadtgrundriß einiges vom Leben, Wirtschaften und Bauen im mittelalterlichen und frühneuzeitlichen Lünen. Der Betrachtung sollen aber zum besseren Verständnis einige Hinweise zur früheren Sozial- und Wirtschaftsstruktur vorangestellt werden:

Mit dem Einpflanzen der Bauerschaften Selm und Ostgahmen wurde der bäuerliche Anteil der Stadtbevölkerung wesentlich erhöht . Die Aufnahme von Landbewohnern zur Vergrößerung des Städtewesens war zu jener Zeit kein seltener Vorgang (166). Auch bis zum Umzug Lünens hatten schon Ackerbürger innerhalb der Mauern gelebt, da ja die frühere Bauerschaft Südlünen in der sich entwickelnden Stadt aufgegangen war. Auch die Handwerker und die Kaufleute hatten ihre Äcker oder hielten Vieh, das mit der Herde auf die städtische Weide getrieben wurde (167). Die Stadt hatte daher ausgesprochen argrarische Züge, die sich auch in ihrem äußeren Erscheinungsbild ausdrückten. So hatten viele Haushalte Baulichkeiten für eine eigene Landwirtschaft, zum Beispiel als Wirtschaftsgebäude auf dem eigenen Grundstück, als Bestandteil des eigenen Hauses oder als Stallscheune an anderer Stelle.

Die Lange Straße und die Bäckerstraße waren im neuen Lünen sicher bevorzugte Wohnstraßen, zum Beispiel für Kaufleute und Handwerker (168). In den der Hauptstraße zugewandten Häusern betrieb man allerdings vermutlich keine Landwirtschaft.

Die Bauern der früheren Bauerschaften ließen sich in der Nähe der Stadttore nieder, von denen sie ihre angestammtem Äcker und die Gemeine Mark am schnellsten erreichen konnten (169). Darüber hinaus hatten sie besondere Anforderungen an den Standort, da ausreichend Platz zum Wenden der Wagen benötigt wurde (170). Daher wurden die Bereiche mit platzartigen Erweiterungen von Straßen, zum Beispiel an Einmündungen, bevorzugt. Nicht besonders günstig für Ackerbürger waren dagegen die der Stadtmauer zugewandten Bereiche mit ihrer räumliche Enge. Hier fanden die Tagelöhner und Witwen eine Bleibe.

Bodenurkunden als Dokument früherer Katastrophen

Siehe, ein einziger Tag machte all unsere Arbeit zunichte. Dieser Spruch ist als Chronogramm in lateinischer Sprache bei Georg Spormecker verzeichnet, der damit an den großen Stadtbrand von 1512 erinnert (171). Aber zuvor fiel Lünen schon sechs Mal ganz oder in Teilen großen Bränden zum Opfer. Die Menschen empfanden das wohl auch als Heimsuchung und Strafe Gottes, jedenfalls schrieb der Chronist Spormecker weiter: *Seit Menschengedenken sind die Lüner nicht von einer solchen Brandkatastrophe heimgesucht worden. Die Stadt hatte sich sicher vor Gott, der allein alles weiß und in alle Herzen schauen kann, schwer versündigt.*

Manchmal gibt der Boden die Zeugnisse der früheren Brandkatastrophen frei. Wenn im Bereich des historischen Stadtkerns Baugruben ausgehoben werden, zeigen sich in der Tiefe fast immer schwarze Schichten auf der Grabenwand, die aus verkohlten Holzresten bestehen.

So auch im Winter 1987/88, als der Keller im Anbau des Hauses Roggenmarkt 19 erweitert werden sollte. Beim Abtragen der Erde zeigte sich bald auf einer senkrechten Fläche von etwa zwei Metern Höhe und fünf Metern Breite ein eindrucksvolles Bodenprofil: In unterschiedlicher Farbe, Mächtigkeit und Beschaffenheit lagen hier viele Schichten übereinander, die nicht dem natürlichen Bodenaufbau angehörten. Durch die städtische Denkmalbehörde herbeigerufen, nahm das Westfälische Museum für Archäologie eine Untersuchung vor (172).

Zunächst wurden mit einem Kratzer alle losen Bestandteile auf der Fläche sauber abgezogen. So „geputzt" zeigte sich die Struktur der Schichtung dann in aller Deutlichkeit. Insgesamt konnten sechs relativ regelmäßig aufeinanderfolgende ehemalige Laufhorizonte nachgewiesen werden. Es handelt sich dabei um frühere, aus einem Lehmestrich bestehende Fußböden. Lehmig-

Lünen-Mitte

Bei der Erweiterung des Kellers unter dem Fachwerkhaus Roggenmarkt 19 konnten mächtige Brandschichten beobachtet werden. Das „geputzte" Profil stellte sich in eindrucksvollen Farben dar. Die Schichtenfolge läßt Schlüsse auf die Geschichte des Hausplatzes und der gesamten Stadt Lünen zu: Dreimal stürzte das Haus brennend in sich zusammen, vermutlich im Zusammenhang mit den Stadtbränden. Die rote Färbung stammt von dem durch das Feuer verziegelten Lehm der Wände. Schwarze Streifen lassen verbrannte Lehmfußböden erkennen, die schwarzen Flecken und Flächen sind verkohltes Holz. Aus der unten erkennbaren Vertiefung wurde ein Kugelkopf geborgen.

Lünen-Mitte

Der von einer Wissenschaftlerin des Westfälischen Museums für Archäologie unter dem Haus Roggenmarkt 19 kartierte Befund läßt Schlüsse auf die Geschichte des Hausplatzes und der gesamten Stadt Lünen zu: Sechs Laufhorizonte, also die Fußböden früherer Häuser, liegen untereinander. (Schichten 4; 6; 8; 10; 13 und 15). Drei mächtige Brandschichten aus verziegeltem Lehm, verbranntem Holz und Stroh (Schichten 5; 7 und 11 mit 12) sind Dokumente von Katastrophen, denen jeweils das ganze Haus zum Opfer fiel. Darüber hinaus waren lehmige bzw. sandige Schichten zu erkennen (3; 9 und 14).

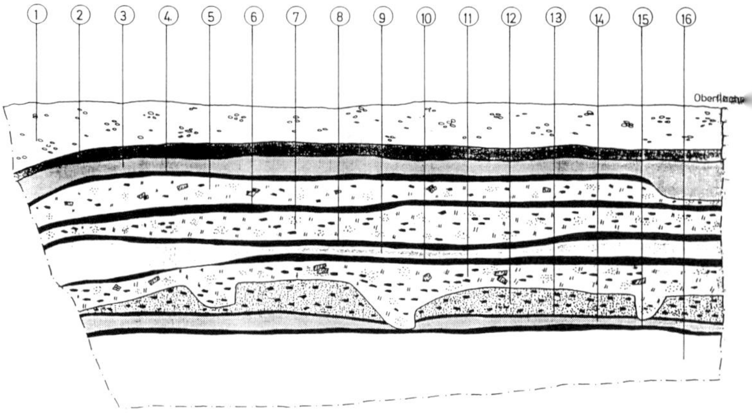

sandige Aufplanierungen und mächtige Schichten aus Brandschutt trennten die Laufniveaus voneinander. Der Befund wurde aufgemessen, kartiert, beschrieben und fotografiert. Auffallende Funde, zum Beispiel keramische Scherben, galt es zu bergen.

Verkohlte Holzpartikel, verziegelter Lehm und häckselartiges Stroh kennzeichneten die Brandschuttschichten. Die unmittelbar darunterliegenden Fußböden waren zu schmalen, schwarzen Schichten verbrannt. Hier haben wir die Zeugnisse früherer Katastrophen vor uns, die jeweils das ganze Haus zusammenstürzen ließen. Aber auch zum Überlebenswillen der Menschen sagt die Bodenurkunde etwas aus. So zogen die Betroffenen nach einem Brand den Schutt einfach glatt, um dann, wie an der Lage des neuen Fußbodens erkennbar, an der gleichen Stelle ein neues Haus zu bauen. Auf diese Weise wurde die Stadt allmählich „hochgewohnt".

Der sechste, also tiefste Laufhorizont bestand aus einem etwa 5 cm dicken Lehmestrich auf dem natürlich anstehenden Sand. Bald darüber folgte ein jüngeres Laufniveau, dem eine Schicht aus verbranntem Holz mit Balkenfragmenten und weiterer Brandschutt auflagerte. Als größter Fund konnte aus dieser Schicht der Rest eines Kugeltopfes geborgen werden, einer Keramikart, die vom 12. bis 15. Jahrhundert in Gebrauch war. Die Brandkatastrophe und der zugehörige Fußboden lassen sich also mit großer Sicherheit dem Spätmittelalter zuweisen.

Das Bodenprofil mit seiner großen Anzahl übereinanderliegender Fußböden beweist, daß die Stelle schon sehr lange als Hausplatz genutzt wird. Bedenkt man das respektable Alter des heute aufstehenden Hauses – es kann hier von etwa 250 Jahren ausgegangen werden (173) – erscheint eine Besiedlung des Platzes noch im Jahrhundert der Neugründung Lünens durchaus realistisch.

Denkmäler markieren den Eingang zur Innenstadt

Am südlichen Beginn der Innenstadt fallen drei stattliche Häuser auf, die trotz ihres gepflegten Äußeren und der hellen, freundlichen Farben ihr hohes Alter nicht verleugnen. Ihre Giebelseiten sind zur Langen Straße gerichtet, die hier, in unmittelbarer Nähe des früheren Stinentores, durch Verbreiterung einen kleinen Platz bildet. Hier konnten die Kaufleute ihre Wagen abstellen. Mit ihren langen Traufseiten reichen alle drei Häuser weit in die Nebenstraßen, in die Silberstraße und die Mauerstraße. So definiert die Dreiergruppe Lange Straße 69-73 im Süden den Beginn der historischen Innenstadt und vermittelt gleichzeitig in den Südwesten des alten Kerns, wo die frühere Baustruktur der Innenstadt am reinsten bewahrt ist.

Es handelt sich um drei Fachwerkhäuser, auch wenn die Fassaden der beiden rechten Gebäude verputzt sind. Das Fachwerk im Giebeltrapez des mittleren Hauses ist nach einer Zeichnung des Jahres 1921 als romantische Stuckzier aufgebracht worden. Lediglich das linke Gebäude zeigt selbstbewußt die Holzkonstruktion der Außenwände mit den verputzten Gefachen. Die Giebel der drei Häuser sind, wie es in Lünen häufig zu beobachten ist, im oberen Bereich mit den fliehenden Krüppelwalmen ausgebildet.

In den Erdgeschossen der drei Gebäude befinden sich Gaststätten und Geschäfte. Die Nutzung als Gaststätte reicht für das mittlere Gebäude möglicherweise weit zurück, am früheren Stinentor sind ein Ausschank und eine Herberge jedenfalls gut vorstellbar.

Lünen-Mitte

Die Fachwerkhäuser Lange Straße 69, 71 und 73 bilden eine stattliche Dreiergruppe. Vom Standort des Fotografen aus gesehen vor den Häusern stand bis in das 18. Jahrhundert das Stinentor, später auch Christinentor genannt. Heute kennzeichnet die Gruppe den Beginn des historischen Stadtkerns aus Richtung Süden.

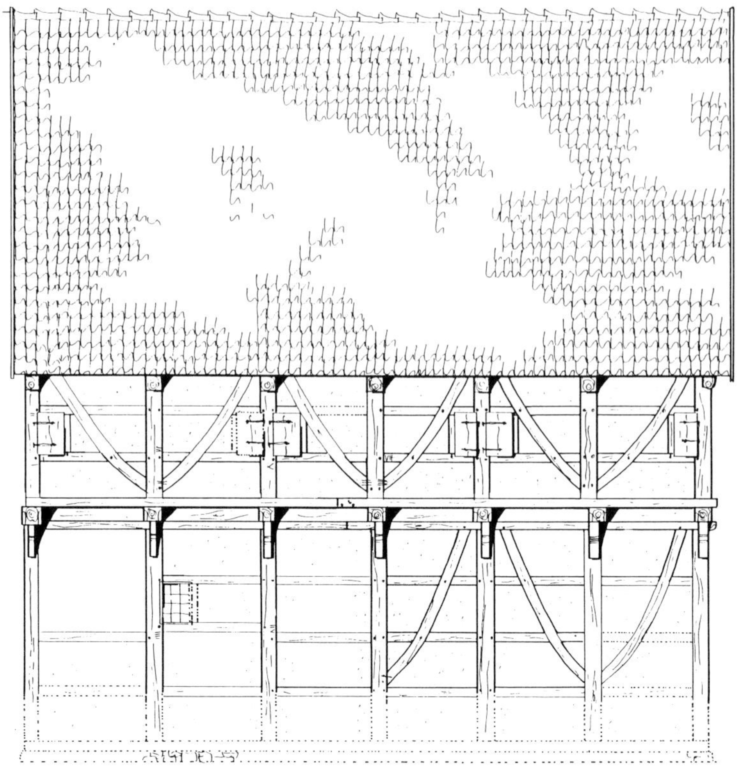

Lünen-Mitte, Lange Straße 73

Die Rekonstruktion der linken Traufwand zur Mauerstraße zeigt das zuerst errichtete kleinere Gebäude von 7 Gebinden oder 6 Fachen. Besonders im Obergeschoß wird der eindrucksvolle Rythmus der paarigen Kopfstreben deutlich. Die nach außen schlagenden Klappläden, seit der Jahrhundertwende teilweise durch Fenster ersetzt, sind sicher nachzuweisen. Mir der gestrichelten Darstellung im unteren Bereich wird die ursprüngliche Konstruktion, wie sie hier einmal vorhanden war, angedeutet. Die Straße ist im Laufe der Jahrhunderte „gewachsen" und das Haus entsprechend „eingesunken". Was sich heute als Fußschwelle darstellt, ist in Wirklichkeit schon die unterste Riegelkette. Das Holzwerk darunter wurde massiv ersetzt.

Beim Haus Lange Straße 73 (174) ist die seitliche, etwa einen halben Meter tiefe Vorkragung des Obergeschosses zur Mauerstraße besonders augenfällig. Als Unterstützung dienen zweifach gekehlte, mit einem zwischenliegenden Stab (als Vereinfachung eines sogenannten Taubandes) geschmückte Knaggen. Diese Knaggenform, in unserem Raum seit der Mitte des 16. Jahrhunderts bekannt, löste die vorher hier verbreitete einfach geschwungene Kopfbandknagge, eine einfache Zweckform also, ab. Eine ausladende Traufe auf Knaggen der gleichen Art findet sich auch am gegenüberliegenden Hause Mauerstraße 93, das ein Baudatum von 1651 trägt. Mit einem gewissen Recht können wir daher auch für die Lange Straße 73 von einer Bauzeit in der Mitte des 17. Jahrhunderts ausgehen.

Neben der Vorkragung des Obergeschosses fällt an der linken Traufseite des Hauses auch das malerische Strebenbild des oberen Bereiches auf. Hier setzen an jedem zweiten Ständer, jeweils paarig, zwei Kopfstreben an, die diagonal über die Gefache zum abschließenden Rähm hochlangen. Mit dem Auf und Ab der Streben ergibt sich hier ein eindrucksvoller Rhythmus. Im linken Teil der Fassade ist er allerdings kaum noch wahrzunehmen, da der spätere Einbau von Fenstern die Fassadenstruktur beeinträchtigt.

Weite Vorkragungen und Knaggen der beschriebenen Art mußten zur Entstehungszeit des Hauses schon als unmodern gelten (175). Bereits mit Beginn des 17. Jahrhunderts wurden zum Beispiel die Vorkragungen allgemein geringer ausgebildet. Noch während der Bauzeit müssen sich daher die Bauherrschaft und der Zimmermeister entschlossen haben, die Schmalseite des Hauses in einer ganz anderen Weise zu errichten.

Hier ist nun eine für die Entstehungszeit moderne Giebelausbildung entstanden. Geringe Vorkragungen gibt es auch hier, aber es sind jeweils nur wenige Zentimeter, mit denen das Obergeschoß, das Dachgeschoß und noch einmal der Dachraum oberhalb der Kehlbalken vortreten (176). An den Übergängen sind die waagerechten Schwellen mit zeittypischen Karniesformen geschmückt. Auch die Art der Streben war damals modern: Sie setzen als Fußstreben auf den Schwellen auf, um dann diagonal zu den Eckständern hochzulangen.

Im Obergeschoß sowie im Giebeldreieck fällt die große Menge verbauten Holzes auf – für den Bauherrn eine Möglichkeit, seinen Wohlstand auszudrücken. Auch im Bereich des Erdgeschosses ist wohl ursprünglich von einer ähnlich holzreichen Bauweise auszugehen, mit dem späteren Einbau von Schaufenstern (177) ging hier aber die originale Substanz verloren.

Es war sicher ein wohlhabender Bürger, der im 17. Jahrhundert hier baute. Spuren einer landwirtschaftlichen Nutzung auf dem Grundstück, zum Beispiel ein Stall oder eine Scheune, sind nicht zu erschließen. Mit seinen verschieden konstruierten und geschmückten Schauseiten dokumentiert das Haus in schöner Weise die Ablösung der Bau- und Gestaltungsvorstellungen des ausgehenden Mittelalters und der frühen Neuzeit durch neue Formen.

Es ist noch einmal erforderlich, einen Blick auf die linke Traufwand zu werfen. Dort offenbart sich dem Betrachter bei genauerem Hinsehen, daß die beeindruckende lange Wand in zwei Abschnitten errichtet wurde. Einem ursprünglich kleineren Gebäude ist nach der Fertigstellung ein Anbau von drei Gebinden angefügt worden. Auch der Grundriß läßt die Möglichkeit zu, daß noch im 17. Jahrhundert ein Anbau erfolgte, der einen großen Raum enthielt.

Wir stoßen damit auf ein Phänomen, daß uns bei der Betrachtung des städtischen, bürgerlichen Hausbestandes häufig begegnet: die Teilung der Häuser in ein Vorder- und ein Hinterhaus. Zum tieferen Verständnis sollen hier einige bauhistorische Bemerkungen folgen.

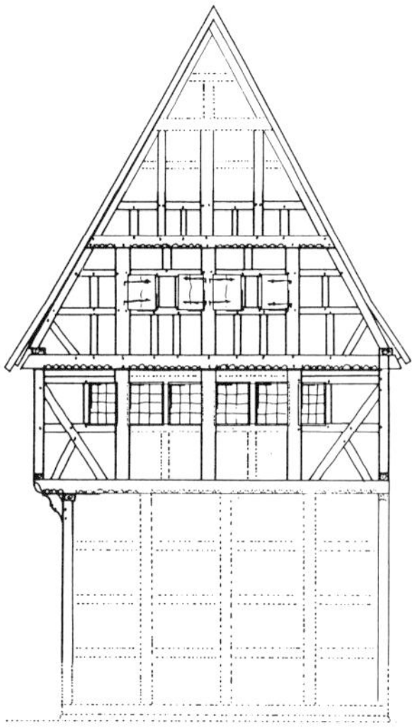

Lünen-Mitte, Lange Straße 73

Der zeichnerisch rekonstruierte Giebel läßt den Wohlstand des Hauseigentümers erkennen. Wegen der jüngeren Erneuerung der Erdgeschoßzone müssen Fragen nach dem genauen ursprünglichen Aussehen offen bleiben.

Lünen-Mitte, Lange Straße 73

Zweifach gekehlte Knaggen mit mittigem Stabprofil stützen an der linken Traufseite die Vorkragung des Obergeschosses.

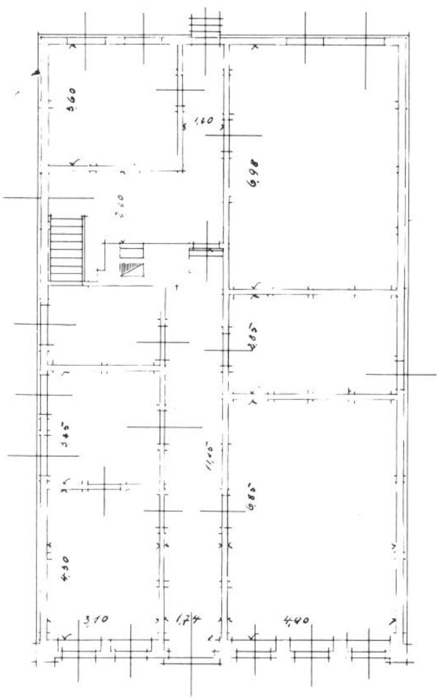

Lünen-Mitte, Lange Straße 20

In der Bestandszeichnung von 1898 kennzeichnet eine durchgehende Querwand vor dem Kaminblock die Trennung zwischen dem Vorder- und dem Hinterhaus. Vorne links korrespondieren die ersten beiden Zimmer mit einem Keller darunter. Es ist nicht ganz ausgeschlossen, daß sich darüber im Erdgeschoß einmal die in der Hauskunde sogenannte Stube befand. Rechts wäre dann eine große Diele gewesen. Heute sind im vorderen Bereich alle Zwischenwände entfernt.

Vom Bauen und Wohnen in Lünen

Als die Lüner Bevölkerung von 1336 bis 1340 auf das Südufer der Lippe umsiedelte, wurden auch die Wohnhäuser abgetragen und am neuen Standort wieder errichtet (178). Zur Konstruktion und zum Aussehen der Häuser sind uns keine genauen Angaben möglich. Selbst wenn die bisherigen archäologischen Befunde weit zurückreichen, lassen sie doch keinen näheren Hinweis auf die Bauweise zu. Forschungsergebnissen aus anderen nordwestdeutschen Orten (179) entsprechend ist jedoch anzunehmen, daß die Häuser im Kern aus hölzernen Gerüsten bestanden, deren Außenwände vielleicht noch mit hölzernen Bohlen verkleidet waren. Nicht zuletzt aus Gründen des Brandschutzes wurden allgemein die Holzbohlen später aufgegeben und durch wandhohe Lehmverkleidungen ersetzt. Der so entstandene Lehmständerbau war in den nordwestdeutschen Städten des 14. bis 16. Jahrhunderts üblich. Seit dem späten 16. Jahrhundert entstanden in Nachfolge der Lehmständerbauten die Fachwerkhäuser, wie sie, meist in der Form späterer Entwicklungen, noch zum heutigen Bestand gehören.

Auf die Möglichkeit steinerner Häuser in Lünen, sieht man von den Kirchen, dem Rathaus und den Befestigungsanlagen ab, gibt es nur zwei Hinweise: Unter dem Hause Roggenmarkt 19 konnte im Jahre 1987 bei Ausschachtungen der Rest einer steinernen Fächerrosette geborgen werden. Der Fund läßt die Vermutung zu, daß an gleicher Stelle ein untergegangenes Haus mit steinernem Giebel gestanden hat. Das Motiv der Rosette weist in die Renaissance. Darüber hinaus befindet sich im Museum der Stadt Lünen ein Stein mit einer eingehauenen Hausmarke. Die Fundstelle läßt auch an der Langen Straße ein früheres steinernes Gebäude vermuten.

Das Wohnhaus des 14. Jahrhunderts (180) bestand in der Regel aus einem Raum, in dem alle Personen des Haushaltes lebten, arbeiteten und schliefen. Für das Vieh wird man ein eigenes Stallgebäude gehabt haben. Im hinteren Bereich befand sich eine frei umgehbare Feuerstelle. Da ein Rauchfang fehlte, war der Raum wohl entsprechend hoch. Dieser eine Raum des eingeschossigen Hauses wird heute Diele oder Deele genannt. Die Menschen setzten damals den Raum mit dem Gebäude selber gleich und nannten ihn „int haus" oder „das haus".

Wohl seit dem späten 12. Jahrhundert, so ist es für westfälische Städte nachgewiesen, errichteten die Angehörigen einer schmalen Oberschicht im rückwärtigen Bereich ihres Grundstücks separate Gebäude aus Stein, sogenannte Steinwerke. Hier konnten Kaufleute ihre Waren sicher lagern und mit ihren Angehörigen wohnen. Das Vorderhaus diente in solchen Fällen überwiegend der

Hauswirtschaft, vielleicht auch der Abwicklung von Geschäften sowie den sonstigen Angehörigen des Haushaltes als Wohnraum. Mit steigendem Raumbedarf wurden im ausgehenden Mittelalter die Steinwerke erweitert oder zu „Hinterhäusern" entwickelt. Sie waren nicht mehr unbedingt aus Steinen gebaut, es gab hier vielmehr, dem Vorderhaus entsprechend, auch die Holzbauweise. Das Hinterhaus erfüllte die bereits genannten Funktionen und konnte darüber hinaus einen Saal für festliche Zwecke enthalten. Dieser war vielfach unterkellert. Das repräsentative Hinterhaus war wohl nur bei wohlhabenden Bürgern anzutreffen, aber es ist Kennzeichen einer ersten Differenzierung innerhalb der mittelalterlichen Hausgemeinschaft.

In Lünen konnten Steinwerke bisher nicht nachgewiesen werden. Nachrichten über Kaufleute oder mögliche Bauherren solcher Gebäude sind für jene Zeit auch selten, der Fernhandel spielte kaum eine Rolle. Aber dennoch, eine Differenzierung des häuslichen Wirtschaftens und Wohnens durch Schaffung eines „besseren" Hinterhauses und eines vorderen Dielenhauses gab es auch in Lünen und ist an mehreren Beispielen nachzuweisen. Mit dem Fachwerkhaus Lange Straße 73 ist bereits ein Gebäude genannt worden, dem im 17. Jahrhundert ein Anbau, der möglicherweise einen Saal enthielt, angefügt wurde.

Der anfänglich ungeteilte, von allen Mitgliedern der Hausgemeinschaft genutzte Dielenraum erfuhr schon im späten Mittelalter und weiterhin in der frühen Neuzeit umgreifende Veränderungen durch Einbauten. Zunächst war ein durch Wandkamine rauchfrei beheizbarer vorderer Raum üblich, die Stube (181). Über die genaue Zweckbestimmung dieses oft unterkellerten Raumes ist heute noch nicht viel bekannt, aber die Nutzung als winterlicher Aufenthalt, als Verkaufsraum oder als Werkstatt liegt auf der Hand. Eine weitere Differenzierung betraf die räumliche Trennung der Generationen. Dabei handelte es sich um ein von allen Sozialschichten gleichermaßen verfolgtes Ziel: Mit unterschiedlichen baulichen Lösungen wurden Altenteile geschaffen, so durch separate Gebäude auf dem Grundstück, durch Erweiterung der Hauptgebäude oder durch Einbauten in die Diele.

Reichere Bürger schufen sich ab dem 16. Jahrhundert eine separate Küche, die im Hinterhaus neben dem Saal (182) oder, abgetrennt von der Diele, im Vorderhaus liegen konnte. So wurden die eher handwerklich oder ackerbürgerlich bestimmten Tätigkeiten und Gerätschaften vom mehr hauswirtschaftlichen Bereich des Hauses abgelöst. Im 16. oder 17. Jahrhundert gestalteten die Bewohner die Küche oft zum prunkvoll ausgestatteten Eß- und Kochraum. Die Säle hatten ab dem 17. Jahrhundert ein unterschiedliches Schicksal: Manche wurden geteilt, um Wohnraum zu

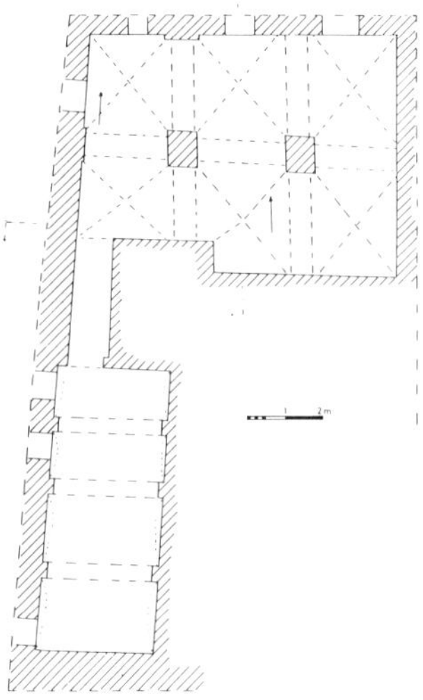

Lünen-Mitte, Lange Straße 20

Die Bauaufnahme zeigt hinten, zur Kirchstraße, einen älteren Keller mit Kreuzgewölben. Ein jüngerer Keller besteht vorne links, im Winkel zwischen Lange- und Kirchstraße. Dieser bezeichnet im Erdgeschoß möglicherweise die Lage einer früheren Stube.

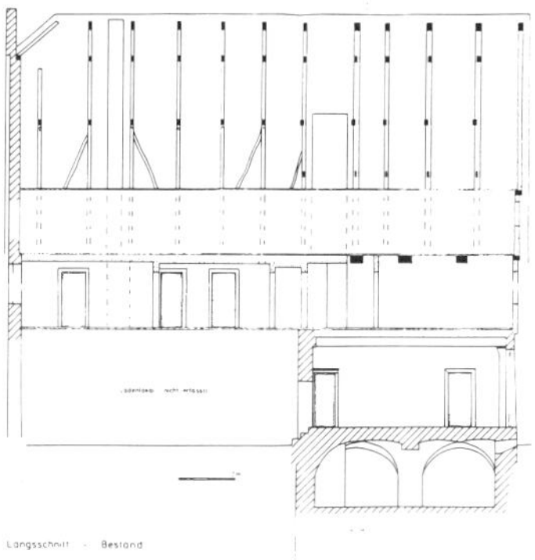

Lünen-Mitte, Lange Straße 20

Der Längsschnitt zeigt den Gebäudekomplex von der Langen Straße (linke Seite) bis zur Kirchstraße (rechte Seite). Hier wird deutlich, wie das Hinterhaus etwas erhöht auf dem Gewölbekeller ansetzt. Auch die massiv erneuerte Giebelwand zur Langen Straße ist gut zu erkennen.

schaffen, andere wurden aufgegeben und abgebrochen. Es gab allerdings noch weiterhin Säle in Westfalen; erst zu Anfang des 19. Jahrhunderts scheinen die letzten ihre Funktion verloren zu haben.

Der immer größer werdende Bedarf an Wohn- und Nebenräumen führte im 18. Jahrhundert zu einer Änderung der Raumstruktur. Die innere Aufteilung in der Art der Dielenhäuser wurde zugunsten von Etagen-Flurhäusern aufgegeben, bei denen ein Mitte-Längsflur die seitlichen Räume erschließt. Es gab jetzt dementsprechend „moderne" Neubauten, aber auch Umbauten am älteren Bestand.

Die dargestellte Entwicklung des Wohnhauses in Nordwestdeutschland kann nicht ohne weiteres auf Lünen übertragen werden. Aus dem relativ gering erhaltenen Bestand sind viele Phasen der Hausgeschichte und deren zeitliche Abfolgen nicht zu erschließen. Lünen war keine reiche Stadt, und manche bauliche Lösung ist wohl später realisiert worden als anderswo und dabei vielleicht auch einfacher ausgefallen. Andererseits verlief die Entwicklung sicher durchaus im westfälischen Zusammenhang.

An einem Baudenkmal in Lünen können wesentliche Merkmale der Geschichte des Wohnhauses in Lünen erfahren werden, wenn dabei auch vieles im Bereich der Vermutung bleiben muß. Gemeint ist das Wohn- und Geschäftshaus Lange Straße 20, an der Einmündung der Kirchstraße, der es die linke Traufseite und den rückwärtigen Giebel zuwendet.

Das stattliche, etwa 18 Meter lange verputzte Fachwerkhaus mit steilem Dach geht, wie die anderen Gebäude dieser Zeile auch, von der Langen Straße zur Kirchstraße durch. In einer Zeichnung der Jahrhundertwende (183) stellt es sich als Wohnetagenhaus dar, das durch einen etwas aus der Mitte gerückten Längsflur erschlossen wird. Im Jahre 1898 wurde erstmalig ein Laden eingerichtet, spätere Umbauten führten dann zur völligen Entkernung des vorderen Bereiches. Schon im 19. Jahrhundert wurde der Vordergiebel massiv erneuert.

Die Untersuchungen des Jahres 1989 zeigen (184), daß der Gebäudekomplex aus zwei zu unterschiedlichen Zeiten errichteten Gebäudeteilen besteht. Der hintere, etwas kleinere Teil erhebt sich über einem aufwendig gestalteten Keller mit Kreuzgewölben. Das Fußbodenniveau des Erdgeschosses darüber liegt deutlich höher als im vorderen Teil des Hauses. Nach den Befunden ist es nicht unrealistisch, von einem Hinterhaus mit einem zugehörigen Vorderhaus im oben beschriebenen Sinne auszugehen. Die Entstehungszeit liegt vermutlich noch im 17. Jahrhundert. Beide Gebäudeteile sind durch eine durchgehende Querwand, in der sich links ein kräftiger Kaminblock befindet, voneinander getrennt.

Auf der linken Seite des Vorderhauses, im Winkel zwischen Lange Straße und Kirchstraße, korrespondieren laut Zeichnungen von 1898 zwei Wohnräume mit einem Keller darunter. Es ist nicht ausgeschlossen, daß es sich bei den Wohnräumen um die frühere Stube handelt. Rechts wäre dann die große Diele gewesen, während für das Hinterhaus ein Saal und vielleicht eine Küche anzunehmen sind. Derzeit ist keine genauere Aussage möglich, da die Nutzung keine weitergehende Untersuchung zuläßt. Immerhin ist mit einiger Berechtigung anzunehmen, daß hier im 17. Jahrhundert ein vermutlich wohlhabender Bürger in bevorzugter Lage ein stattliches Haus bewohnte.

Das Aufstellen von Vieh im Bereich der Diele muß - zumindest im Hinblick auf den faßbaren Baubestand in Lünen - als Ausnahme gelten. Allein im Haus Roggenmarkt 3, dessen äußere Fachwerkhülle heute als Baudenkmal erhalten ist, kann für das frühe 20. Jahrhundert ein Stall im Haus nachgewiesen werden. Ansonsten sind Räume für die landwirtschaftlichen Arbeiten in getrennten Gebäuden untergebracht, die neben dem eigentlichen Wohnhaus stehen konnten. Das war, um zwei Beispiele zu nennen, bei den giebelständigen Häusern Lange Straße 61 - Märkische Buchhandlung - und Lange Straße 71 - Gaststätte und Hotel Drei Linden - der Fall. In beiden Gebäudekomplexen verbirgt die lange, verputzte Traufseite an der Nebenstraße einen ehemaligen Wirtschaftsteil mit dem Deelentor. Auf den Straßen vor der Deele war in allen Fällen der Platz zum Wenden der Wagen vorhanden. Die Wirtschaftsgebäude können aber auch in größerer Entfernung, zum Beispiel in der Nähe der Mauer, gestanden haben. Ein ausgesprochenes Viertel der Scheunen, Ställe und Speicher war wohl der Bereich östlich der Kirchstraße (185).

In Lünen können einige Beispiele für das bürgerliche Stadtwohnen einer relativ begüterten Schicht gezeigt werden. Es gab aber auch viele nicht begüterte Menschen, Kleinbürger, Tagelöhner und Witwen in Lünen. Auch ihre Häuser sind uns heute ein Zeugnis vom Leben, Bauen und Wohnen in einer kleinen Stadt.

Lünen-Mitte, Silberstraße 24

Mit der Betrachtung der rechten Traufseite erschließen sich viele konstruktive Merkmale. Sie lassen auf eine mögliche Erbauungszeit noch im späten 17. Jahrhundert schließen. Für diese Annahme sprechen vor allem die Kopfstreben, die von den Ständern schräg zu den Rähmen am Dachansatz hochlangen.

Handwerker, Tagelöhner und Witwen

Der verputzte Giebel des Hauses Silberstraße 24 ist nicht gerade auffällig, eher wirkt er alltäglich. Den kundigen Betrachter läßt er allenfalls erkennen, daß dem schmalen Kernbau einmal auf der linken Seite ein Anbau zugefügt wurde. Die heute freiliegende - früher an der Traufgasse gelegene - rechte Traufwand erregt dagegen sofort Interesse. Sie weist mit ihren konstruktiven Merkmalen vermutlich noch in das späte 17. Jahrhundert als möglicher

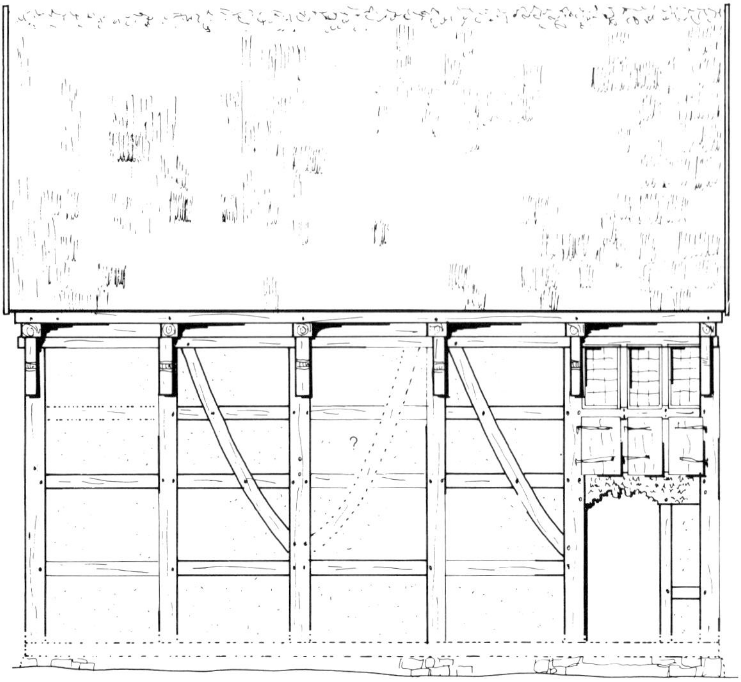

Lünen-Mitte, Mauerstraße 93

Der Kernbau des kleinen Gadems war ursprünglich kleiner als heute. Durch den erhaltenen, am unteren Rand beschnitzten Sturz ist die Lage des ehemaligen Hauseingangs bestimmt. Darüber konnte eine dreibahnige Fenstergruppe nachgewiesen werden.

Entstehungszeit. Damit ist das Haus der ältesten Bestandsschicht zuzurechnen (186).

Im Grundriß sind drei hintereinanderliegende Räume, die jeweils die ganze Breite des Kernbaus einnehmen, nachzuweisen. Der hintere, der ursprüngliche Wohnraum, liegt als „Upkammer" erhöht über einem Keller. In der Mitte befand sich die frühere Küche, vorne ist ein ehemaliger Wirtschaftsraum oder eine Stube zu vermuten. Befunde an der rechten Traufwand lassen im Obergeschoß auf ehemalige Klappläden schließen, aber nicht auf Fenster, so daß von einer früheren Nutzung als Speicherboden auszugehen ist. Spuren einer Landwirtschaft sind im Haus nicht zu erkennen.

Der Grundriß und das geringe Bauvolumen weisen auf das ehemalige Haus eines Kleinbürgers hin, der vermutlich ein Handwerk ausübte. Es sind uns noch mehrere derartige Gebäude verblieben: bauliche Zeugnisse einer kleinbürgerlichen, gewerblich orientierten Schicht. Hier, auf der Silberstraße, haben wir nun das Beispiel eines besonders schmalen Gebäudes vor uns, dessen Grundrißstruktur vom Parzellenzuschnitt geprägt ist.

Im mittelalterlichen und frühneuzeitlichen Lünen lebten auch Tagelöhner, Witwen und unverheiratete Frauen sowie Handwerker mit einem sehr kleinen Hausstand. Die so umrissene untere Schicht der Stadtbevölkerung wohnte meist zur Miete in kleinen Häusern, den sogenannten Gademen (187). Gademe entstanden auf Bauplätzen, die nicht anderweitig beansprucht wurden, so an den Hinterstraßen oder an den Mauer- und Wallgassen.

Die Mauerstraße in Lünen begleitete, wie der Name sagt, die frühere Stadtmauer. Auf ihrer Außenseite, der Süd- und Westseite also, steht heute eine eindrucksvolle Reihe schmaler, traufständiger Gebäude, die überwiegend dem beschriebenen Bautyp der Gademe zuzurechnen sind. An der Einmündung der Kurzen Straße wird der geschlossene Gebäudezug mit dem eingetragenen Baudenkmal Mauerstraße 53 eröffnet, mit dem Haus Nummer 77 findet die Reihe dann zunächst ihr Ende. Nach einer großen Unterbrechung aber, die durch frühere Abbrüche entstanden ist, markiert, schon in der Nähe der Langen Straße, das Haus Mauerstraße 93 die ursprüngliche Fortsetzung.

ICH HABE GEBAWET AUS NOTH in groser gefahr
O GOTT GIB DEINEN SEGEN DIS haus bewar
ANNO 1651 17 bris DIDERICH SCHNIDER

Die reiche Hausinschrift (188) vermittelt uns das Baudatum und den Namen des Bauherrn. Das Haus wird dem Schutze Gottes anbefohlen, ein Brand oder ein Treffer im Dreißigjährigen Krieg mag die vorherige Bleibe vernichtet haben.

Zu aufschlußreichen Ergebnissen führte eine Untersuchung im Jahre 1989 (189): Zunächst wird deutlich, daß der ursprüngliche Kernbau noch kleiner war als das heutige Gebäude. So wurden zum Beispiel an der rechten Seite, vermutlich noch im 17. Jahrhundert, zwei Gebinde angefügt. Der Stallanbau rechts stammt erst aus dem 19. Jahrhundert. Die Straßenfront des Hauses war immer die Vorderseite, der verzierte Türsturz mit der Hausinschrift kennzeichnet den ursprünglichen Eingang. Der zweiräumige Kernbau war zunächst in der Höhe nicht unterteilt, erst später erfolgte vermutlich der Durchbau zur Zweigeschossigkeit.

Bei der Analyse der Außenwände wird deutlich, daß die Rückwand auffällige Unterschiede zur Vorderfront aufweist. Sie ist auch offensichtlich jünger. Am Ostgiebel fällt links ein Fach auf, das nicht ohne weiteres zu begründen ist. Bedenkt man im Zusammenhang mit den Auffälligkeiten im Gefüge jedoch den Standort des Hauses, ergibt dies eine Erklärung:

Das linke Giebelfach und die Rückwand wurden nachträglich, anstelle eines früheren, nicht aus Fachwerk bestehenden Bauteils, angefügt. Es handelt sich bei diesem Bauteil um die Stadtmauer, und unser kleines Gadem – als ein sogenanntes Schmarotzerhaus – benützte sie als Rückwand. Dieses Phänomen ist im Zuge der Mauerstraße noch mehrfach zu beobachten. Andere Gademe sind jünger, sie werden nach der Schleifung der Stadtmauer im Siebenjährigen Krieg

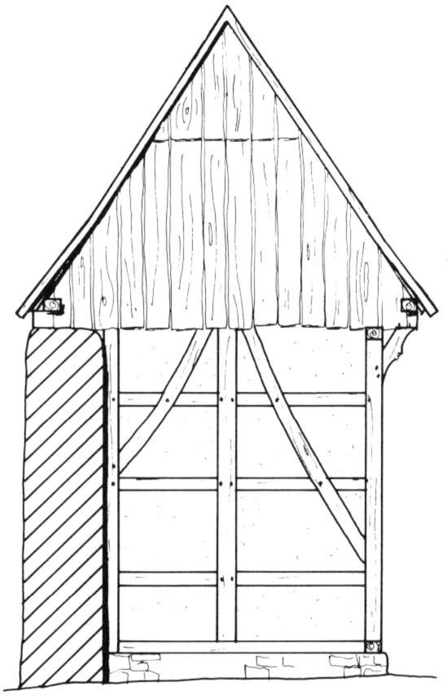

Lünen-Mitte, Mauerstraße 93

So wurde in der Mitte des 17. Jahrhunderts das kleine Gadem gegen die bestehende Stadtmauer gebaut, um diese als südliche Außenwand zu nutzen. Nachdem im Siebenjährigen Krieg die Befestigungsanlagen geschleift worden waren, mußte die heutige Fachwerkwand gebaut werden.

entstanden sein. Zum Teil sind sie als Denkmäler eingetragen, darüber hinaus haben die Bauten auf der Außenseite der Mauerstraße als Ensemble eine besondere städtebauliche Bedeutung.

Von Denkmälern im städtebaulichen Zusammenhang soll im nächsten Kapitel die Rede sein.

Die südwestliche Innenstadt

Das alte Straßennetz, der Ring der Befestigungen, die Häuser der vorgestellten Bauweise und Nutzung, dazu Rathaus, Kirche und andere öffentliche Einrichtungen bilden in ihrem räumlichen und funktionalen Zusammenhang die historische Stadt Lünen. Seitdem im 19. Jahrhundert die Altstadt allmählich wieder bebaut wurde und auch sonst neue Gebäude im Umfeld entstanden, zeichnet sie sich als erhaltener Kern innerhalb der wachsenden Siedlungsflächen ab.

Dieser Kern behielt seine Gestalt weitgehend bis in die Mitte unseres Jahrhunderts. Eine Karte von 1954 zeigt noch die parallelen Strukturen der Befestigungsanlagen, mit denen die Stadt bis in das 18. Jahrhundert umgeben war. Die Spuren des Stadtgrabens auf der Ostseite haben dort noch die gezackten Formen des 16. und 17. Jahrhunderts. Mit den 60er Jahren unseres Jahrhunderts kam es dann aber zu größeren Veränderungen: So wurde damit begonnen, durch großflächige Neubauten die bis dahin kleinteilige Parzellenstruktur aufzugeben, gleichzeitig wurden die Ränder des Stadtkerns aufgelöst, die Konturen verwischt. Von dieser Entwicklung wurde die südwestliche Innenstadt – der Bereich zwischen der Bäckerstraße, der Langen Straße und dem Grünzug des Wallgang– nicht verschont. Aber immerhin konnte hier vieles erhalten werden, so daß dieses Quartier im baulichen Zusammenhang der Innenstadt eine besondere Rolle spielt:

Lünen-Mitte

In der südwestlichen Innenstadt gibt es kleine Stadträume von unverwechselbarer Eigenart. Ein solcher öffnet sich auch beim Einblick von der Langen- in die Silberstraße. Die raumprägenden Merkmale haben sich seit Anfang der 60er Jahre (Foto) bis heute nicht geändert.

Der noch im späten Mittelalter entstandene Stadtgrundriß ist weitgehend unverändert geblieben. Er kennzeichnet das historische Straßengerüst und dabei auch den früheren Getreidemarkt Lünens, den Roggenmarkt. Die Mauerstraße, das heißt die den mittelalterlichen Städten eigentümliche Mauer- oder Wallgasse, scheidet mit ihrer begleitenden Bebauung als ein deutlicher Rand den Stadtkern vom Umland. Hier, im Südwesten des Kerns, ist die einzige Stelle, an der das heute noch ablesbar ist.

In der südwestlichen Innenstadt bilden platzartige Erweiterungen der Straßen, Vor- und Rücksprünge von Gebäuden, dazu die Biegungen der Straßenwände kleine Stadträume oder Ortsbilder von unverwechselbarer Eigenart. Als Beispiele seien die Einmündungsbereiche der Silberstraße und des Roggenmarkts in die Lange Straße genannt oder die kleinen Plätze innerhalb des Quar-

Lünen-Mitte, Marktplatz

In der Neustadt auf dem Südufer der Lippe war der Marktplatz für viele hundert Jahre Zentrum des wirtschaftlichen Lebens. Noch bis in die 60er Jahre unseres Jahrhunderts standen auf der Westseite Fachwerkhäuser in eindrucksvoller Reihung. An den Giebelbreiten läßt sich die kleinteilige Parzellierung ablesen. Die Vorderfronten sind schon seit der Jahrhundertwende verputzt oder massiv erneuert. Auch das Fachwerk des Hauses vor Kopf ist reine Verzierung, die eigentliche Konstruktion befindet sich darunter. Das Haus ist heute noch vorhanden, ebenso die drei kleineren Gebäude links im Bild.

tiers. Auch die Mauerstraße mit ihrem gekrümmten Verlauf, der den Blick auf die Fassaden der Außenseite ermöglicht, ist in diesem Zusammenhang zu nennen.

Das Bauen in der südwestlichen Innenstadt hatte allerdings nie das Ziel, ein Bild, ein Stadtbild zu schaffen. Es ging vielmehr immer darum, eine Bauaufgabe unter Beachtung der Gegebenheiten gut zu lösen (190). Da sind zum Beispiel die räumlichen Bedingungen des Bauplatzes zu nennen, die Gestalt und Größe eines Hauses bestimmten. Ihren Einfluß hatten auch die örtlichen Baubestimmungen (191) sowie die wirtschaftlichen Möglichkeiten der Bauherrschaft. Die Baugestalt der Häuser wurde von den Fertigkeiten der Handwerker und ihrer Aufgeschlossenheit gegenüber Neuerungen ebenso bestimmt wie von den Eigenschaften des verwendeten Materials.

Bei den älteren Bauten der südwestlichen Innenstadt, soweit sie bis zur letzten Jahrhundertwende entstanden, handelt es sich ausschließlich um Fachwerkhäuser. Auf die Möglichkeit früherer Steinbauten in Lünen haben wir hingewiesen. Einige Häuser wurden noch im 17. Jahrhundert errichtet. Mit Ausnahme des Hauses Roggenmarkt 3, das die Jahreszahl 1609 trägt, ist bei diesem älteren Bestand von einer Entstehungszeit nach dem Dreißigjährigen Krieg auszugehen. Weitere Fachwerkbauten sind uns aus dem 18. und 19. Jahrhundert verblieben. Brandschichten unter den aufstehenden Gebäuden, die bei Baumaßnahmen beobachtet werden konnten, erbrachten in vielen Fällen den Nachweis, daß an gleicher Stelle schon Vorgängerbauten gestanden hatten, die durch Feuer vernichtet worden waren.

Als Gebrauchsgüter, und das sind Häuser ja, wurden die Gebäude immer wieder den sich ändernden Ansprüchen angepaßt. Daher kam es häufig, bei einem Haus mehr, beim anderen weniger, zu Änderungen der Nutzung und damit der Raumstruktur. Ebenso war auch das Äußere der Gebäude Wandlungen unterworfen. So hat man zum Beispiel schon im 18. und 19. Jahrhundert Fachwerk-Fassaden verputzt. Auf die Fassadengestaltung bezogen sind die Spuren der Geschichte oft im wahrsten Sinne des Wortes „vielschichtig".

Weitergehende Veränderungen gab es allerdings seit der Jahrhundertwende an den Hausfronten der Langen Straße. So wurden zum Beispiel die Fachwerkgiebel verputzt oder gar massiv erneuert. Die historistische Stuckzier stammt aus dieser Zeit, gleichzeitig entstanden erstmals große, das Gefüge eines Fachwerks sprengende Schaufenster.

Aber all diese Veränderungen verliefen doch innerhalb des jeweils Vorgefundenen, sie sprengten nicht den Maßstab des Gegebenen. Eine Erklärung dafür ist darin zu sehen, daß mit den wirtschaftlichen Grundlagen der Bevölkerung auch die bevorzugte Bauweise relativ konstant blieb (192). Hinzu kommt, daß die Anwendungsmöglichkeiten der zeittypischen Materialien durchaus begrenzt waren. So liegt bei aller baulichen Vielfalt und trotz der gezeigten Änderungen der Raum- und Baugestalt doch eine erkennbare Ordnung vor.

Lünen-Mitte

Der Wandaufbau der Fachwerkhäuser ist im wahrsten Sinne des Wortes vielschichtig. Bei diesem Beispiel, es handelt sich um den Roggenmarkt 19, waren die Gefache von Anfang an mit Ziegelsteinen ausgemauert. Nach den Befunden, die ein Restaurator ermitteln konnte, waren sie nach der Erbauung für einige Jahrzehnte hell geschlämmt, während die Hölzer gleichzeitig dunkel gefaßt waren. Im Innern des Hauses sorgte eine mit Häcksel armierte Lehmschicht für ein gutes Raumklima. Den Abschluß nach innen bildete ein Kalkputz.

Einige Merkmale, die in ihrem Zusammenwirken Ausdruck dieser Ordnung sind, sollen genannt werden: Der Baubestand stellt sich überwiegend zweigeschossig dar. Mit Ausnahme der Bebauung an der Mauerstraße, die dem Verlauf der früheren Stadtmauer folgt, sind die Häuser giebelständig, also mit der schmalen Seite zur Straße gerichtet. Die Gebäude sind durch Gassen, bei giebelständigen Häusern entsprechend durch Traufgassen, voneinander getrennt. Diese dienten dem Brandschutz und der Abführung des Brauch- und Regenwassers zur Straße (193). Die Straßenwände erhalten mit den Unterbrechungen, wie sie durch die Abfolge der Gassen hervorgerufen werden, ihren typischen Rhythmus, so daß dem Betrachter heute noch wesentliche Elemente der kleinteiligen Parzellenstruktur vermittelt werden (194).

Der ältere Baubestand ist durch große, undurchbrochene Dachflächen mit steilen Neigungen charakterisiert. Dachaufbauten, also Dachhäuschen zum Beispiel, hat es ursprünglich nicht gegeben, soweit dennoch welche vorhanden sind, handelt es sich um spätere Veränderungen. Sichtbares Fachwerk mit verputzten, hellen Gefachen prägt in hohem Maße das Bild der Fassaden. Darüber hinaus sind viele Außenflächen glatt verputzt und hell gestrichen.

Mit den so skizzierten Konturen, die sich bis in das bauliche Detail nachvollziehen lassen, erreichte die südwestliche Innenstadt als geschlossenes Quartier die Mitte unseres Jahrhunderts. In den 50er und 60er Jahren sollte aber nicht viel davon übrig bleiben. Lünen sollte, dem Zeitgeist folgend, eine nach damaligem Verständnis moderne Stadt werden, mit einem großen Geschäftsflächenangebot, attraktiv auch für Kunden aus der weiteren Umgebung (195). Die Fachwerkhäuser galten entsprechend als unzeitgemäß und wurden zum Teil, in Verfolgung der genannten Planziele, aufgekauft und abgerissen. Bürger der Stadt, und dabei vor allem die Bewohner der südwestlichen Innenstadt, bewirkten dann eine Umkehr und retteten das Quartier (196). Die sogenannten „Vorbereitenden Untersuchungen", mit denen die Sanierung des Quartiers eingeleitet wurde, bestätigten die zuvor artikulierten Bedürfnisse der Bewohner, so daß der abschließende Bericht ausführt:

Die Innenstadt Südwest bietet die für Lünen einmalige Gelegenheit, Stadtgeschichte von der Mitte des 17. Jahrhunderts bis in die Neuzeit ablesbar zu erhalten. Die bauliche Zerstörung des letzten historischen Quartiers der Innenstadt würde die Zerstörung eines nicht reproduzierbaren Kulturdenkmals bedeuten (197).

Seit Anfang der 80er Jahre steuern ein Bebauungsplan, eine Gestaltungssatzung sowie die Bestimmung des Denkmalschutzgesetzes das Baugeschehen in der Innenstadt Südwest im Sinne dieser Erkenntnisse.

Wälle, Gräben, Mauern

Anno 1572 Ist ein Kriegsoberster, mit nahmen Ernst von Manderslon, mit vielem Kriegsvolck durch das Stifft Münster nach Braband gezogen, hatt großen, merklichen schaden gethan, ist auff Vincula Petri zum Cappenbergh gelegenn, hatt zu Werne die Pforten auffgehauwenn und übel darein haußiret, hatt auch sein Volck in die Statt Leunen wollen führen, die von Lünen sich aber zur gegenwehr gesteldtt und hatt also abrücken mueßen (198).

Das Zitat aus Georg Gerlichs Chronik weist auf eines der leidvollsten Kapitel mittelalterlichen und frühneuzeitlichen Lebens, auf den Krieg. Neben den großen Feldzügen waren es die vielen Kleinkriege, die sogenannten Fehden, sowie die Durchzüge marodierender Trupps, die den Menschen das Leben schwer machten (199). Zu den eigentlichen Kriegshandlungen kamen die Lasten vielfacher Einquartierung, dazu wurden die Felder abgemäht und verwüstet, die Menschen verschleppt und die Herden fortgetrieben.

Um die städtischen Herden, die mit dem Vieh der umliegenden Bauerschaften in der freien Feldmark weideten, zu schützen, wurden sogenannte Landwehren errichtet. Diese bestanden

Lünen-Mitte

Der Blick vom Rathaus zeigt die ehemalige Stadtbefestigung als eine große, unbebaute Fläche, die den Stadtkern bogenförmig umgibt. Mit dem Wallgang läßt sich der Verlauf des früheren Stadtwalles nachvollziehen. Parallel dazu verläuft auf der rechten Seite der Trockengraben der Seseke. Früher bildete der kanalisierte Fluß den äußeren Befestigungsring. Der ehemalige Stadtgraben links vom Wallgang ist heute archäologisch nachweisbar, die Stadtmauer ist in Resten noch in den Kellern an der Mauerstraße zu beobachten.

in der Regel aus einem hohen Erdwall mit einem dichten, heckenartigen Bewuchs. Als zusätzliche Sicherungen wurden tiefe Seitengräben angelegt. Die Landwehren umgaben die Feldmarken und schränkten damit bewaffnete Verbände in ihrer Bewegungsfreiheit ein. So wurde bei einem entsprechenden Signal der Wächter Zeit gewonnen, Mensch und Tier in Sicherheit zu bringen. Eine fiskalische Komponente kam hinzu, da die Landwehren das Umfahren von Zollstellen verhinderten (200).

Heute stoßen wir in den stadtnahen Wäldern um Lünen manchmal auf die Reste der einst stattlichen Erdwerke. Wind und Regen haben im Laufe der Jahrhunderte einiges von der Höhe abgetragen, so daß die oben gerundeten Wälle sich heute nur noch etwa einen Meter aus dem Waldboden erheben. Die ursprüngliche Breite läßt sich noch gut aus der Lage der Seitengräben ermitteln.

So haben die Landwehrreste heute eine große Bedeutung als Bodenurkunden, als geschichtliche Quellen, die uns wesentliche Aspekte früherer Lebenszusammenhänge erschließen. Das gilt natürlich in gleicher Weise von den früheren Verteidigungswerken, die unmittelbar die Stadt umgaben. Im Grünzug des sogenannten „Wallgangs", der die südwestliche Innenstadt von der Bäckerstraße bis zur Langen Straße kragenförmig umschließt, läßt sich das ursprüngliche, tiefgestaffelte Verteidigungssystem noch gut erschließen (201):

Ein aus Richtung Westen angreifender Feind mußte zunächst die Seseke überwinden. Die Lüner hatten dem mäandrierenden Fluß wohl im 14. Jahrhundert einen neuen, kanalisierten Verlauf gegeben, so daß er auf der Westseite der Stadt als Außengraben wirken konnte. Das Bett der Seseke ist heute als Trockengraben über weite Strecken kräftig ausgeformt und muß, wenn man von der Holtgrevenstraße zum Wallgang geht, als deutliche Vertiefung durchschritten werden.

Der heutige Wallgang kennzeichnet den Verlauf des früheren Stadtwalls. Er wird ursprünglich steile Böschungen gehabt haben und war auf der Krone mit Pallisaden bewehrt. So stellte er sich als zweites Hindernis dem Feind entgegen. Durch den Bodenaushub für den Wall entstand der Stadtgraben, der Lünen, mit Ausnahme an der Lippeseite, umgab. Er war etwa elf Meter breit und wurde vom Wasser der Seseke gespeist: *[...] und sindtt die binnergräfftenn mit der Zeseken außgeflotet [...]* heißt es unter dem 22. Juli 1638 in der Gerlich'schen Chronik (202).

Als letzter, innerer Befestigungsgürtel folgte die Mauer. Sie hat der Mauerstraße den Namen gegeben, und ihre Reste sind in den Kellern der Häuser noch vorhanden.

So hatte die Stadt Lünen eine für das ausgehende Mittelalter typische Stadtbefestigung. Ihren Zweck hat sie auch oft erfüllt, wie das Eingangszitat beweist. Mit Änderung der Kriegstechnik in den späteren Jahrhunderten wurde sie sicher modifiziert und verstärkt, zum Beispiel durch Schanzen in der Nähe der Tore. So konnte 1988 auf der Wand einer Baugrube in der Nähe des Steintores eine Böschung beobachtet werden, die hier einen weiteren, bisher unbekannten Graben nachweist. Dessen Sohle liegt unter der Trasse des (hier aufgegebenen) Wallgangs. An dieser Stelle muß also von einer zumindest teilweisen Änderung der skizzierten Abfolge der Verteidigungsanlagen ausgegangen werden.

Im Dreißigjährigen Krieg hatten die Lüner Bürger kaum noch Einfluß auf die Geschicke der Stadt. Diese wurde belagert und besetzt, nach den Belangen der Bürger fragte dabei keiner, die hatten nur die Last zu tragen. Am 19. April 1634 kamen zum Beispiel Hessen nach Lünen, die aber schon Anfang Mai von kaiserlichen Truppen vertrieben wurden. Letztere mußten am 17. Mai wieder anderen hessischen und lüneburgischen Einheiten weichen, die ihrerseits im September vom Grafen von Fürstenberg verjagt wurden (203).

Der bereits zitierte Georg Gerlich berichtet aus diesen Zeiten: *Anno 1636 umb Michaelis hatt Johann Graff von Goeß, alß Kayßerlicher und Bayrischer General dieße Stadtt wieder so hardtt und so arch belagertth, wie niemalß geschehenn; und nachdem sie 4 Dage davor gelegenn, und In forthwerender belagerungh sie mit Carthawen, Gränaten und fewerkugelenn sonder Aufhören stark beschoßenn: Alßo daß 15 fewrstettenn eingeäschert wordenn, hatt die Stadt sich entlich ergiebenn mueßenn [...].*

Zur Zeit der französischen Besetzung im Siebenjährigen Kriege wurden die Befestigungsanlagen geschleift und nicht wieder hergerichtet (204). Der Stadtgraben wurde allmählich zum Rinnsal und verschmutzte durch die städtischen Abwässer so stark, daß er zu einer Gefahr für die Gesundheit der Bürger wurde. Im Südwesten der Stadt entstand später an seiner Stelle ein gemauerter Abwasserkanal.

Anfang der 30er Jahre unseres Jahrhunderts erhielt die Seseke aus Gründen des Hochwasserschutzes oberhalb der Innenstadt eine neue Mündung in die Lippe (205). So wurde das alte Flußbett zum Trockengraben. Oberbürgermeister Becker wollte gern eine regulierte Wassermenge im alten Bett belassen. Diesem Wunsch konnte man allerdings, unter anderem wegen des verschmutzten Sesekewassers, nicht folgen.

Von der alten Stadtbefestigung ist uns heute eine großräumige, weitgehend öffentlich genutzte Grünfläche geblieben. Ihre bogenförmige Anordnung zum Stadtkern, dessen Firste, Traufen und Dachflächen eine malerische, „altstädtische" Silhouette bilden, läßt gleich auf die frühere Funktion als Glacis schließen. In diesem Sinne wirken auch die parallelen Strukturen des alten Seseke-

Lünen-Mitte

Als Ende der 80er Jahre am Rand der Wallgang-Zone eine Tiefgarage gebaut wurde, zeichneten sich auf der nördlichen Wand der Baugrube zwei Böschungen ab:
Die rechte kennzeichnet den mittelalterlichen Stadtgraben, der erkennbar später mit dunkler Erde angefüllt wurde. Mit der nach links abfallenden Böschung konnte hier erstmalig ein Graben nachgewiesen werden, dessen Existenz bis dahin nicht bekannt war. Vielleicht handelt es sich um eine zusätzliche Sicherung des Steintores aus der Zeit des Dreißigjährigen Krieges.

bettes und des Wallgangs. Durch archäologische Grabung wären die weiteren Elemente der früheren Befestigung zu erschließen. So geben die Verfärbungen des Bodens durch ihre Profile Auskunft über die Lage, aber auch über die frühere Höhe von Wall und Graben.

Im Mittelpunkt religiösen und städtischen Lebens – Die Stadtkirche St. Georg

Im Zentrum der neuen Stadt

Die St. Georgskirche trägt ihren Zusatznamen „Stadtkirche" zu Recht. Sie war über Jahrhunderte das religiöse Zentrum der Bürgerschaft, die bis in das 19. Jahrhundert weitgehend einer Glaubensrichtung angehörte. Das war zunächst der katholische Glaube und etwa ab 1555, als sich der Rat der Stadt und die meisten Bürger für die „Augsburgische Konfession" entschieden, die Lehre Luthers (206). Von 1661 bis in den Anfang des 19. Jahrhunderts gab es allerdings noch eine kleine reformierte Gemeinde mit einem eigenen Gotteshaus an der Kirchstraße.

Die Verlegung der Stadt war zugleich ein Umzug aus dem Bistum Münster in das Erzbistum Köln. Zunächst erfolgte hier die Seelsorge von der Pfarrei Brechten aus, aber der Neubau einer eigenen Kirche in der Neustadt wurde doch unumgänglich (207). So errichtete man erst eine hölzerne Kapelle, bis von 1360 bis 1366 die heutige steinerne Kirche entstand. Sie wurde dem Heiligen Georg und der Heiligen Katharina geweiht, später ist dann allerdings Johannes der Täufer als Nebenpatron an die Stelle von Katharina getreten. Als Standort wählte man, wie üblich, in der Mitte des Ortes einen erhöhten Platz (208). Heute muß man zum Kirchplatz hinuntersteigen, da im Laufe der Jahrhunderte die Straßen und Hausplätze ringsum durch Brände, Anschüttungen und Befestigungen „gewachsen" sind. Die Kirchentür mußte jedoch ihre Durchgangshöhe behalten.

Neben religiösen diente die Kirche oft auch anderen öffentlichen Zwecken. So wurde der Turm wohl in unsicheren Zeiten für die Fernerkundung genutzt, um heranrückende Feinde frühzeitig zu entdecken. Im Jahre 1529, also noch zu katholischer Zeit in Lünen, wurde durch die beiden Geistlichen Georg Spormecker und Volker Vollenspiedt eine öffentliche Bibliothek errichtet (209). Dieses Angebot zur eigenen Lektüre, zum Beispiel der Bibel, ent-

Lünen-Mitte, Stadtkirche

Südlich der St. Georgskirche, wo einst das „Hospital zum Heiligen Geist" stand, legten im Jahre 1990 die Archäologen einen Suchschnitt an. Sie konnten am vermuteten Standort die Hausstelle des früheren Hospitals nachweisen. Auf dem Bild werden Funde aus einer Brandschicht geborgen. Die Ziegelmauer rechts stammt von der späteren Stadtschule, die zum Glück nicht unterkellert war.

sprach den geistigen Strömungen zur Zeit der Reformation. Die Bibliothek befand sich in einem Anbau auf der Nordseite des Kirchenschiffes, der zur Aufnahme der Blasebälge für die Orgel errichtet worden war. Erst im 19. Jahrhundert wurde der Anbau entfernt.

Im Umfeld der Kirche befanden sich alle zentralen Einrichtungen der mittelalterlichen und frühneuzeitlichen Kleinstadt Lünen. Da ist zunächst der Marktplatz zu nennen (210), das Zentrum des wirtschaftlichen Lebens. Hier stand bis 1909 auch ein Marktbrunnen, der sogenannte Marktpütt, der als Zentrum zum Austausch von Stadtneuigkeiten sicher nicht zu unterschätzen war.

Nordöstlich der Kirche, mit der Vorderfront zum Markt, hatte das Rathaus seinen Platz (211). In einer offenen Säulenhalle mit drei gotischen Spitzbögen stand die Stadtwaage. Das Rathaus wurde auch „Stades hues" oder einfach „dat Hues" genannt und barg unter anderem die Ratskammer und einen Raum für die Akzise. Im Jahre 1847 wurde das gotische Rathaus wegen Baufälligkeit abgerissen, der Nachfolgebau von 1847, „Altes Rathaus" genannt, stand noch bis 1968 an der gleichen Stelle.

Pfarrer und Küster wohnten bei der Kirche, und auch die Räume und Gebäude für das Schulwesen der Neustadt waren hier zu finden. 1768 ist ein Schulgebäude östlich der Kirche belegt (212). In der sogenannten Stadtschule, einem Bau von 1859 auf der Südseite, wurde bis nach dem Zweiten Weltkrieg Unterricht erteilt.

Südlich der Kirche stand das Hospital „Zum Heiligen Geist" (213). Es handelte sich um eine städtische Einrichtung für Kranke, Arme und Obdachlose, also für alle, die der leiblichen und geistlichen Tröstung bedurften. Daher war es, wie ähnliche Einrichtungen in anderen Städten auch, dem Heiligen Geist gewidmet, der in der

Lünen-Mitte, Alter Markt

So sah der Maler Georg Nagel im Jahr 1919 rückblickend den Alten Markt. Das gotische Rathaus im Hintergrund stand zu diesem Zeitpunkt schon lange nicht mehr, es wurde 1847 abgerissen. Den Standort der St. Georgskirche hat Nagel wegen der Komposition geändert. Das Ölgemälde befindet sich im Museum der Stadt Lünen.

Bibel der Tröster genannt wird. Im Jahre 1463 wurde das Hospital Zum Hl. Geist im Roten Buch, dem städtischen Protokollbuch, erwähnt. Später nannte man es auch Gasthaus und nach einer Erweiterung sprach man vom großen und vom kleinen Gasthaus. Während des Siebenjährigen Krieges wurden die Gebäude des Hospitals, wohl infolge der Besetzung durch Franzosen, stark beschädigt. Schließlich brach man sie im Jahre 1770 ab, ein Neubau erfolgte nicht.

Im Sommer 1990 war der Platz, auf dem das frühere Hospital vermutet werden kann und der im Urvermessungshandriß „städtischer Armenhof" genannt wird, unbebaut. Die frühere Stadtschule an dieser Stelle hatte keine Keller. Nun beabsichtigte aber die Evangelische Kirche, hier einen Neubau zu errichten, und rief damit den Denkmalschutz auf den Plan: Zunächst sollten Archäologen prüfen, ob Spuren im Boden Hinweise auf das „Hospital zum Heiligen Geist" zulassen würden.

Die Sondierung war erfolgreich (214): Nach dem Abräumen von jüngeren Bodenanschüttungen wurde Mauerwerk sichtbar, das als Teil der massiven Sockelmauer des früheren Hospitals anzusprechen ist. Darüber wird sich einst das Gerüst eines Fachwerkhauses erhoben haben. Innerhalb der Grundfläche konnten Funde aus dem 15. und 16. Jahrhundert geborgen werden.

Es bleibt, den Hof des Landesherren zu nennen, dessen Lage in der Nähe der Kirche vermutet werden kann. Hier wohnten die Grafen von der Mark beziehungsweise die Herzöge von Kleve, wenn sie sich in der Stadt Lünen aufhielten. Der Standort war bereits im 18. Jahrhundert nicht mehr bekannt, so daß der zeitgenössische Historiker Diderich von Steinen schreibt: *Der Herrenhof hat an der Stadtmauer gelegen, es sind aber auch die Überbleibsel nicht mehr vorhanden* (215).

Etwa 450 Jahre begruben die Lüner ihre Toten auf dem Kirchhof, dem heutigen „St. Georg-Kirchplatz". Das letzte Begräbnis fand im Jahre 1807 statt, anschließend wurde der bisherige Fremdenfriedhof, der Tobiasfriedhof an der Münsterstraße, für die Bestattungen der Gemeinde genutzt (216). Bis in den Siebenjährigen Krieg war der Kirchhof von einer Mauer umgeben. Die Franzosen legten sie nieder, um aus den Steinen Backöfen zu bauen. Am Westportal der Kirche befand sich der sogenannte „Röster", eine Einrichtung, die das Vieh daran hinderte, den Kirchhof zu betreten.

Sankt Georg zu Lünen ist also eine wirkliche Stadtkirche. Sie steht im Zentrum der Neugründung des 14. Jahrhunderts, und die wesentlichen Einrichtungen der mittelalterlichen und frühneuzeitlichen Stadtorganisation waren eng mit ihr verbunden. Diese Bedeutung als Stadtkirche begründet auch immer den Denkmalwert – oder umgekehrt, das Denkmal Stadtkirche vermittelt viele Aspekte der Stadtgeschichte.

Das Gebäude selbst hat inzwischen eine etwa 630jährige eigene Baugeschichte. Bauspuren und Eingriffe in die Bausubstanz belegen, daß es mehrfach den sich ändernden Bedürfnissen und Auffassungen angepaßt wurde. Darüber hinaus war es häufig erforderlich, das Gebäude wieder herzurichten. Im Jahre 1504 richtete zum Beispiel ein Erdbeben schweren Schaden an, so daß Pfeiler und Fenster erneuert werden mußten. Die Wiederherstellungsarbeiten dauerten bis 1512, dem Jahr, in dem eine Feuersbrunst fast die ganze Stadt einäscherte. Der Kirchturm mit seinen sieben Glocken wurde ein Raub der Flammen und stürzte auf das Kirchendach. Erst im Jahre 1521 wurde die Kirche rekonziliiert.

Eine rückblickende baugeschichtliche Betrachtung bezieht das Schicksal des Gebäudes von den Anfängen bis heute ein. Aber

Lünen-Mitte, Stadtkirche

Im Innern der gotischen Halle ist der Blick nach Osten gerichtet. Er läßt von der Ausmalung des frühen 16. Jahrhunderts eine Szene des Weltgerichts erkennen. In dieser Weise war wohl der ganze Kirchenraum ausgemalt. Im Gewölbe sind, neben einer ebenfalls erhaltenen Darstellung des ersten Sündenalls, weitere endzeitliche Szenen nachgewiesen und dokumentiert. Welchen Anteil die Ausmalung auf den Raumeindruck hatte, läßt sich anhand der erhaltenen Reste allenfalls erahnen.

auch im 7. Jahrhundert seines Bestehens liegt hier noch das Zeugnis spätgotischer Baukunst vor uns und zwar in der Form einer westfälischen Hallenkirche. Davon soll jetzt die Rede sein.

St. Georg in Lünen – eine westfälische Hallenkirche

Vom Alten Markt geht man fünf Stufen zum Kirchplatz hinunter und erreicht in wenigen Schritten das Westportal, den Haupteingang der Kirche. Die Öffnung schließt in gotischer Formensprache spitzbogig ab und zeigt darüber hinaus keinerlei Schmuck. Nach dem quadratischen Turm öffnet sich der Innenraum einer Hallenkirche, wie sie Westfalen im 14. Jahrhundert vielfach hervorbrachte .

Der Kirchenraum ist nahezu quadratisch, im Osten erweitert durch ein kurzes Chorjoch. Das abschließende Chorhaupt ist aus fünf Kreisausschnitten eines Achtecks gebildet. Die Gewölbe setzen verhältnismäßig tief an und erreichen selbst auch keine große Höhe. So bilden die Quergurte nur gedrückte Spitzbögen, die sich dem Rundbogen nähern. Mit diesen Proportionen wirkt der Raum etwas gedrungen.

Kreuzrippengewölbe und zwei Paar Rundpfeiler gliedern die Halle in drei Schiffe und drei Joche, ohne daß die Einheit des Raumes beeinträchtigt wird. So geht von den einfachen Schaften der Pfeiler keine trennende Wirkung aus. Sie haben weder scharfe Kanten, noch sind sie durch vorgelegte Dienste plastisch ausgeformt, so daß der Blick durch den Raum hier nicht aufgehalten wird. Die Bögen und Rippen des Gewölbes setzen auf einfachen Tellerkapitellen an, die wenig über den Schaft vorkragen und durch Wulst und Karnis schlicht profiliert sind.

Wie die Pfeiler wirken auch die struktiven Elemente des Gewölbes nicht trennend. Die breiten, aber flachen Längsgurte treten nur wenig aus der Deckenfläche hervor. Schmaler, dafür höher und seitlich gekehlt, sind die Quergurte. In den Gewölbefeldern markieren teilweise plastisch verzierte Schlußsteine die Mitte. Durch Busung steigen die Gewölbe noch von den Scheiteln der umgebenden Bögen zu den Schlußsteinen an. Spätgotische Kehlstabrippen kreuzen die einzelnen Joche und bilden so jeweils vier Gewölbekappen. Die Rippen tragen die Lasten des Gewölbes auf die Pfeiler ab, in den Seitenschiffen auch auf die Wände, wo sich außen kräftige Strebepfeiler gegen die Wand stemmen, um die nach außen gerichteten Schubkräfte aufzufangen.

Die Betrachtung der St. Georgs-Stadtkirche läßt die Charakteristika der gotischen Halle deutlich werden. Hier setzen die Gewölbe aller Schiffe im Prinzip in gleicher Höhe an und steigen auch zu gleicher Höhe auf. Die gesamte Halle empfängt ihr Licht einheitlich durch die Fenster der Seitenschiffe – der Obergaden der Basilika entfällt. Alle Bauglieder sind im Hinblick auf die Vereinheitlichung des Raumes gestaltet.

Das Streben nach möglichst weitgehender Vereinheitlichung des mehrschiffigen Kirchenraumes ist im Mittelalter das große Anliegen der Westfalen (217). Es drückt sich bereits deutlich in den Bauten des späten 12. und des 13. Jahrhunderts aus, als noch romanisch gebaut wurde, in der Zeit des sogenannten Übergangs zur Gotik.

In den damaligen Basiliken gelang es, durch weitgespannte Arkaden das Langhaus den Seiten zu öffnen und so eine hallenartige Wirkung zu erreichen. Dann wurden auch reine Hallen gebaut, und die Westfalen boten in der Ausformung eine Vielzahl von Lösungen an. Dabei ist im Grundriß die Tendenz zu beobachten, die Gewölbefelder des Mittelschiffes, aber auch den ganzen Kirchenraum, der Form des Quadrates zu nähern.

Dem Dom zu Minden kommt mit seinem Langhaus –es wurde von 1250 bis 1290 errichtet – für die Entwicklung der sakralen Baukunst in Westfalen eine Schlüsselstellung zu . Hier gelang die Synthese zwischen den breiten westfälischen Proportionen und der reifen Jochausbildung einer gotischen Hallenkirche. Das hundertjährige Bemühen der Westfalen, die Schiffe des durch Gewölbestützen untergliederten Raumes zur einheitlichen Halle zusammenzufassen, ist hier zur Reife gebracht (218).

Der Mindener Dom hatte Auswirkungen auf eine Vielzahl gotischer Hallenkirchen in Westfalen. Es wurden Raumproportionen entwickelt, die zu einem annähernd quadratischen oder leicht gestreckten, manchmal auch unterquadratischen Langhaus führten. Das Raumbild, an dem die Gewölbe wesentlichen Anteil haben, vermittelt oft einen nahezu kubischen Eindruck. Meistens ist der Grundriß mit weiter Stützenstellung in drei Schiffe und drei, manchmal vier Joche geteilt. Der Außenbau hat zur Aufnahme der Gewölbe oft ein hohes Satteldach, oder es begleiten Querdächer die Seitenschiffe, um die Höhe der Firste zu verringern. In der Wiesenkirche zu Soest hat die westfälische Halle ihre größte Ausreifung erfahren.

Unsere St. Georgskirche läßt sich gut in die sakrale Architektur Westfalens des 14. und 15. Jahrhunderts einordnen (219).

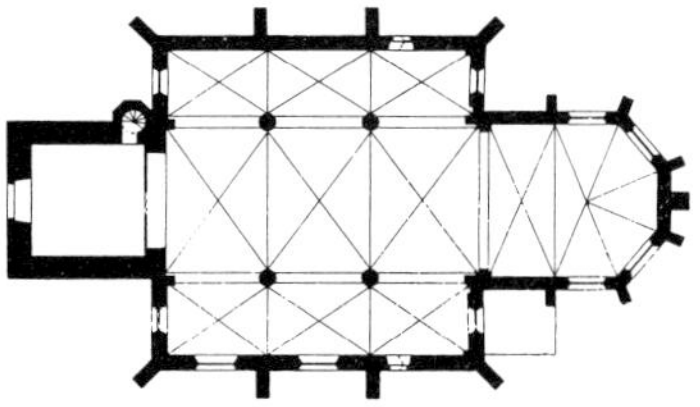

Lünen-Mitte, Stadtkirche

Auf den quadratischen Turm folgt der nahezu quadratische Kirchenraum einer westfälischen Halle. Die Anordnung der vier inneren Rundpfeiler führt zu einer Gliederung in drei Schiffe und drei Joche. Im Gegensatz zu einer Anzahl westfälischer Hallen sind hier die Joche des Mittelschiffes nicht dem Quadrat genähert sondern querrechteckig angeordnet.
Auf das schmale Chorjoch folgt das Chorhaupt im 5/8-Schluß.

Zur äußeren Gestalt

Viele hundert Jahre war die St. Georgskirche das höchste Gebäude der Stadt. In der ersten Hälfte dieses Jahrhunderts prägte ihr

Lünen-Mitte, Stadtkirche

Der Blick von Südosten läßt die klare Gliederung des Kirchengebäudes in Turm, Langhaus und Chor erkennen. Besonders markant stellt sich der stattliche Westturm dar, dessen Zeltdach in eine schlanke, achtseitige Spitze übergeht. Das mächtige Satteldach des Langhauses überspannt den Kirchenraum in ganzer Breite, entsprechend hoch verläuft seine Firstlinie. Malerisch wirkt der Fachwerkgiebel, der seit dem 19. Jahrhundert eine einfache Bretterwand an dieser Stelle ersetzt. Die aufgemalten verzahnten Quader an den Turmecken und den Strebepfeilern sind ein inzwischen vertrautes Merkmal.

markanter Turm, dessen Zeltdach in eine schlanke, achtseitige Spitze übergeht, zusammen mit den Türmen der St. Marienkirche und der Herz-Jesu-Kirche die Silhouette der Stadt .

Über dem Kirchenschiff erhebt sich ein großes, schiefergedecktes Satteldach. Die östliche Giebelwand wirkt durch ihr Fachwerk sehr malerisch. Sie ist in dieser Form erst im Jahre 1884 entstanden, als Ersatz für eine vorherige Bretterwand (220). Das Schieferdach des Chores ist im Osten, dem Chorschluß folgend, dreiseitig abgewalmt. Die wandhohen, abgetreppten Strebepfeiler sowie die fast bis unter das Traufgesims reichenden spitzbogigen Fenster lassen den Bau schon von außen als gotische Halle erkennen. Auch das Maßwerk der Fenster weist in die Gotik, mit den

Dreiblättern im Chorschluß und den – als Form jüngeren – Fischblasen im Kirchenschiff.

Besondere Bauteile sind aus Sandstein gefertigt, so die Gesimse unter der Traufe, das Maßwerk der Fenster und die Abdeckungen der Strebepfeiler. Darüber hinaus ist das Backsteingebäude seit 1951 beziehungsweise 1975 mit Kalkmörtel geputzt, anstelle eines vorherigen ungeeigneten Zementputzes. Die weiße Außenbemalung von 1975 läßt die Kirche in der bebauten Umgebung deutlich hervortreten und unterstreicht so ihre Bedeutung.

Ihr markantes Aussehen erhält sie aber auch durch eine aufgemalte Eckquaderung an den Kanten des Turmes und an den Strebepfeilern sowie durch eine entsprechende Rahmung von Fenstern und Türen. Eckquader und Rahmungen sind im Ton des Ruhrsandsteines aufgetragen, strukturiert durch ein weißes Fugennetz. Ein Bezug zum Mauerwerk darunter besteht nicht, es enthält keinerlei Naturstein an dieser Stelle. Diese Art der Oberflächenbehandlung erklärt sich nicht unbedingt von selbst, sie führt zu Nachfragen, bedarf also ergänzender Erläuterungen (221):

In einem geschützten Bereich unter der Traufe, an der Ostseite des Turmes, hatte eine frühe Oberflächenbehandlung offensichtlich die Jahrhunderte überlebt. Dieser Befund ist in das frühe 16. Jahrhundert zu datieren, als die Kirche nach einem großen Brand in den Jahren 1512-18 wieder hergerichtet wurde. Mit einer Kalkschlemme wurden damals Steine und Fugennetz gleichmäßig ausgestrichen, so daß eine einheitliche, ebene Oberfläche entstand. Der Backstein sollte also nicht in Erscheinung treten, er war nur der konstruktive Untergrund, künstlerisch wirksam war allein die farbige Oberfläche.

Für die Ausmalung der Quadersteine, das Rahmen von Öffnungen sowie für das farbige Absetzen der waagerechten Gesimse gibt es allerdings keinen Befund am Gebäude. Die Entscheidung zu einer Gestaltung der vorliegenden Art ist vielmehr durch analoge Schlüsse zustande gekommen, durch Vergleich mit Kirchen gleicher Entstehungszeit und kultureller Zuordnung. So gibt es für die Gewölbe- und Wandmalerei im Innern Hinweise auf die kölnisch-rheinische Kunst im frühen 16. Jahrhundert. Rheinische Beispiele sind durchaus begründet heranzuziehen, da Lünen zum Erzbistum Köln gehörte und persönliche Verbindungen in die Bischofsstadt reichten.

Nach den dort dokumentierten Beispielen war die beschriebene Außengestaltung der Kirchen besonders am Ausgang der Gotik üblich, an der Schwelle zur Renaissance. Gerade in jener Zeit wurde unsere St. Georgskirche nach dem großen Brand wieder hergerichtet.

Lünen-Mitte, Stadtkirche

Einige Merkmale des tief ansetzenden, spätgotischen Gewölbes sind hier besonders deutlich: Die jochtrennenden, gedrückt-spitzbögigen Gurtbögen nähern sich fast der runden Form. Ein Höhendrang des Gewölbes ist kaum noch zu erkennen. Zudem bestimmt die in der Renaissance eingestellte Empore den Raumeindruck mit, da sie den vertikalen Baugliedern der Gotik entgegenwirkt.

Geschichte in Stein gehauen – die alten Grabplatten

Wer um die St. Georgskirche herumgeht, wird in den Feldern des Chorschlusses altertümliche Grabsteine auf der Wand befestigt finden. Drei dieser Steine sind ehemalige Bodenplatten aus dem Innern der Kirche (222).

Bis in den Anfang unseres Jahrhunderts bildeten Grabsteine dieser Art den Fußboden der Kirche. Im Zuge der großen Renovierungen der Jahre 1902-08 wurden sie aufgenommen und außen aufrecht an die Kirchenwand gestellt. Im Jahre 1952 sollten sie ihren endgültigen Platz auf dem Tobiasfriedhof an der Münsterstraße finden, aber da waren sie schon so verwittert, daß viele zerbrachen. In den siebziger Jahren hat Pfarrer Thelitz die drei besten dann wieder an der Kirche anbringen lassen, zusammen mit dem Grabstein des Pfarrers Bremer, der bis dahin auf dem Tobiasfriedhof seinen Platz hatte.

Lünen-Mitte, Stadtkirche

Bis nach der Jahrhundertwende bestand der Fußboden der Kirche weitgehend aus Grabplatten dieser Art. Nur wenige konnten erhalten werden. An der Außenwand des Chores haben sie ihren wohl letzten Platz gefunden. Auf diesem Stein ist die barocke Gestaltung mit dem bürgerlichen Wappen noch gut zu erkennen.

Die Aufstellung der früheren Bodenplatten an der Außenseite des Gebäudes ist bei alten Kirchen häufiger zu beobachten. Sind die Steine einmal aufgenommen – was meistens beim Einbau von Heizungen geschieht – gibt es oft keinen anderen Standort. Durch eine kleine Überdachung gegen den Regen geschützt, werden uns die Steine in Lünen wohl noch einige Zeit erhalten bleiben. Als Bestandteil des Denkmals Kirche sind auch sie Übermittler geschichtlicher Informationen:

Im Mittelalter und in der frühen Neuzeit wurden Geistliche, hochgestellte Stadtbürger und Adelige in der Kirche begraben. Schon der Chronist Spormecker berichtet, daß der erste Geistliche von Neu-Lünen, Johannes Isking, vor den Stufen des Hochaltares bestattet wurde. Isking starb im Jahre 1366, also bald nach der Weihe der Kirche. Die Daten der erhaltenen oder wenigstens dokumentierten Steine zeigen, daß im Innern des Gebäudes Begräbnisse bis in das späte 18. Jahrhundert stattgefunden haben. Mit der Herrichtung des neuen Gemeindefriedhofes an der Münsterstraße – heute Tobiaspark – fanden die Toten dort ihre letzte Ruhe.

Als geschichtliche Quelle erschließen die Grabplatten manchen Familiennamen, oft die Lebensalter, vielleicht den Beruf eines Verstorbenen , dazu einiges zum zeitgenössischen Brauchtum. So ist im Jahre 1740 der „Hochedle und Hochgelahrte" Ernst Ferdinand Schröder gestorben, im 33. Jahre seines Lebens. Seine Witwe ließ in den Stein meißeln (223):

MEIN SCHROEDER MEINE LUST
WIE BIST DU VERSCHWUNDEN
DA TREUE UNSRE BRUST

SO VESTE HAT VERBUNDEN
WEIL DU MEIN LEBEN STIRBST
SO MAG ICH NICHT MEHR LEBEN
DIE RUH DIE DU ERWIRBST
MACHT MICH IN UNRUH SCHWEBEN
(D)OCH RUH IN GOTTES HAND
GE(NIES)SE DEINER FREUDEN
DER TREUE VESTE BAND
SOL AUCH DER TOD NICHT SCHEID(EN)
ICH HERZE DICH HERNACH
IN DER VERKLÄRTEN ZA(HL)
DAS WÜNSCH ICH TAUSENDFACH
(DEI)N LIEBESTES EHGMAHL

Auf anderen Steinen stehen Familiennamen, die wir mit Burgen und Schlössern in Verbindung bringen können. Damit leiten sie zu einem Thema über, das uns noch beschäftigen wird.

Anmerkungen zur Ausstattung

Zum Denkmal St. Georgkirche gehört auch die Ausstattung. Sie zeigt am deutlichsten den Fortgang der Zeit, die Veränderungen, während das Gebäude doch immer ein gotischer Sakralbau geblieben ist. So sind die ersten erhaltenen Ausstattungsstücke noch in spätgotischer Zeit entstanden, während Kanzel und Bänke dem Historismus der Jahrhundertwende angehören. Mit der Einrichtung des Gotteshauses liegen uns also Urkunden vor, die etwas von der über 600jährigen Gemeindegeschichte erschließen. Dabei wird der Wandel in den künstlerischen Mitteln deutlich.

Die künstlerische Ausstattung soll nicht vollständig vorgestellt werden, das ist bereits in der Festschrift *600 Jahre Sankt Georg Lünen* umfassend geschehen (224). Um dem Denkmal St. Georgskirche in seine vielen Facetten einigermaßen gerecht zu werden, sollen hier doch einige Anmerkungen folgen:

Besucher der Kirche erblicken in den Gewölbekappen des Mittelschiffes zwei szenische Darstellungen, die Anfang und Ende der Heilsgeschichte zeigen: den Sündenfall und das Weltgericht. Fragmentarische Malerei ist bei näherem Hinschauen auch an den Wänden zu erkennen. An der Nordwand sind die Figuren der Heiligen Ursula und des Heiligen Stephanus, im Chor ist das Bild einer Apostelgruppe erhalten geblieben. Die biblischen Darstellungen an Wänden, Gewölben und im Glas der Kirchenfenster hatten einst die Aufgabe, dem Kirchenvolk die christliche Lehre zu vermitteln. In der Stadtkirche St. Georg werden die zur

Lünen-Mitte, Stadtkirche
Eine ältere Pause von der spätgotischen Ausmalung zeigt die Darstellung der Hl. Ursula mit ihren Gefährtinnen sowie des Hl. Stephanus. Ursula hält die Pfeile der Hunnen, mit denen sie getötet wurde, und Stephanus trägt auf einem Buch Steine als Hinweis auf seinen gewaltsamen Tod.

Lünen-Mitte, Stadtkirche
Der spätgotische Taufstein wurde vermutlich um 1500 aus Baumberger Sandstein geschaffen. Seine Oberfläche ist plastisch stark ausgebildet, die Grundform des Kelches ist jedoch erkennbar. Der hochgewölbte Deckel ist ein künstlerischer Beitrag der letzten Nachkriegszeit. Auf dem Rand steht der Taufbefehl nach Matth. 28, 19: Gehet hin und lehret alle Völker (...).

Verfügung stehenden Flächen daher weitgehend ausgemalt gewesen sein. Später war die Ausmalung über einige Jahrhunderte vollständig überdeckt. Bei den Renovierungen der Jahre 1902-08 sind die heute vorhandenen Bilder unter einer Tünche von 1605 aufgetaucht, zusammen mit weiteren Darstellungen, die aber nicht erhaltbar waren. Im Jahre 1956 wurde eine weitere Bestandssicherung vorgenommen.

Die erhaltenen Reste der Gewölbe- und Wandmalerei (225) weisen in den Beginn des 16. Jahrhunderts, als die Kirche nach den großen Schäden, die das Erdbeben von 1504 angerichtet hatte, wieder instandgesetzt wurde. Der kunstgeschichtliche Befund bestätigt diese Zeitstellung, da die Ausführung erkennen läßt, daß hier die Gotik endete und die Schwelle zur Renaissance erreicht war. Lünen St. Georg zeigt dabei Parallelen zur kölnischen Kunst jener Zeit. Der Darstellung des Jüngsten Gerichtes weist die Wissenschaft einen hohen Stellenwert zu.

Bedeutendstes Kunstwerk der St. Georgskirche ist der spätgotische Flügelaltar, wohl aus der Zeit um 1470. Ihm gilt bis heute immer wieder die kunstgeschichtliche Zuwendung und das denkmalpflegerische Bemühen: In seiner wechselvollen Geschichte war sein Bestand mehrfach gefährdet, und heute setzen Raumluft und Umwelteinflüsse seinen Tafeln zu. Der Altar ist wohl die Gemeinschaftsarbeit einer Gruppe von Künstlern, die der Umgebung des Meisters von Liesborn entstammen. In den beiden Außentafeln sind Sankt Georg als Hauptpatron und Johannes den Täufer als Nebenpatron der Kirche dargestellt.

Die in der Form eines großen U angeordnete Empore und der prächtige Orgelprospekt an der Turmseite prägen den rückwärtigen Teil des Kirchenraumes. Mit den ausgewogenen Proportionen und den schmückenden Schnitzereien läßt die Empore die Gedanken- und Formenwelt der Renaissance anklingen. Ein häufig wiederkehrendes Motiv jener Zeit sind die halbkreisförmigen Fächerrosetten, die hier zu einem Fries zusammengefügt, den unteren Rand bilden. Der rückwärtige, westliche Bereich der Empore ist im Schnitzwerk auf 1607 datiert und damit über 50 Jahre älter als die Seiten. Ursprünglich war die Empore auf der Nordseite größer, sie führte weiter nach vorn. Der Grund hierfür ist in der Orgel zu sehen, die bis in das späte 19. Jahrhundert an der Nordwand ihren Platz hatte. Seit 1881 befindet sich der barocke Prospekt, der wohl in der Mitte des 17. Jahrhunderts geschaffen wurde, an seiner heutigen Stelle.

Der spätgotische Taufstein hat einen zentralen Platz im vorderen Bereich des Kirchenraumes. Damit soll seine Bedeutung im kirchlichen Leben hervorgehoben werden. Sein Aufbau entspricht der Form eines Kelches. Über einem ausladenden Sockel erheben sich acht Rundpfeiler, auf denen das achtseitige Becken ruht. Zwischen den Pfeilern ist der Platz für acht steinerne Figuren. Diese sind jedoch verloren gegangen, vielleicht hat es sie aber auch nie gegeben. Oben, auf den acht Seitenflächen des Beckens, sind jeweils paarweise Christus und Maria, die 12 Apostel sowie St. Georg und St. Antonius reliefartig ausgebildet.

Mit dem abschließenden gewölbten Messingdeckel leistete die jüngste Vergangenheit ihren künstlerischen Beitrag zur Ausstattung. Der Bildhauer Karl Erich Görk aus Köln hat ihn 1959 geschaffen.

Burgen und Schlösser

Spurensuche im Umfeld

Das Schloß Schwansbell mit seinen baulichen Anlagen und dem schönen Park ist ein beliebtes Ziel für Spaziergänger und Radwanderer. Das Museum der Stadt Lünen im früheren Ökonomiegebäude zieht zusätzlich Besucher an.

Etwas weiter entfernt, im Ortsteil Lünen-Niederaden, liegt das ehemalige Haus Oberfelde. Die großzügigen Spielflächen werden gern von Familien mit Kindern aufgesucht, die mit dem Fahrrad unterwegs sind. Auf einer kleinen Insel inmitten einer

Lünen-Horstmar, Schwansbell

Der aus der langen Backsteinfront des ehemaligen Wirtschaftsgebäudes vortretende Giebel ist lebhaft gegliedert und reich geschmückt. Die Lisenen und ein waagerechtes Gesimsband teilen die Fläche in zehn zurückliegende Felder mit den Fenstern und der Mitteltür. Ein auffallender Fassadenschmuck entsteht durch die Reihung der kleinen Rundbögen, die auf Konsolen aus Sandstein ansetzen.

Lünen-Horstmar, Schwansbell

Für das in den Jahren 1872/75 entstandene „neue" Haus Schwansbell sind die wuchtigen flankierenden Ecktürme besonders charakteristisch. Die Loggia im ersten Obergeschoß war viele Jahre zugemauert, darüber erhob sich, statt des Balkons, ein massiver Aufbau. Mit den Restaurierungsarbeiten der 80er Jahre unseres Jahrhunderts konnte der ursprüngliche Zustand zurückgewonnen werden.

Wasserfläche steht das Wahrzeichen der früher selbständigen Ortschaft Niederaden, der sogenannte „Spieker". Zusammen mit dem alten Baumbestand ringsum ergibt sich ein wertvoller kleiner Naherholungsbereich.

Schwansbell und Oberfelde liegen einige Kilometer östlich der Innenstadt, es lohnt aber auch, den Weg in Richtung Westen zu wählen. Wer zum Beispiel mit dem Fahrrad an der Lippe entlang fährt, erreicht in Lippolthausen den Park des früheren Schlosses Buddenburg. Dieser wird dreiseitig von der Lippe umflossen. Seine Struktur ist heute nur noch mühsam mit dem Auge zu erfassen, allenfalls erkennt das geübte Auge noch Ansätze einer ursprünglichen Planung. Hier stand bis vor zwei Jahrzehnten, in der Nachfolge sehr viel früherer Bauten, das Schloß Buddenburg aus dem vorigen Jahrhundert . Etwas entfernt, an der Brunnenstraße, begegnet uns heute mit der alten Schloßmühle das letzte bauliche Zeugnis des ehemaligen Hauses Buddenburg.

Der Vollständigkeit halber sei noch auf einen etwas schaurigen Ort in der Nähe verwiesen, auf das verfallene ehemalige Haus Wilbringen in Waltrop.

Die genannten Orte sind sämtlich eingetragene Bau- und Bodendenkmäler. Sie können uns geschichtliche Zusammenhänge, soweit sie die Stadt Lünen, das umgebende Land oder auch Westfalen betreffen, erschließen. Wir müssen uns dazu aber, ein letztes Mal, dem Mittelalter zuwenden.

Burgmannen

Die Stadt Lünen war, wie wir gesehen haben, eine Grenzstadt mit umfassenden Befestigungsanlagen. In dieser Grenzfestung Lünen gab es dementsprechend im Waffendienst ausgebildete Berufskrieger, die sogenannten Burgmannen (226). Sie hatten die Burg – die Stadt Lünen – im Auftrag des Landesherren zu verteidigen, standen diesem aber auch für offensive Unternehmungen zur Verfügung. Abgeschlossen von der übrigen Bevölkerung, bildeten sie eine besondere Genossenschaft, unabhängig von der bürgerlichen Verfassung. Sie hatten ihrerseits bewaffnete Knechte, sogenannte Gewappnete, zu unterhalten.

Innerhalb der Mauern Lünens erhielten die Burgmannen vom Landesherren Hausstätten als Burgsitze zugewiesen, für die keine Abgaben zu zahlen waren. Über deren frühere Lage in der Stadt Lünen ist heute nichts mehr bekannt, allenfalls können besonders große Parzellen als Hinweis gelten.

Eine Ausnahme gibt es: In einer Karte des Jahres 1716 ist östlich der Langen Straße, südlich der St. Georgskirche, ohne Parzellenschärfe der Standort von Häusern des „Schwanßbels Hoff" verzeichnet (227).

Schwansbell ist ein häufig genannter Name, wenn es um die Burgmannen geht, ebenso wie Frydag (Vridagh) zu Buddenburg. Mit diesen Namen, die uns auch im Zusammenhang mit den Burgen und Schlössern im Umfeld Lünens begegnet sind, hat es folgende Bewandtnis: Die Burgmannen besaßen auch Grund und Boden mit festen Häusern außerhalb der Städte (228). Wenn wir in den Landkarten die Bezeichnungen „Haus Schwansbell", „Haus Oberfelde" oder „Haus Buddenburg" lesen, handelt es sich eben um diese alten Sitze, deren Geschichte oft bis in das 12. Jahrhundert zurückreicht. Die heutigen Denkmäler – das sind die aufstehenden Bauten, topographische Merkmale und Spuren im Boden – lassen uns, zumindest im Ansatz, die Entwicklung vom frühen Wehrbau bis zum Schloß des 19. Jahrhunderts nachvollziehen.

Schloß Schwansbell und der englische Landschaftsgarten

Die Gesamtanlage des Schlosses Schwansbell umfaßt mehrere Baulichkeiten und einen schönen Park. Im Norden schließt unmittelbar die Seseke an, ein heute kanalisierter, in hohe Deiche gefaßter Fluß, der in der Geschichte eng mit Schwansbell verbunden ist. Der Besucher kommt heute zunächst auf einen breitgelagerten Ziegelbau zu, die frühere Ökonomie. Ein Querhaus in der Mitte präsentiert seine Giebel risalitartig zur Vorder- und Rückfront, die Kreuzung der Firste wird von einer Dachlaterne gekrönt. Die Fassaden sind reich gegliedert und geschmückt. Das

Lünen-Horstmar, Schwansbell

Auf einer Gräfteninsel erhob sich bis in das 19. Jahrhundert das mittelalterliche Haus Schwansbell. Nach dem Abbruch wurde die Insel in den neu angelegten englischen Landschaftsgarten einbezogen. Über dem alten Rundturm erhebt sich seitdem ein gußeiserner Pavillon, ein Produkt der heimischen Eisenindustrie des 19. Jahrhunderts.

frühere Wirtschaftsgebäude stammt aus der Mitte des vorigen Jahrhunderts. Nach dem Brand der vorherigen Ökonomie wurde es 1854 *in einem guten Geschmacke*, wie es in einer zeitgenössischen Quelle heißt, errichtet (229). Heute beherbergt es das Museum der Stadt Lünen und das Schloßrestaurant.

Das eigentliche Schloßgebäude mit seinen flankierenden zinnengekrönten Türmen vermittelt etwas von der Romantik einer Ritterburg. Aber auch der baugeschichtlich nicht so versierte Betrachter wird als Bauzeit bald das 19. Jahrhundert vermuten. Zu Recht, das neue Schloß entstand in den Jahren 1872–75 etwas südlich des alten Haupthauses, das in der Folge abgebrochen wurde. Die Gestaltung des Schlosses knüpft an das Beispiel englischer Landhäuser an, wie sie dort bereits im 18. Jahrhundert im Sinne einer gotischen Auffassung entstanden waren (230). Im 19. Jahrhundert breitete sich diese Bauweise auch auf dem Kontinent stärker aus. Heute beherbergt das Schloß Dienststellen der Stadtverwaltung.

Beim Verlassen des Schlosses wird der Blick durch eine kleine Baumallee geleitet – eigentlich in die Ferne, wenn der grüne Hügel einer ehemaligen Mülldeponie nicht im Wege stünde. Innerhalb des Parkes tritt dann an einigen Stellen der Baumbestand zurück, um lichte, grasbestandene Räume zu bilden. In diesen Lichtungen kann zum Beispiel ein stattlicher Einzelbaum nach allen Seiten seine Wirkung entfalten, an einer Stelle begegnet uns die Schleife eines Gewässers, dem Mäander eines kleinen Flusses ähnlich.

Die Beschreibung läßt die Idee eines englischen Landschaftsgartens anklingen (231), nach dessen Regeln Natur und Welt im Kleinen neu geschaffen wurden. Mit „natürlichen" Mitteln wurde die Landschaft nach dem Willen des Gestalters geformt. Bei den erhaltenen oder wenigstens dokumentierten Beispielen dieser Gartenbaukunst, öffnen und schließen sich Räume, wechseln Durchblicke, werden grenzenlose Ausblicke möglich. Knorrige Bäume, Felsen und Grotten treten ins Blickfeld, manchmal auch Einsiedeleien oder gotische Ruinen. Mit der umgebenden Landschaft setzt sich der ideale englische Park wie selbstverständlich fort. So sind zum Beispiel aufstehende Wälder, ein Dorf, pflügende Bauern oder auch eine Fabrik mit rauchendem Schornstein in den Erlebnisbereich des Parkes einbezogen.

Die Verbreitung dieses Gartenideals im Deutschland des 19. Jahrhunderts ist wesentlich Hermann Fürst Pückler zu Muskau zu verdanken, der in England die kunstvollen Parks studiert hatte. Auf seinen Gütern hinterließ er eigene Schöpfungen, dazu verfaßte er seine berühmten *Anmerkungen über Landschaftsgärtnerei* (232).

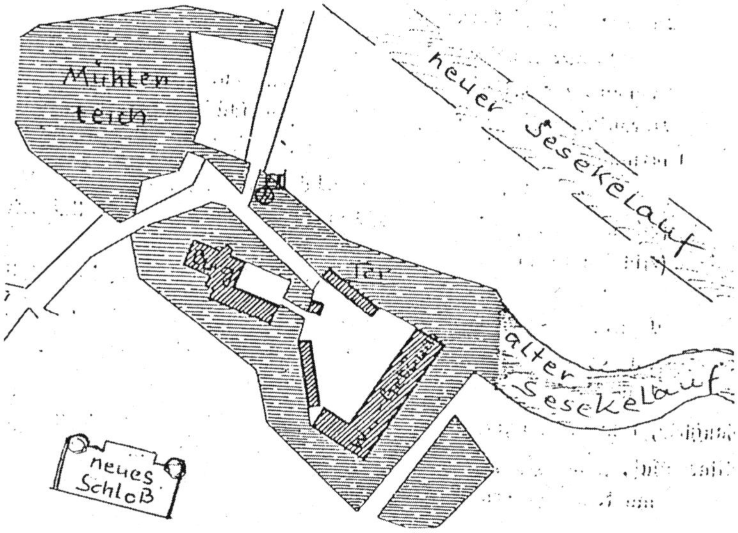

Lünen-Horstmar, Schwansbell

Das Urkataster läßt die ursprüngliche Teilung in eine Vor- und Hauptburg, beide in einer Erweiterung der Seseke gelegen, gut erkennen.

In Schwansbell sind die Merkmale der Gestaltung, die mit Fortschreiten des 19. Jahrhunderts sicher auch zu einer Mode wurden, nur in bescheidenem Maße vorhanden. Es gibt auch einen wesentlichen Widerspruch: In Schwansbell wurde der Park schon bald, vielleicht mit seiner Anlage, von einer Ziegelmauer umgeben (233). Ein trennendes Element dieser Art widerspricht dem Gedanken eines englischen Landschaftsgartens völlig.

Zum Schloßpark Schwansbell gehört auch eine baumbestandene Insel, die sich einen knappen Meter aus der umgebenden Wasserfläche erhebt. Eine schön geschwungene Brücke führt hinauf. Über dem Ansatz eines runden Turmes, der etwas höher aus dem Wasser ragt, erhebt sich ein gußeiserner Pavillon. Die eiserne Brücke und der Pavillon sind Produkte der heimischen Industrie des 19. Jahrhunderts. Die Insel aber weist in frühere Zeiten.

Wasserburgen

Mit der Gräfteninsel haben wir nun den Standort des ehemaligen Hauses Schwansbell vor uns. Alte Fotos und Karten lassen den Aufbau erkennen (234): Aus dem Wasser der Gräfte erhoben sich zwei Gebäudeflügel von jeweils zwei Geschossen und zwar ein breiterer Haupttrakt im Norden und ein langgestreckter, schmalerer Baukörper im Süden. Ein hohes Krüppelwalmdach über allen Gebäudeteilen wirkte vereinheitlichend. Die massiven Außenwände waren verputzt. Aus der Nordfassade trat ein runder Turm hervor, dessen Fuß heute noch Bestandteil der Insel ist.

Im Nordosten sparte die Bebauung eine rechteckige Hoffläche aus. Die alten Karten zeigen, daß hier die Verbindung zu einer anderen Insel, zur Vorburg mit den Wirtschaftsgebäuden, bestand (235). Demnach war das alte Haus Schwansbell also ein mehrteiliger Komplex, bestehend aus einer Burg, die mit ihren Gebäuden direkt aus dem Wasser aufstieg, und einer Vorburg mit der Ökonomie. Beide Inseln lagen gemeinsam in einer großen Wasserfläche, seitlich des damaligen Sesekelaufes.

Ursprünglich waren Burgen reine Wehrbauten (236). Sie hatten die Aufgabe, einen Feind abzuwehren, indem sie ihn zunächst einmal fernhielten. Das geschah durch Absonderung, durch eine Trennung des zu sichernden Ortes vom umgebenden Land. Im Bergland konnte man dementsprechend eine Höhenburg auf einen Bergkegel setzen, in der Ebene war Wasser das geeignete Mittel der Absonderung. In der Frühzeit wählte man wohl zunächst eine Flußinsel oder eine entsprechende Halbinsel als Standort aus. Der Schritt zu einem künstlich ausgeworfenen Ring von Gräben war dann nicht sehr groß. Es ist zu vermuten, daß auch in Schwansbell eine natürliche Lagegunst bestand, die bei der Anlage der Burg genutzt werden konnte.

Die ersten Burgbauten bestanden aus Holz, später wurde Fachwerk mit Füllungen aus Flechtwerk und Lehm, dann auch aus Ziegelsteinen errichtet. Als an den Kaiserpfalzen, zum Beispiel in Paderborn, der Steinbau üblich wurde, erhielten viele Burgen massive Türme, die im Falle der Belagerung aufgesucht wurden. Eingangstüren zu ebener Erde hatten diese Türme nicht, man mußte außen ein Stück mit Leitern hochsteigen und diese dann einziehen. Bei späteren Erweiterungen wurde der Turm in die Bebauung einbezogen. Auf jeweils eigenen Inseln entstanden später Vorburgen mit den Wirtschaftsgebäuden, wo auch die Burgmannschaft wohnte. Die Hauptburg war vom Land aus nicht direkt zu erreichen, sondern nur über die Vorburg. Zugbrücken sicherten die Übergänge. Wenn auch die früheren Zustände in Schwansbell heute nicht mehr vollständig ablesbar sind, ist doch den historischen Karten zu entnehmen, daß auch hier die Ökonomie auf einer eigenen Insel stand.

Ab dem 12. Jahrhundert ging man beim Burgbau allgemein zum Steinbau über, und etwa ab dieser Zeit pflegten die Ritter sich durch ein „von" nach ihrer Burg zu benennen. So hat es auch wohl Herebordus de Svanesbule getan, von dem eine frühe urkundliche Erwähnung aus der Mitte des 12. Jahrhunderts vorliegt (237). Im Jahre 1713 starb mit Henrich Adolph zu Schwansbell die männliche Linie aus. In den fünf Jahrhunderten zuvor wurden Angehörige der Familie mehrfach als Burgmannen in Lünen in den Urkunden erwähnt.

Schwansbell war demnach ein typisch westfälischer Adelssitz, eine kleine Burg. Ihr Aufbau orientierte sich, wie es üblich war, an den Landes- und Dynastenburgen. Als durchgängiges Merkmal ist dabei die Trennung von Haupt- und Vorburg anzusehen, die auf zwei Inseln in einem gemeinsamen Hausteich liegen (238).

In der Mitte des 18. Jahrhunderts, als der hier beschriebene Aufbau noch vorhanden war, schrieb der westfälische Historiker Diderich von Steinen: *Schwansbell ist ein schöner Rittersitz an der Zesicke, eine viertel Meile von Lünen, nicht weit von der Landstrassen, die von Lünen nach dem Hamm führet, gelegen, und gehöret eine schöne Mühle dazu* (239).

Eine westfälische Wasserburg war auch das Haus Oberfelde in Niederaden. Wo ursprünglich die alte Burg stand, erhebt sich seit etwa 200 Jahren ein spätbarocker Inselpavillon, der sogenannte „Spieker". In barocker Weise gestaltet war auch der Garten des früheren Hauses Oberfelde (240).

Damit haben wir aber schon in eine anderen Zeit erreicht.

Vom Mittelalter in das 19. Jahrhundert – Frühneuzeitliche Spuren und die Denkmäler des Barock

Lünen nach der Verlegung

Das Mittelalter ging seinem Ende zu. Bereits im 14. Jahrhundert entwickelte sich in Europa mit dem Humanismus eine Lebensanschauung, die eine allgemeine, von Traditionen befreite Geistesbildung anstrebte. Der Mensch stand jetzt im Mittelpunkt, er sollte das Maß aller Dinge sein. Gelehrte, Pädagogen und Künstler hingen diesen Gedanken an, dazu selbstbewußte Bürgerkreise. Kritische Geister äußerten sich öffentlich, und in Wittenberg verkündete Luther seine Thesen, ohne daß er die päpstliche Bulle fürchtete (241).

In den italienischen Städten, Republiken und an den Höfen entfalteten sich im frühen 15. Jahrhundert neue Lebens-, Kunst- und Gesellschaftsformen. Dabei hatte die römische und griechische Antike mit ihrer Gedanken- und Formenwelt großen befruchtenden Einfluß. Sie erlebte also eine Renaissance – aber diesen Namen erhielt jener erste Zeitabschnitt nach dem Mittelalter erst im 19. Jahrhundert.

In der Baukunst (242) war die Kraft zur Längsausdehnung und Vertikalität schon in der Spätgotik erlahmt, die Ausbildung

Cappenberg

Das ehemalige Kloster und heutige Schloß Cappenberg ist ein Barockbau von schlichter Strenge. Die Lithographie aus dem 19. Jahrhundert zeigt deutlich seine beherrschende Lage auf der Anhöhe. Eine autoritäre Geste ist in der Bauform durchaus enthalten.

westfälischer Hallenkirchen ist in diesem Zusammenhang zu sehen. Jetzt, in der Renaissance, wurden römische, griechische und byzantinische Bauten zum Vorbild genommen, harmonische Kompositionen und in sich ruhende Formen ohne Höhendrang waren das Ziel. Dabei gelangen durchaus eigenständige Raumbildungen.

Deutschlands Beitrag zur Baukunst der Renaissance ist nicht besonders groß . Außerhalb Italiens gelangen die reinen Formen erst spät, und die deutschen Baumeister beschränkten sich zunächst mit der dekorativen Behandlung von Bestehendem. So wurden zum Beispiel gotische Staffelgiebel mit Voluten verschliffen, ein Motiv, das uns im Historismus der Jahrhundertwende wieder begegnet.

Was geschah in Lünen zu jener Zeit? Am Ende des Mittelalters trug die Stadt noch immer an den Folgen der Verlegung. Zudem hemmte die Grenzlage die weitere Entwicklung, so daß Lünen zu einer kleinen Landstadt herabsank, ohne größere Bedeutung (243). Im Jahre 1575 kam es zu einem Vertrag, der die Rechte an der Altstadt endgültig regelte und die nördliche Grenze Lünens – gleichzeitig die Landesgrenze zum Oberstift Münster – abschließend festlegte. Es wurde besiegelt, daß die Altstadt weiterhin zum märkischen Territorium gehörte, aber gleichzeitig in der kirchlichen Zuständigkeit des Bistums Münster verbleiben sollte. Die Grafen von der Mark wurden im Spätmittelalter auch Herzöge von Cleve. Als eine Folge des jülich-clevischen Erbfolgestreites fiel Lünen im 17. Jahrhundert mit der Grafschaft Mark an das Kurfürstentum Brandenburg. Entsprechend gehörte die Stadt später zu Preußen (244).

Streit und Krieg gab es vom 16. bis in das 19. Jahrhundert häufig, und Lünen hatte fast immer darunter zu leiden. Das begann mit dem niederländischen Unabhängigkeitskampf gegen Spanien, der sich bis hierher auswirkte, und endete 1812–15 mit den Befreiungskriegen. Soweit in Lünen selbst keine Kampfhandlungen stattfanden, bedeutete es doch immer Einquartierung und Ernährung der Truppen. Der Siebenjährige Krieg zum Beispiel schädigte Lünen so, daß die Stadt an seinem Ende noch ganze 779 Einwohner und 182 Feuerstätten zählte (245).

Unter den beschriebenen Bedingungen nimmt es nicht Wunder, daß die großen Strömungen der Baukunst jener Zeit in Lünen kaum ihre Spuren hinterlassen haben. Einige Hinweise gibt es: Die Empore der Stadtkirche Sankt Georg ist mit Ornamenten geschmückt, die in der Renaissance verwendet wurden. Wir sollten in diesem Zuammenhang auch nicht den Stein mit einer Fächerrosette vergessen, der unter einem Fachwerkhaus freigelegt wurde und auf einen möglichen zeitgnössischen Steinbau in Lünen deutet.

Da es aber auf der Basis erhaltener oder dokumentierter Bauten aus Lünen nicht viel zu berichten gibt, wollen wir die Renaissance verlassen und auch den Manierismus überspringen und uns dem Barock zuwenden, einer Kunst- und Kulturepoche, in der sich geänderte gesellschaftliche Bedingungen widerspiegeln.

Kirche und Adel als Bauherrn

Die Gegenreformation blieb nicht ohne Siege und das tridentinische Konzil von 1545 bis 63 formulierte die Abgrenzung zu den Reformatoren. Im 17. Jahrhundert solidarisierte sich die neu gewonnene Macht der Kirche mit den weltlichen Herrschern, die das Gottesgnadentum des Absolutismus daraus ableiteten. Die Kunst dieses Zeitalters aber ist der Barock (246).

Die Gestaltmittel der Baukunst, fortentwickelt aus der Renaissance, entsprechen diesem Hintergrund. Symmetrische Anordnungen und der Ausdruck einer gewissen Strenge vermitteln ein Bild göttlicher Ordnung wie auch weltlicher Herrschaft. Das Bedürfnis nach Repräsentation war weit verbreitet, so daß es zu einer wahren Bauwut kam. „Barock" ist in Wirklichkeit aber viel mehr: Es bezeichnet ein alles durchdringendes Lebensgefühl, zu dem Weltenfreude ebenso gehört wie religiöse Inbrunst mit einer starken Hinwendung zum Jenseitigen. Auch diesem Lebensgefühl verleiht der barocke Bau Ausdruck. Bei aller ordnenden Regelhaf-

Lünen-Niederaden

Der sogenannte „Spieker" ist in Wirklichkeit ein barocker Inselpavillon. Seit etwa 200 Jahren erhebt er sich an der Stelle der mittelalterlichen Burg Oberfelde. Um dem Pavillon ein nobles, massives Aussehen zu verleihen, war er vermutlich von Anfang an vollständig verputzt. Daran anknüpfend ist er Ende der 60er Jahre mit der Sanierung einheitlich ochsenblutrot gestrichen worden.

Lünen-Lippolthausen

Heute wird die ehemalige Schloß-mühle Buddenburg bewohnt. Trotz der ursprünglichen technischen Zweckbestimmung klingt in der Bauform etwas barocke Heiterkeit an. Den Bauern aus Lippolthausen, die hier ihr Korn mahlen ließen, wird das egal gewesen sein.

tigkeit ist er lebhaft gegliedert und plastisch durchgebildet, konkave und konvexe Vorsprünge strukturieren die Fassaden und beziehen den Außenraum mit ein.

Die Architektur stand im Zentrum der Künste, Bildhauerei, Gartenbaukunst und Malerei arbeiteten ihr zu und vollendeten sie. In den Kirchen werden die Bauglieder von der Plastik ergänzt, deren Figuren dann unmerklich in die Deckenfresken übergehen. Dort wird mit Hilfe der perspektivischen Darstellung die Illusion der Unendlichkeit hervorgerufen, was dem Anliegen der barocken Kunst nach Transzendenz entspricht, nach einer über das Universum hinausgehenden Vermittlung zum Jenseits.

Die barocke Architektur nahm in Rom ihren Anfang und breitete sich dann in anderen europäischen Ländern aus. In Frankreich wurde sie im 17. Jahrhundert zu einem eigenen, klassizistischen Barock entwickelt. Die beispielgebende Eleganz des Schlosses zu Versailles und die Ausstrahlung des Sonnenkönigs waren für die Verbreitung im nördlichen Europa ausschlaggebend. Auch in den Niederlanden wurden die italienischen Vorbilder im Sinne einer klassizistischen Auffassung interpretiert und beeinflußten damit, wie die französischen Beispiele, das Baugeschehen in Westfalen.

Kultureller Träger barocker Baukunst und Auftraggeber häufig aufwendiger Bauten waren besonders Kirche und Adel. So war es auch im Raum Lünen.

Der größte Barockbau in der Nähe, das ehemalige Kloster Cappenberg (247), ist von äußerster Schlichtheit. Die Dreiflügelanlage liegt beherrschend über der Lippeniederung. Ein Risalit betont an beiden Fassaden die Mitte des Südflügels. Hofseitig läßt hier das Chronogramm *Deo trI-UnI arChIteCto Magno* (dem dreieinigen Gott, dem großen Baumeister) das Baudatum 1708 erkennen. In der Achse des Eingangs liegt auf der Südseite ein Altan, der einen eindrucksvollen Blick über die Ebene bietet. Die gewaltige Baumasse des heutigen Schlosses Cappenberg atmet etwas vom barocken Geist und erlaubt es, eine Beziehung zu süddeutschen und österreichischen Klöstern herstellen.

Wenden wir unseren Blick nun noch einmal zurück zum ehemaligen Gut Oberfelde in Niederaden. Dort wurde in barocken Formen ein Inselpavillon errichtet, ein Haus also, das allein der Muße dienen sollte. In Lippolthausen jedoch steht mit der alten Schloßmühle ein barockes Gebäude rein technischer Zweckbestimmung.

Die frühere Mühle gehörte zum Haus Buddenburg. Sie ist als Baudenkmal auch ein Zeugnis für die Abhängigkeitsstrukturen, die noch bis in das 19. Jahrhundert das Verhältnis zwischen Grundherren und Bauern bestimmten. Die Höfe der Bauerschaft Lippolthausen mußten hier ihr Korn mahlen lassen, es bestand Mahlzwang.

Bei aller Bescheidenheit der Bauausführung begegnen uns bei der Mühle doch einige barocke Gestaltprinzipien (248). So ist das eingeschossige Fachwerkgebäude über einem hohen Natursteinsockel in strenger Dreiachsigkeit gegliedert. Die Haustür liegt genau in der Mittelachse, darüber erhebt sich ein auffälliges Zwerchhaus mit dem Lastenkran aus der Dachfläche. Malerisch wirken die langen Streben der Fachwerkwände, und der leichte Schwung des Mansarddaches läßt einen Anflug barocker Heiterkeit erkennen. Den früheren Oberteich gibt es nicht mehr, der Unterteich ist aber nach wie vor mit Wasser gefüllt. Mit dem stattlichen Baumbestand und einem Stück alter Landwehr erreichen Ausflügler hier einen kleinen Erholungsbereich inmitten einer imposanten Industriekulisse.

Damit ist schon das Stichwort für die Epoche des Industriezeitalters, das uns auch in Lünen Denkmäler hinterlassen hat, gegeben. Hier soll nur noch nachgetragen werden, daß die Kräfte, die den Barock getragen haben, zum Ende des 18. Jahrhunderts verbraucht waren. Neue Auftraggeber traten in den Vordergrund, denen bürgerliche Bauaufgaben näherstanden. Eine neue Kunstepoche nahm die römische, später auch die griechische Antike zum Vorbild. Derartige Strömungen gab es in der Baukunst schon immer, jetzt wurde diese Auffassung bis etwa 1830 zum anerkannten Prinzip. In Lünen begegnet uns dieser Rückgriff auf die Antike am ehesten im Neo-Klassizismus zu Anfang des 20. Jahrhunderts.

Lippeschiffahrt und Eisenhütten – Denkmäler dokumentieren den Beginn des Industriezeitalters

Die Lippe als schiffbarer Fluß

Im Jahre 1823 machte in Lünen ein großer beladener Nachen fest und wurde von der Bevölkerung lebhaft begrüßt. Erstmalig gelangte in direkter Bergfahrt ein Schiff von Wesel bis hierher (249). Frachtschiffe verkehrten schon vorher auf der Lippe, aber erst mit dem Bau von Schleusen war die störungsfreie Durchfahrt bis Lünen möglich geworden. Bis zum Jahre 1830 wurde die Strecke bis Lippstadt verlängert.

Befahren wurde die Lippe wohl, seit die Menschen gelernt hatten, Boote zu bauen. Die Römer benutzten die Lippe als Aufmarschweg und haben dabei auch Schiffe eingesetzt. Für das Spätmittelalter gibt es Hinweise auf eine Lippeschiffahrt in größerem Ausmaß. So wurden in Dorsten Schiffszölle erhoben, ab 1497 ist dort Schiffsbau belegt (250).

Bis zum Ende des 18. Jahrhunderts wurde immer wieder versucht, die Lippe zu einem durchgehenden Schiffahrtsweg zu gestalten. Diesen Plänen standen viele Hindernisse entgegen. So querten mehrere Mergelklippen die Fahrrinne, dazu auch künstlich geschaffene Wehre für die vielen Flußmühlen. Das größte Hindernis aber erwuchs aus der Kleinstaaterei. Auf seinem Weg zum Rhein berührte der Fluß mehrere Territorien, die alle ihre Zölle erhoben und die auch sonst ein tragfähiges Konzept für einen

Das Modell eines „Dorstener Aak" kann im Rheinmuseum Emmerich besichtigt werden.

durchgehenden Schiffahrtsweg verhinderten. So mußten die Boote, mit denen Salz, Holz, Kohle und Getreide transportiert wurden, mehrmals umgeladen werden, bevor eine Fracht ihr Ziel erreichte. Darüber hinaus gab es auch den Transport im Verbund mit dem Fuhrwerk. Für die notwendigen Zwischenlagerungen waren besondere Stationen eingerichtet, wie der Packhof an der Lippebrücke in Lünen. Erst das dritte Jahrzehnt des 19. Jahrhunderts brachte dann den Durchbruch: Mit zwölf Schleusen, drei Überwinterungshäfen und den strombegleitenden Leinpfaden war die Infrastruktur für einen durchgehenden Schiffsverkehr bis Lippstadt vollständig.

Eine der früheren Schleusen erinnert als Baudenkmal an die Tage der Lippeschiffahrt in Lünen (251). Die Anlage im äußersten Westen des Stadtgebietes, in der Nähe des früheren Hauses Horst, ist heute zwar nicht mehr vollständig erhalten, ihre ursprüngliche Ausdehnung und die Wirkungsweise sind aber noch gut abzulesen. Ein 330 Meter langer Kanal durchsticht hier das Land zwischen einer großen Flußschleife. Durch ein Wehr in dieser Schleife wurde der Wasserstand angehoben. Von der früheren, ehemals fast 50 Meter langen und 6,40 Meter breiten Schleusenkammer ist heute noch das Oberhaupt vorhanden. Seine Backsteinmauern gehen am Durchlaß in Werkstein über, in dem die Führungen eines früheren Doppeltores ausgebildet sind.

Das frühere Dienstgehöft, in dem der Schleusenwärter mit seiner Familie wohnte, wurde vor etwa 20 Jahren abgebrochen. Mit seiner Eingeschossigkeit, dem Krüppelwalmdach und der Gliederung in fünf Achsen entsprach es genau dem Bautyp, den die preußische Bauverwaltung auch an allen anderen Schleusen errichtet hatte.

Vom Aussehen der Schiffe , die auf der Lippe verkehrten, gibt es recht genaue Vorstellungen (252). Bekannt ist der „Dorstener Aak", ein Boot von 39 Metern Länge, sechs Metern Breite und – den Verhältnissen auf der Lippe entsprechend – einem geringen Tiefgang. Das sogenannte „Dorstener Schiff" dagegen war kürzer und gedrungener, aber immerhin trug es eine Last von durchschnittlich 250 Tonnen. Mast, Takelage und die Wohnhütte des Schiffers vervollständigen das Bild der Schiffe, die von Treidelpferden stromaufwärts gezogen wurden.

Die wachsende Konkurrenz der Eisenbahn brachte nach etwa 50 Jahren die Lippeschiffahrt fast ganz zum Erliegen. Die relativ kurze Zeit eines regelmäßigen Schiffsbetriebes ist zunächst, wie geschehen, unter verkehrsgeschichtlichen Gesichtspunkten zu betrachten. Es gibt aber noch einen weiteren Aspekt: Im frühen 19. Jahrhundert, als es die Schleusen noch nicht gab, war der Lüner Bürger Kaspar Diederich Wehrenbold mit der Überwachung des

Lünen-Alstedde

Inmitten von Weiden und Feldern, wie sie heute die Auelandschaft prägen, verweist ein Denkmal auf die frühere Lippeschiffahrt: Von der ehemaligen Schleuse Horst ist das sogenannte Oberhaupt erhalten geblieben. Das aus Natur- und Ziegelsteinen gemauerte Bauwerk war die Haltung des bergseitigen Schleusentores. Von hier aus führt heute noch ein 330 Meter langer Kanal nach Westen, wieder dem Bett der Lippe zu.

Frachtumschlages an den Lippewehren betraut. Bei dieser Tätigkeit entdeckte er abbaufähiges Raseneisenerz in den Böden des Lippetales und suchte um Mutung nach. Nachdem er die Berggerechtsame für den Abbau erhalten hatte, gründete er mit W. von Born und Franz Schulz die Eisenhütte Westfalia (253). Als Standort wurde die frühere Cappenberger Mühle in Wethmar erworben, die ein hinreichendes Wassergefälle aufwies. Die Wasserkraft wurde benötigt, um den für die Verhüttung notwendigen Wind zu erzeugen.

Bald brachten die Schiffe auf der Lippe die Erze bis an den Hochofen. Die fertigen Produkte aus Gußeisen wurden ebenfalls als Schiffsfracht bis nach Belgien und in die Niederlande transportiert. Das Industriezeitalter hatte begonnen.

Mit den Hütten hält die Industrie Einzug

Der Landschaftsmaler Johannes Franciscus Christ durchwanderte im frühen 19. Jahrhundert mehrmals das Land zwischen Ruhr und Lippe. In seinem 1835 veröffentlichten Tagebuch berichtete er von einem Besuch in Lünen:

Schon am Vormittag kamen wir in Lünen an. Es ist ein kleines Städtchen von vielleicht ein paar tausend Einwohnern, an der Lippe gelegen, einem kleinen Flüßchen, das von Lippstadt bis Wesel, wo es in den Rhein mündet, mit Hilfe von Schleusen schiffbar ist. An dem rechten Ufer der Lippe liegt eine Ansiedlung, die Altstadt geheißen, die früher die eigentliche Stadt war. Diese hatte früher Tore, von denen noch einige Überreste vorhanden sind. Fabriken oder Handel habe ich nicht sehen können. Die Einwohner leben meist von der Landwirtschaft [...] (254).

Das beschriebene Bild änderte sich im Verlauf der folgenden Jahrzehnte. Mit einigen Denkmälern der Industriegeschichte hat diese Entwicklung ihre Spuren hinterlassen.

Lünen-Mitte, Villa Potthoff

Von der ehemaligen Luisenhütte von Potthoff und Flume ist als bauliches Zeugnis die Villa Potthoff verblieben. Die breitgelagerte Baumasse läßt heute noch das Selbstverständnis eines „Fabrickherrn" zur Zeit der Jahrhundertwende erkennen.

Auf der Dortmunder Straße, noch in der heutigen Innenstadt, fällt ein markantes Gebäude auf. Ungewöhnlich ist vor allem ein polygonaler, aus der Vorderfront tretender Turm mit Welscher Dachhaube. Die Fassaden des lebhaft gegliederten Baukörpers sind in Sichtmauerwerk aus rotem Backstein ausgeführt, im Obergeschoß kommen Putzfelder hinzu, und den Bereich des Dachgeschosses verziert ein malerisches Fachwerk (255).

Ältere Bürger kennen das Gebäude unter dem Namen „Villa Potthoff ", und sie kennen auch noch die unmittelbar dahinter anschließende Luisenhütte von Potthoff und Flume. Am Anfang der Moltkestraße standen bis in die siebziger Jahre unseres Jahrhunderts anstelle des heutigen Luisenhüttencenters die Häuser mit den Werkswohnungen der Hütte. Die Fabrik wurde inzwischen ausgelagert, an ihrem früheren Standort erstreckt sich heute das Wohngebiet Lippeaue. Geblieben ist die Villa des Fabrikanten Wilhelm Potthoff, die in den ersten Jahren unseres Jahrhunderts gebaut wurde. Es ist das Haus eines „Fabrikherren" geworden, wie es das Ruhrgebiet jener Zeit vielfach hervorgebrachte. Der Turm zeigt Anklänge eines Schlosses, und ein solcher Rahmen galt durchaus als angemessen. Das Gebäude wurde aber nicht in ländlicher Abgeschiedenheit errichtet, sondern – aus praktischen Gründen – direkt neben dem Werkstor.

Die Luisenhütte wurde 1853 gegründet. An der schiffbaren Lippe waren die Bedingungen gut, da die Schiffe auf der Bergfahrt Roheisen sowie aus Haltern Formsand herbringen konnten (256). Schon mit Gründung der Eisenhütte Westfalia im Jahre 1826 hatte, wie bereits gesagt, die Entwicklung zu einer Eisenindustrie eingesetzt. Die „Lüner Hütte" von Ferdinand Schultz u. Co. sowie die Eisengießerei Fluhme und Lenz kamen noch im 19. Jahrhundert als weitere Firmengründungen hinzu.

Die Wohnhäuser der letztgenannten Fabrikanten, die „Villa Lenz" und die „Villa Fluhme", entstanden an der Erzbergerstraße, als um die Jahrhundertwende die Altstadt allmählich wieder bebaut wurde. Große, parkähnliche Gärten mit schönen Bäumen rahmen die Häuser. Der Ziegelbau des Ingenieurs Franz Lenz (später mehrere Jahrzehnte Arztpraxis) zeigt viele schmückende Details (257). Im Obergeschoß sind Felder mit farbigen Keramikplatten in das Mauerwerk der Fassade eingelassen. Ein derartiger Fassadenschmuck war seinerzeit beliebt, jedoch ist in Lünen kein weiteres Beispiel mehr vorhanden (258). Über dem polygonalen Erker des Erdgeschosses ist ein Balkon ausgebildet, dessen eiserne Brüstung und Überdachung sicher im eigenen Werk entstanden.

Die Lüner Gießereien produzierten Artikel vielfältigster Art (259). Große Nachfrage bestand in den aufstrebenden Regionen nach Kanalguß, Hochbauartikeln wie Säulen und Balkonen, nach Pumpen und Dampfmaschinen. Dazu wurden Töpfe fabriziert, Pfannen und viele Arten von Öfen. Vieles gelangte als Export ins Ausland, aber manches Produkt aus der heimischen Eisenindustrie begegnet uns heute an den Baudenkmälern, zum Beispiel in der Form gußeiserner Schaufensterrahmungen.

Aufgrund der aufgezeigten Entwicklungen stieg die Einwohnerzahl im 19. Jahrhundert kräftig an. Zunächst kamen Facharbeiter aus dem Hunsrück und von der Saar nach Wethmar und arbeiteten auf der Eisenhütte Westfalia als Former. Die Westfalen nahmen die Fremden mit Zurückhaltung auf, so daß diese ein ausgeprägtes Gruppenleben auf der Hütte entwickelten (260). In Lünen, Wethmar gehörte noch nicht dazu, lebten in der Mitte des

Lünen-Wethmar

Das frühere Produktionsgebäude der Eisenhütte Westfalia – heute enthält es die Werkskantine – wurde in wehrhaft-mittelalterlichen Formen gebaut. Die historistische Architektur entsprach dem Zeitgeist des 19. Jahrhunderts; die Stilwahl folgte aber auch dem Selbstverständnis eines damals aufblühenden Wirtschaftzweiges.

Jahrhunderts etwa 2500 Personen, im Jahre 1900 waren es über 8000.

Als eine Folge der Entwicklungen begann man ab 1821 mit dem Ausbau der Landstraßen, und vom Jahre 1853 heißt es, die Straße von Lünen nach Kamen sei zur „Kunststraße" umgestaltet worden (261). Seit dem Jahre 1874 ist Lünen eine Station an der Eisenbahnlinie von Dortmund nach Gronau und Enschede.

Um diese Zeit wurden in Gahmen und Horstmar die ersten Versuche unternommen, mit Tiefbauschächten das Steinkohlengebirge zu erreichen.

Lünen-Mitte, Altstadt

Die filigrane Balkonbrüstung und die feingliedrige Tragekonstruktion der Überdachung sind Erzeugnisse, wie sie von der hiesigen Eisenindustrie besonders im 19. Jahrhundert gefertigt wurden. Plastisch ausgeformte Ziegeldetails und farbige Keramikfelder bilden den reichen Fassadenschmuck.

Der Bergbau prägt den Lipperaum – Siedlungen als Denkmäler des Kohlenreviers

Der Ortsteil auf „Klöters Feld"

Wo sich heute der Ortsteil Lünen-Süd erstreckt, waren bis zur Jahrhundertwende noch Wald und Weideland. Hier, auf „Klöters Feld", weidete vom Mittelalter bis zur Realteilung der Marken das Vieh Lüner Ackerbürger und der Bauern aus den umgebenden Bauerschaften.

In den siebziger Jahren des vorigen Jahrhunderts wurden im Raum des heutigen Lünen, in Gahmen und Horstmar, die ersten Schächte für ein Bergwerk niedergebracht (262). Bei 275 beziehungsweise 237 Metern Teufe mußten die Arbeiten wegen der großen einströmenden Wassermengen aufgegeben werden. 20 Jahre später war die Harpener Bergbau Aktien-Gesellschaft dann erfolgreich: Die Zeche Preußen I in Gahmen nahm 1895 die Förderung auf, etwas später, im Jahre 1903, auch die Schachtanlage Preußen II in Horstmar.

Der Bergbau benötigte viele Arbeitskräfte. Auf den Preußenzechen zum Beispiel arbeiteten 1897 schon 1000 Bergleute, 1908 waren es rund 3400 (263). In den Anfangszeiten des Bergbaus wurden zunächst die heimischen Bauernsöhne, die Kötter und Tagelöhner als Grubenarbeiter angelegt, später gab es Zuwanderungen aus ganz Westfalen und aus den benachbarten Regionen. Spätestens seit dem ausgehenden 19. Jahrhundert strömten, oft den Versprechungen der Werber folgend, große Massen Arbeitsuchender ins Ruhrgebiet (264). Die unwürdigen Lebensbedingungen ließen die Arbeiter ins Proletariat absinken. Dieser Prozeß fand in der großen Fluktuation am Arbeitsplatz und im Wohnbereich seinen Ausdruck (265).

Für die Bergwerke und Hütten wurde der Bau von Wohnungen eine Existenzbedingung. Hier war das Mittel gefunden, eine mit den Flözverhältnissen vertraute Stammbelegschaft an den Betrieb zu binden (266). Darüberhinaus verfolgten die Unternehmer -bei Krupp wird das besonders deutlich- auch gesellschaftspolitische Ziele. Willy Hahn, der 1913 in der *Bau-Rundschau* einen Aufsatz über die gerade fertiggestellte „Viktoria-Kolonie" in Lünen veröffentlichte, drückt das so aus: *Unter den Gründen, die unsere deutsche Großindustrie bewogen haben, die Wohnungsfürsorge selbst in die Hand zu nehmen, ist der gewichtigste Grund wohl der gewesen, sich eine dauernde gute Arbeiterschaft zu sichern, die durch tiefere Interessen, als sie das einfache Lohnverhältnis er-*

Lünen-Süd

Häuser des gleichen Typs sind vielfach aneinandergereiht und bilden so die Kolonie. Die für unsere Bergarbeitersiedlungen typischen Platanen nehmen den Rythmus der Reihung auf.

zeugt, mit dem Werk verknüpft ist (267). Die Wohnungsfürsorge der Firma Krupp, so schrieb er weiter, *hat als einen Erfolg zum Beispiel die geringe Beteiligung Krupp'scher Arbeiter bei großen Streiks zu verzeichnen.* Der Vorteil einer Werkswohnung war sicher auf beiden Seiten, allerdings schränkte die Koppelung von Arbeitsverhältnis und Wohnverhältnis die Selbstbestimmungsmöglichkeiten der Arbeiter sehr stark ein (268).

Der wachsende Bedarf an Arbeitskräften führte zum Bau sehr vieler Wohnungen. So entstanden schematisch angelegte Siedlungen, sogenannte Kolonien , ohne besondere gestalterische Überlegungen. Gleichförmige Arbeiterwohnhäuser reihten sich an den planmäßig angelegten Straßen. Die so beschriebene einfache Zweckform einer Siedlung war nach der Jahrhundertmitte, im Zeitraum zwischen 1850 und 1870, besonders verbreitet worden. Gegen städtebauliche Reformbewegungen zeigten sich die Siedlungen ziemlich resistent, so daß derartige Kolonien noch bis zur Jahrhundertwende gebaut wurden (269).

So war es auch in Lünen-Süd: Zwischen 1898 und 1900 entstanden hier 52 Häuser mit Arbeiterwohnungen für die Preußenzechen (270). Einer Anfrage der Bergwerksgesellschaft aus dem Jahre 1900 entsprechend sollte die Kolonie offensichtlich später noch vergrößert werden, das Prinzip der schlichten Reihung hätte die Erweiterung ohne Brüche zugelassen. Die Absicht wurde aber nicht weiter verfolgt, weitere Aktivitäten betrafen andere Vorhaben, zum Beispiel die Kolonie Oberbecker.

Eine Ansiedlung dieser Größenordnung, besonders außerhalb bebauter Ortschaften, begründete die Notwendigkeit vielfältiger Einrichtungen zur Versorgung der zugezogenen Menschen. Nach einem preußischen Gesetz über die Gründung neuer Ansiedlungen waren demnach Zahlungen zur Regelung der Gemeinde-, Kirchen- und Schulverhältnisse vorgesehen (271). Damit sollten die Bauherren an den Folgekosten einer privaten Baumaßnahme beteiligt werden. In Lünen-Süd wurde hierfür ein Betrag von 450 Mark je Haus festgesetzt, dessen Belegung allerdings auf drei Familien beschränkt wurde. Von den Geldern erhielten nun für die Schaffung und Ausstattung kirchlicher und schulischer Einrichtungen: die evangelische und die katholische Kirche je 10 %, die evangelische Schulgemeinde 35 % und die katholische Schulgemeinde 45 %. Die Bauherrin hatte auch für die Errichtung einer Polizeistation mit Arrestzellen in der Nähe der Kolonie zu sorgen und auf Dauer das Gehalt eines Polizeisergeanten von 1000 Mark jährlich bei freier Wohnung zu zahlen. Letzteres entsprach einem Angebot der Zechengesellschaft vom 6. Juli 1898 auf Gehaltszahlung für einen *Polizeiexekutivbeamten nach unserer Wahl* (272).

Mit Errichtung der Kolonie entstanden viele öffentliche Einrichtungen: Im Jahre 1902 wurde die evangelische Pestalozzi-Schule gebaut, 1903/04 die katholische Wilhelm-(heute Overberg-)Schule. Die katholische Kirche „Heilige Familie" entstand in den Jahren 1903/04, die evangelische Preußenkirche 1907/08. Ab 1905 gab es auch eine Straßenbahnverbindung nach Lünen und Dortmund, private Geschäftslokale, Wirtshäuser, eine Apotheke und auch der Friedhof entstanden im gleichen Zeitraum (273).

So entstand auf „Klöters Feld" innerhalb weniger Jahre ein voll ausgestatteter Ortsteil der Stadt Lünen. Lünen-Süd – der Name setzt sich ab 1900 durch – hatte demnach eine ähnliche Entwicklungsgeschichte wie die früher selbständigen Gemeinden Horstmar und Brambauer. Der schon zitierte Willy Hahn konnte als Zeitgenosse derartige Entwicklungen im ganzen Kohlenrevier beobachten. Er schrieb: *So wird die Großindustrie zur Städtegründerin, besonders wenn sie fern von der Stadt liegt. Das ist im Verhältnis besonders bei den Zechen der Fall* (274).

Die Kolonie Ziethenstraße

Mit der Siedlung „Ziethenstraße" nahm die Entwicklung des Ortsteiles Lünen-Süd ihren Anfang. Die nun 90 Jahre alte Kolonie (275) bildet ein Rechteck zwischen der Jäger- und der Sedanstraße. Parallel dazu verläuft als Mittelachse die Ziethenstraße, die querende Saarbrücker Straße hat keinen eigenen Hausbestand. Für die alleeartige Breite der Ziethenstraße, die der Siedlung den Namen gibt, findet sich eine Erklärung in den Auseinandersetzungen, die zwischen der Stadt Lünen und der Bauherrin um die Straßenbreite geführt wurden (276). Demnach hatte man wohl zunächst geplant, der Straße eine größere Verkehrsbedeutung zu geben, indem man sie an den Enden mit dem öffentlichen Straßennetz verbinden wollte. Die Entwicklung des Ortsteiles verlief dann letztlich anders, und die Verbindung kam nicht zustande.

In der Kolonie „Ziethenstraße" wird durch Reihung ein einheitlicher Haustyp stets wiederholt. Die Ziegelbauten – Ziegelsteine waren Nebenprodukte der Zechen – sind traufständig den Erschließungsstraßen zugeordnet. Über einem hohen Sockel erhebt sich ein Wohngeschoß, darüber ein Dachgeschoß mit Kniestock. Die Fassaden sind fünfachsig gegliedert, der Hausflur mit dem Eingang in der Mittelachse ist durch einen leichten Vorsprung in der Fassadenfläche betont. Schmückende, in Ziegel ausgeformte Gesimsbänder gliedern die Außenflächen.

Jedem Wohnhaus ist auf der Rückseite, hinter einer Stallgasse, ein Stallgebäude zugeordnet. Die ursprüngliche zweigeschossige Form, bei der sich über den vier Ställen die Futter- und Heuböden unter einem Pultdach befanden, ist nur noch in einem Teilbereich vorhanden, darüber hinaus wurden die Obergeschosse abgetragen. Ursprünglich waren jedem Stallgebäude seitlich Klohäuschen angeflügelt, auf der Rückseite lagen die Dunggruben an einer Gasse.

Über das äußere Erscheinungsbild der Kolonie in dem sich entwickelnden Ortsteil Lünen-Süd gab es von Anfang an unterschiedliche Auffassungen. Der städtische Baubeamte versuchte den bestehenden Ortsstatuten Geltung zu verschaffen (277). Diese orientierten sich an bürgerlichen Wohnquartieren und schrieben vor, die Freiflächen vor den Häusern als Vorgarten mit Zierrasen zu gestalten. Als Einfriedung waren niedrige Mauern mit aufstehen-

Lünen-Süd

Die Fassaden der an sich einfachen Häuser sind durchaus qualitätsvoll gestaltet und mit Details im Ziegelmauerwerk reich geschmückt. Bäume, Sträucher und das Angebot des kleinen Gartens sind positive Merkmale des Wohnumfeldes.

den Staketzäunen anzulegen. Die Eigentümerin wollte dagegen Kosten sparen und dachte gleichzeitig, wohl aus der Erfahrung mit anderen Kolonien, auch praktisch: Am 7. Juli 1900 schrieb die Bergwerksgesellschaft an die Stadt Lünen, daß die *[...] Vorplätze der inneren Straßen ganz hübsche Gärtchen abgeben und es im Interesse der Arbeiter liegt, wenn sie ein kleines Gärtchen direkt am Hause haben können, wie auch das Aussehen der ganzen Colonie hierdurch nur gewinnt, da die offenen Rasenplätze auf Dauer doch nicht in Ordnung gehalten werden können.*

Damit setzte sich die Eigentümerin letztlich für den Bereich der ganzen Kolonie durch, so daß überall einfache Lattenzäune errichtet wurden, hinter denen Gärten entstanden. Diese Nutzung hielt bis in die fünfziger Jahre an. In der Zwischenzeit waren vor den Häusern so viele Schuppen, Buden und Drahtverschläge für Hühner errichtet worden, daß die Stadt Lünen hier das Straßenbild beeinträchtigt sah (278). Jetzt legte man Zierrasen an, und zur Einfriedung wurden Ligusterhecken gepflanzt.

An der Saarbrücker Straße konnte der städtische Baubeamte seinerzeit seine Auflagen durchsetzen. Hier hatte die Stadt Lünen schon 1898 gefordert, die Stallgassen und Zwischenräume *mittels Einfriedungsmauer und darin befindlichem undurchsichtigem Thor* zu schließen. Damit wurde der Zweck verfolgt, so eine Begründung von 1900, *die hinter den Häusern liegenden Hofräume, Stallungen und Düngergruben den Blicken der Fußgänger zu entziehen* und *der Anlage ein besseres Aussehen zu verleihen.*

Vom Wohnen in der Kolonie

Beim ursprünglichen Grundriß eines Siedlungshauses war der Hausflur gleichzeitig der Wohnungsflur. Je Etage konnten zwei Wohnungen erschlossen werden, die sich links und rechts des Flures befanden. Der Eintretende gelangte zunächst in die Küche, dahinter befand sich eine Stube. In der Mittelachse des Flures, und von diesem auch direkt zugänglich, befand sich je Etage ein weiteres Zimmer, das bei Bedarf der linken oder der rechten Wohnung zugeordnet werden konnte, die entsprechenden Türöffnungen waren von vorneherein vorhanden (279). Mit dieser Aufteilung entsprachen die Wohnungen einem Standard, wie er in der Mitte des vorigen Jahrhunderts unter Einfluß bürgerlicher Wohnvorstellungen für Arbeitersiedlungen üblich war. Trotz einiger Verbesserungen gegenüber noch älteren Grundrißlösungen ließ dieser Zuschnitt wenig Raum für eine private Sphäre. Das galt besonders, wenn zusätzlich Kost- oder Quartiergänger aufgenommen wurden.

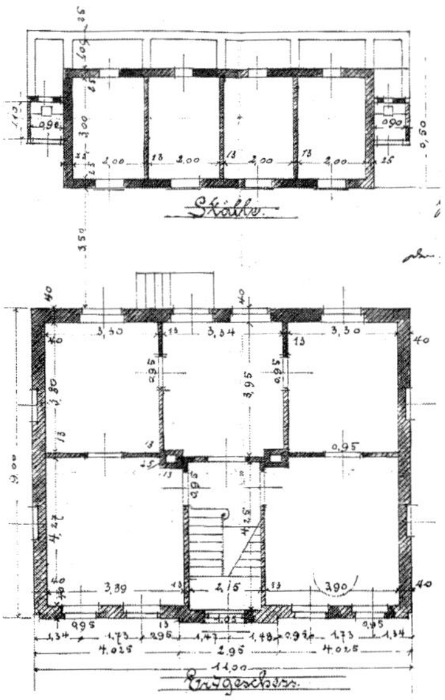

Lünen-Süd

Der Grundriß läßt gut erkennen, auf welche Weise die oft praktizierte Belegung mit vier Familien vorgenommen wurde: Je Etage bilden die äußeren beiden Zimmer eine Wohnung, das Mittelzimmer wird wahlweise der linken oder der rechten Familie zugeschlagen. Entsprechend gibt es auch vier Ställe, vier Dunggruben und für je zwei Familien ein Klo.

Die Grundrisse ließen vier Wohnungen in jedem Haus zu, es gab ja auch vier Ställe und vier Vorratskeller. Zugelassen waren allerdings in jedem Haus nur drei Familien. Von einer derartigen Belegung gingen ja auch die Zahlungen aus, die nach den Bestimmungen des Ansiedlungsgesetzes für Kirchen-, Schul- und Ordnungsangelegenheiten zu entrichten waren. Vermutlich von Anfang an hat sich die Eigentümerin nicht an diese Einschränkungen gehalten, so daß Mißstände offenkundig wurden und Bürgermeister Becker die beiden Polizeibeamten Strunk und Hadag anwies, entsprechende Kontrollen durchzuführen. Im April 1901 waren den Berichten zufolge 30, im Juli 1903 immerhin noch 17 Häuser mit vier Familien belegt . Auf ein entsprechendes Schreiben der Stadt Lünen vom November 1900 antwortete Harpen, daß es sich in der Siedlung im Durchschnitt nur um Drei-Familienhäuser handelt, da immer Wohnungen leerstehen. Auch würde, so Harpen weiter, bei Vierfamilienhäusern die Kinderzahl sorgfältig beachtet. Die Bergbaugesellschaft führte weiter aus, daß die Überbelegung nur ein vorübergehender Zustand sei, und im Hinblick auf die Vorteile für das Bergwerk wolle man doch von *kleinlichen Schwierigkeiten* absehen (280).

Im Ruhrgebiet führte die Wohnungsfrage oft zu größeren Spannungen als die Lohnfrage. Obwohl die Bergarbeiterwohnungen meistens überbelegt waren, nahmen viele Familien noch Kostgänger auf, um einen Nebenverdienst zu haben. Für die Aufnahme von Kostgängern schrieben die Behörden Quartiergängerkarten vor. Die darin enthaltenen Angaben zum verfügbaren Wohnraum und zur Unterbringung der Kinder wurden behördlich geprüft. Die Verhältnisse waren oft so armselig, daß die Aufnahme eines Kostgängers nur in wirklich krassen Fällen abgelehnt wurde (281).

Lünen-Süd

In den fünfziger Jahren wurden die in großer Anzahl entstandenen Buden und Ställe entfernt, da sie das Straßenbild störten. Es entstanden Rasenflächen, und die ursprünglichen Lattenzäune wichen Ligusterhecken. Diese Gestaltung wurde im Grundsatz bis heute beibehalten.

Am 3. Februar 1900 schrieb in Lünen-Süd der Kolonieverwalter Hoffmann einen Brief an das Bürgermeisteramt, in dem es hieß, er *theile ergebenst mit, daß der Bergmann Johann Krupa einen Kostgänger seit Monaten aufgenommen hat, ohne die nötigen Wohnräume hierfür zu haben [...].* Krupa hatte zwei Zimmer, die miteinander verbunden waren, ein Wohn- und ein Schlafzimmer. In diesen Räumen hatte nun auch der Kostgänger seinen Schlafplatz, so daß die beengten Verhältnisse zum Streit führten. Hoffmann regte daher an, *doch nach Ermessen das Weitere veranlassen zu wollen* . Bürgermeister Becker nahm den Bericht zum Anlaß, die Polizei-Sergeanten Hadag und Strunk anzuweisen, das Kost- und Quartiergängerwesen nochmals einer scharfen Kontrolle zu unterziehen.

Die Kolonie als Denkmal

Der Bergbau hat mit vielen Arbeitersiedlungen die Entwicklung Lünens beeinflußt, die Struktur der Stadt geprägt. Dabei entstanden zu unterschiedlichen Zeiten verschiedene Siedlungs- und Gebäudeformen, die wir heute auf ihre jeweilige bau- und sozialgeschichtliche Aussage überprüfen können.

In städtebaulicher Hinsicht wurden nach der Jahrhundertwende auch in Lünen die Ideen der Gartenstadt wirksam und führten in der Folge zu aufgelockerten Siedlungsgrundrissen (282). Die Siedlung an der Ziethenstraße ist dagegen eine der letzten Vertreterinnen der Baugattung Kolonie. Die Merkmale ihrer äußeren Gestalt, die kubischen Baukörper mit den geometrisierenden Schmuckformen der Fassaden sowie die Wohnungsgrundrisse waren seit der Mitte des vorigen Jahrhunderts im Wohnungsbau vertraut. (283). Als die Siedlung um 1900 entstand, gab es andererorts bereits Grundrisse, die den Familien mehr privaten Lebensraum ermöglichten, als das in Lünen-Süd der Fall war (284).

Die Kolonie war im Laufe ihrer Geschichte keine erste Adresse. Das hängt wesentlich mit dem geringen Standard der Wohnungen, aber auch mit dem oft unzumutbaren Zustand des Wohnumfeldes zusammen. Bis in die fünfziger Jahre zum Beispiel befanden sich die Plumpsklos draußen an der Stallgasse, jeweils eines für zwei Familien. Die nicht ausgebaute Ziethenstraße verwandelte sich bei Regen regelmäßig in eine Schlammwüste. Der Einblick in die Gassen, an denen die Rückseiten der Ställe liegen, war besonders trostlos. Nach Abbruch der Dunggruben praktisch ohne Funktion, sperrte sich diese Zone gegen eine Aneignung durch die Bewohner, richtig zuständig fühlte sich für diesen Bereich niemand. Zur negativen Beurteilung der Siedlung trug sicher auch bei, daß deren äußeres Erscheinungsbild mit der bürgerlichen Wohnumgebung unmittelbar verglichen werden konnte.

Die Kolonie Ziethenstraße ist gleichwohl ein bedeutendes Zeugnis für die früheren Lebensbedingungen der Bergarbeiter im Ruhrgebiet. Durch die Sanierung ist der Bestand nun gesichert, die Qualität der Wohnungen und des Umfeldes sind angehoben. Die zentrumsnahe Lage und die starke Durchgrünung mit stattlichen Platanen bilden die besten Voraussetzungen für ein attraktives Wohnquartier.

Der Erneuerungsprozeß hatte damit begonnen, daß 1984 auf Veranlassung der Denkmalpflege (285) Studenten der Fachhochschule Münster in einem Seminar für Entwerfen nachwiesen, daß innerhalb der alten Bausubstanz mit relativ geringen Veränderungen ein Wohnen möglich sei, das heutigen Vorstellungen entspricht. Die Ergebnisse der Studenten wurden in einer Ausstellung präsentiert und in Versammlungen mit den Bürgern erörtert. Das Interesse an einer möglichst baldigen Sanierung ließ daraufhin nicht mehr nach. Nach weiteren „Vorbereitenden Untersuchungen" und einem städtebaulichen Rahmenplan (286) entsprechend dem Städtebauförderungsgesetz wurde eine umfassende Sanierung durchgeführt . Der ursprüngliche Grundriß wurde damit zwar verändert, in den Grundzügen ist er aber nach wie vor erfahrbar.

Ohne auf heute selbstverständliche Wohnqualität zu verzichten, leugnet die Siedlung nach Abschluß der Arbeiten nicht, daß hier ein Denkmal für das Leben und Wohnen der Bergarbeiter aus der Zeit der Jahrhundertwende vorliegt.

LÜNEN IM WIRTSCHAFTSAUFSCHWUNG – DIE DENKMÄLER DER JAHRHUNDERTWENDE

Lünen verändert sich

Im 19. und beginnenden 20. Jahrhundert veränderte sich die Stadt Lünen grundlegend. Bisher hatte die Bevölkerung von der Landwirtschaft gelebt, vom Handwerk und auch, in geringem Umfang, vom Handel. Nun wurde Lünen eine Stadt der Eisenindustrie, und das Spektrum reichte dabei von der Verhüttung der Erze bis zum Vertrieb der fertigen Produkte. Dazu war Lünen im 19. Jahrhundert auch eine Stadt der Töpfereien, deren Erzeugnisse weite Verbreitung fanden.

Der Ausbau der Infrastruktur, so der Transportwege, folgte der beschriebenen Entwicklung oder ging ihr voraus. So war für einige Jahrzehnte die Lippe ein schiffbarer Fluß. Seit der Mitte des Jahrhunderts wurden die Straßen ausgebaut, und ab 1874 ist Lünen eine Station an der Eisenbahnlinie Dortmund-Gronau.

Die größten strukturellen Veränderungen erfolgten jedoch durch den Steinkohlenbergbau, der um die Jahrhundertwende die Lippelinie erreichte. Der Zuzug vieler Menschen – Arbeitskräfte auf den Zechen und ihre Familien – führte zu einem enormen Bevölkerungswachstum in der Stadt Lünen und ihrem Umfeld. So entstand der Ortsteil Lünen-Süd auf freiem Feld, und aus Bauerschaften mit wenigen Höfen wurden bald Gemeinden mit mehreren tausend Einwohnern. Die damalige Stadtgemeinde Lünen hatte 1855 rund 2.650 Einwohner, im Jahre 1900 waren es 8.323 und im Kriegsjahr 1915 schon 14.532 (287).

Die Bautätigkeit dieser Jahre ist Bestandteil der Entwicklung und auch ihr sichtbarer Ausdruck. Entsprechend den unterschiedlichen Möglichkeiten und Bedürfnissen entstanden viele Wohngebäude, dazu Geschäftshäuser und Zweckbauten für öffentliche Einrichtungen. So erhielt Lünen damals ein Amtsgericht, ein neues, stattliches Postamt entstand, und die Stadtsparkasse etablierte sich selbstbewußt in einer städtebaulich herausragenden Lage. Fast zeitgleich entstanden innerhalb weniger Jahre mehrere Schulen und Kirchen.

Eine Anzahl der damals entstandenen Gebäude ist heute als geschichtliches Zeugnis in die Denkmalliste eingetragen. Sie wur-

Lünen-Mitte, Amtsgericht

Das Gebäude weist dem Spormeckerplatz und der Parkstraße je einen stattlichen Giebel zu. Die Staffelungen der Giebel sind mit runden Formen verschliffen, ein Motiv, das an den Neo-Renaissancebauten des Historismus oft zu finden ist. Mit einem Turm wird der Ecklage des Gebäudes zusätzlich entsprochen.
Auf dem Foto des „Königlichen Amtsgerichtes" von etwa 1915 ist rechts die ursprüngliche Einfriedungsmauer mit Pfeilern und Eisengittern zu erkennen.

Lünen, Bäckerstr. 26

Das schöne hölzerne Treppengeländer wurde nach dieser Detailzeichnung des Architekten Emil Stränger ausgeführt. Mit den typischen Linien und dem zarten Blumenschmuck ist es ein beredtes Beispiel für den zur Entstehungszeit modernen Jugendstil.

den im Zeitraum von der Jahrhundertwende bis zum Kriegsbeginn gebaut. Nach ihrer äußeren Erscheinung ist es heute oft durchaus möglich, sie zeitlich richtig einzuordnen, auch wenn die Formensprache der einzelnen Gebäude vielfach ganz unterschiedlichen Epochen der Geschichte entspricht.

Im 19. Jahrhundert und in den ersten Jahren darüber hinaus wurde für die einzelnen Bauaufgaben jeweils ein Baustil aus der Geschichte gewählt – es ist das Zeitalter des Historismus. Das frühe 19. Jahrhundert baute zunächst in klassizistischen Formen (288). Gefördert durch das Geschichtsgefühl der Frühromantik, das sich unter anderem auf das mittelalterliche Stadtleben berief, wurde bald die Formenwelt der Gotik aufgegriffen (289). Später standen dem Baugeschehen sämtliche in der Baugeschichte bekannten Architektursprachen zur Verfügung und wurden als Baustile angewendet (290).

Die jeweilige Auswahl erfolgte nicht willkürlich, das wäre, so Schinkel, eine große Charakter- und Stillosigkeit gewesen (291). Das Bauwerk erhielt durch den historischen Stil vielmehr Ansehen und Charakter, es wurde zum Kunstwerk, Baukunst entstand.

Der gewählte Baustil ist zudem oft Bedeutungsträger und damit ein Mittel, den gesellschaftlichen Rang, die ökonomische Potenz sowie Art und Umfang des Herrschaftsanspruchs der jeweiligen Bauherren zum Ausdruck zu bringen. So fanden zum Beispiel häufig die Renaissance, das fürstliche Barock oder der andauernde Klassizismus bei Staatsbauten Anwendung. Aber die Wahl der Stile war frei, und feste Regeln lassen sich nicht erkennen (292).

Das Amtsgericht Lünen, um hier ein Beispiel zu nennen, wurde 1910/12 in den im 19. Jahrhundert für öffentliche Stadtbauten beliebten Formen der deutschen Renaissance errichtet (293). Ob dieser Stilwahl damals eine bestimmte, aus geschichtlichen Zusammenhängen erklärbare Bedeutung zukommen sollte, ist nicht bekannt. Immerhin waren die Städte im späten Mittelalter und in der frühen Neuzeit, und daran knüpft der Stil ja an, selbstverwaltet und auch immer Sitz einer Gerichtsbarkeit. Durch den fürstlichen Absolutismus gingen im Jahre 1753 für Lünen Selbstverwaltung und Gericht verloren. Erst nach einem preußischen Gesetz von 1907 erhielt Lünen mit dem 1. April 1912 ein Amtsgericht (294).

Die Architekten des Historismus bedienten sich des historischen Formenrepertoires. Sie bauten dabei keine früheren Gebäude nach, es entstanden vielmehr durchaus eigene Schöpfungen. Im wilhelminischen Deutschland der Jahrhundertwende wirkten – das ist auch an unseren Lüner Bauten ablesbar– weitere Einflüsse auf das Baugeschehen ein. So hinterließ die sogenannte Heimatschutzbewegung mit Erkern, Türmchen und Zierfachwerk ihre Spuren am Bau (295). Der deutsche Bund Heimatschutz, 1904 gegründet, propagierte die örtlichen Bautraditionen, alles Alte und handwerklich „Gesunde". Bauernhäuser, Kleinstadthäuser und mittelalterliche Bürgerbauten wurden nicht nur Ziel des Denkmalschutzes, sondern auch Maßstab für das zeitgenössische Bauen. An der Spitze der Heimatschutzbewegung stand in Deutschland der Architekt Paul Schulze-Naumburg.

An dem kleinen, etwas versteckt hinter der Bauflucht liegenden Wohnhaus Bäckerstraße 26 lassen sich einige der baulichen Merkmale, die das beginnende Jahrhundert prägen, gut beobachten. Hier tragen romantische Zierstreben den weiten Dachüberstand, über dem Erdgeschoß sind die Wände in Fachwerk gestaltet, und auf der Westseite wird ein Treppenturm von der Dachfläche umschlossen. Im Detail, zum Beispiel in der Haustür, zeigt sich der zeitgenössische Jugendstil, dessen Einfluß sich in unserem Raum vor allem im Fassadenschmuck auswirkte (296).

Die beschriebenen Erscheinungsformen der späten Phase des Historismus finden sich auch im Neubau der Stadtsparkasse Lünen von 1908 (297). Dem Bau liegt noch eine barocke Auffassung zugrunde. Mit seiner Ausformung entspricht er der besonderen Lage zwischen zwei Ausfallstraßen mit dem älteren Kriegerdenkmal auf der Grundstücksspitze. Der insgesamt sparsame Fassadenschmuck ist vom Jugendstil geprägt, im Vordergrund steht jedoch die große Form des Baukörpers, frei vom Überschwang des Zierrats. Hier ist vor dem 1. Weltkrieg ein moderner Bau entstanden, der bereits über seine Zeit hinaus weist.

Lünen-Mitte, Bäckerstraße 26

Ein Türmchen, weite Dachüberstände auf einer malerischen Stützkonstruktion und Fachwerk im Obergeschoß sind die Zeugnisse des Heimatschutzgedankens.

Lünen-Mitte, Alte Stadtsparkasse

Der Baukörper wurde aus den Bedingungen des dreieckigen Grundstückes zwischen zwei Ausfallstrassen entwickelt. Er erhebt sich als zweigeschossiger Putzbau über einem hohen Sandsteinsockel. Qualitätsvolle Sandsteinarbeiten finden sich auch in der Fassade, so an den Fenstern, im Bereich des konvexen Balkons im Obergeschoß und als Rahmung des Haupteingangs. Das große Mansarddach mit den roten Biberschwänzen folgt sichtbar den Bewegungen der Grundfläche.

Das Kaiserliche Postamt

Das Postgebäude von 1914, gegenüber der Sparkasse, ist noch ganz dem Historismus verbunden. Vergleichbar dem Justiz- oder Schulwesen ist die hoheitsvolle Selbstdarstellung der Post in jener Zeit durchaus üblich. Dabei war der Rückgriff auf historische Bauformen bei Staatsbauten selbstverständlich, gerne bediente man sich aus dem Fundus feudaler Bauaufgaben, dem Schloß- und Palastbau. So wurden die Würdeformen der Vergangenheit auf an sich funktionale Zweckbauten übertragen, womit es zugleich ein Mittel gab, die staatliche Präsenz zu unterstreichen (298). Dem Postbau jener Zeit galt das besondere Interesse des Kaisers; bei hervorgehobenen Bauaufgaben pflegte Wilhelm II. selbst in das Entwurfsgeschehen einzugreifen (299).

Das ehemalige Kaiserliche Postamt Lünen ist ein zweigeschossiges Eckgebäude in klassizistisch geprägten, neubarocken Formen. Über einem Sandsteinsockel gliedern quaderförmig strukturierte Putzpilaster die Fassaden vertikal, und zwar in acht Achsen zur Cappenberger Straße und in vier Achsen zur Kurt-Schumacher-Straße. Von den acht Achsen der Hauptfront springen die mittleren sechs stark vor. In diesem Bereich schmücken Girlanden die Putzfelder unter den Obergeschoß-Fenstern. Aus den ursprünglichen Schutzgittern im Erdgeschoß des Postamtes wurden später kleinere Ziergitter als Fassadenschmuck gefertigt. Ein Zwerchgiebel (Quergiebel) über vier Achsen betont die Mitte der Front zur Cappenberger Straße. Er läuft seitlich in Voluten aus und schließt oben mit einem Segment ab, in dem ein Reichsadler zwischen Füllhörnern die hier einst residierende staatliche Behörde kennzeichnet.

Der Haupteingang an der Cappenberger Straße liegt zur Fassadenmitte versetzt. Mit dieser eigentlich untypischen Lösung hat der Architekt möglicherweise der Blickrichtung von der anderen Straßenseite her Rechnung tragen wollen. Von dort gesehen bilden die in einem stumpfen Winkel zu einander stehenden Straßenseiten der Post eine gemeinsame Fassade, und der Eingang rückt optisch zumindest näherungsweise wieder zur Mitte. Vielleicht ist die Antwort auf die offene Frage nach der Lage des Eingangs auch ganz banal. Näheres ist jedenfalls nicht bekannt.

Im Mai 1914 wurde das neue Postamt eröffnet, der Vorgängerbau an der Münsterstraße war zu klein geworden (300). Lünen, ein Postamt erster Klasse, versorgte damals einen großen Bezirk, zu dem die Stadt Lünen und die umgebenden Gemeinden und Ortschaften gehörten. Insgesamt 47 Beamtinnen und Beamte, den Telegraphen- und Telephonbetrieb eingeschlossen, versahen hier ihren Dienst. Die Lüner Zeitung schrieb zur Eröffnungsfeier, der

Lünen-Mitte, Cappenberger Straße 14

Das frühere Kaiserliche Postamt stellt sich in einer neobarocken Grundform dar. Ungewöhnlich ist allerdings der außermittige Eingang. Der strengen klassizistischen Gliederung der Fassade wirken die weichen Linien des Dachaufbaus entgegen, der mit einem Segmentgiebel schließt und seitlich in Voluten ausschwingt. Im Giebelfeld symbolisiert der Reichsadler zwischen Füllhörnern die ehemalige staatliche Behörde

Verkehr in Lünen habe in der letzten Zeit einen unerhörten Aufschwung genommen, der sich ganz besonders in der Post bemerkbar mache. Dazu muß man wissen, daß Postämter damals mehr als heute Zentren des Warenverkehrs waren. Kernstück der Postgebäude war eine große Schalterhalle für den starken Publikumsverkehr, gleichzeitig natürlich ein Ort verstärkter Kommunikation unter den Kunden (301).

Zur weiteren Ausstattung des Lüner Postamtes, so ist den Zeichnungen zu entnehmen, gehörte ein Abort für Beamte und ein weiteres für Unterbeamte. Für letztere ist die Anzahl noch verdoppelt worden. Die Wohnung des Postverwalters im Dachgeschoß, damals immerhin ein Postdirektor, war großzügig bemessen. Er bewohnte sechs Zimmer auf 145 qm, hinzu kam das obligatorische Zimmer für ein Dienstmädchen.

Das neue Gebäude habe, so schrieb die Lüner Zeitung zur Eröffnung, im Hinblick auf die äußere Gestaltung manchen Wunsch offen gelassen. Schon die Stadt Lünen hatte 1913 in einer Stellungnahme an die Kaiserliche Oberpostdirektion Dortmund eine noblere Gestaltung gefordert. Es hieß: *Sofern das Gebäude in seiner architektonischen Wirkung gegenüber der städtischen Sparkasse nicht zu sehr zurücktreten soll, halten wir es für notwendig, daß die Pilaster, Gesimse [und] die Gewände der Öffnungen aus Kunststein oder wenigstens aus einem ähnlichen, mit dem Meißel bearbeiteten Aufputz hergestellt werden* (302). Die Post zeigte sich von diesen Wünschen jedoch unbeeindruckt, jedenfalls wurden die bezeichneten Bauteile nur in Putz gestaltet.

Lünen-Mitte, Borker Straße

Reiche Stuckzier schmückt die verputzte Straßenfront der zweigeschossigen Wohnetagenhäuser. Die Mitte der jeweils fünfachsig gegliederten Fassaden wird durch einen Dachaufbau betont

Im Jahre 1973 hatte das Gebäude ausgedient, ein neues wurde in der Nähe eröffnet. Das alte „Kaiserliche Postamt" stand einige Jahre ungenutzt, ständig vom Abriß bedroht. Doch endlich im August 1980 konnte es in renovierter Form als Geschäftshaus für Bürobedarf wieder eröffnet werden. Gerettet haben es die Lüner Bürger zusammen mit den Eigentümern (303).

Geschäftshäuser, Wohnhäuser und Villen

Um die Jahrhundertwende bauten sich die Fabrikanten freistehende, stattliche Wohnhäuser, die von der älteren Bevölkerung heute noch, verbunden mit dem Namen des jeweiligen Erbauers, als Villa bezeichnet werden. So gibt es die Villa Bäumer, die der Sägewerksbesitzer Louis Bäumer an der Cappenberger Straße errichten ließ. „Bäumers Sägewerksplatz" lag in einigen hundert Metern Entfernung ebenfalls an der Cappenberger Straße, in der Nähe der Kreuzung mit der Eisenbahn. Für Lieferanten von Bau- und Grubenholz gingen die Geschäfte damals gut, und die entstehenden Wohnhäuser entsprachen durchaus höheren Ansprüchen.

Lünen-Mitte, Cappenberger Straße 62

Die reiche Stuckzier im Mittelrisalit der früheren Villa Bäumer war auch ein Mittel, den Wohlstand des Bauherrn auszudrücken. Vieles konnte in Form vorgefertigter Elemente per Katalog bestellt und in der gewünschten Anordnung eingebaut werden.

Die Villa wurde in den Jahren 1904/05 mit barocken Gestaltmitteln von dem Lüner Baumeister Robbert errichtet. Zur Cappenberger Straße ist der zweigeschossige Putzbau dreiachsig gegliedert. Aus einem Mittelrisalit mit Schweifgiebel tritt erdgeschossig ein Erker mit einem Balkon darüber plastisch hervor. Die Fassade ist mit Stuckdekor ornamentaler und floraler Art reich geschmückt. Der parkähnliche Garten mit stattlichem Baumbestand bildet einen großzügigen Rahmen.

Nach der Aufgabe der ursprünglichen Wohnfunktion ist die weitere Geschichte des Hauses wechselvoll. Längere Zeit war hier ein städtisches Altenheim untergebracht, von 1966 bis 1983 wurde es als Museum der Stadt Lünen genutzt. Später praktizierte eine Ärztin in der früheren Villa Bäumer, heute dient das Gebäude dem Wohnen. Das Innere des Hauses, die Raumstruktur und die Ausstattung sind trotz der mehrfachen Umbauten im wesentlichen erhalten geblieben.

Die Handwerksmeister jener Zeit bauten natürlich bescheidener, zum Beispiel in der Art der Wohnetagenhäuser (304) an der Borker Straße. Mit den Gebäuden Nr. 1 bis 9 ist uns heute eine anschauliche und auch schön anzusehende Bauzeile aus den ersten Jahren des Jahrhunderts erhalten geblieben. Ein Eckgebäude mit einem entsprechenden Türmchen, dessen Spitze heute leider fehlt, eröffnet die Reihe aus zweigeschossigen Putzbauten. Deren Fassaden sind symmetrisch aufgebaut. Die Gebäudemitte wird durch den jeweiligen Hauseingang mit dem Treppenhaus darüber und einem Giebel in der Dachzone betont. An allen Häusern findet sich floraler und auch ornamentaler Fassadenschmuck. Der Stukkateurmeister brauchte die einzelnen Verzierungen nicht für jedes Haus neu zu entwickeln, es war damals vielmehr üblich, entsprechende Versatzstücke per Katalog zu bestellen, um sie dann in die Fassade einzufügen. Das war bei den Villen nicht anders als bei den einfachen Häusern (305).

Nicht nur in Neubauten, sondern auch in der Umgestaltung der alten Fachwerkhäuser fand der wirtschaftliche Aufschwung zur Zeit der Jahrhundertwende seinen sichtbaren Ausdruck. Viele Giebel wurden damals massiv erneuert und erhielten, oft eingespannt zwischen gußeiserne Rahmungen, Schaufenster mit großen Glasflächen. Doch die Erdgeschosse der Geschäftshäuser unterliegen einem schnellen Wandel, und so sind uns heute oft nur noch die oberen Bereiche der Giebelflächen mit ihren zeitgenössischen Schmuckformen erhalten geblieben. Dahinter ist in vielen Fällen noch der Krüppelwalm des alten Fachwerkgiebels sichtbar.

Die baulichen Zeugnisse dieser umwälzenden Entwicklung finden sich im ganzen heutigen Stadtgebiet. So benötigte die entstehende Bergbaugemeinde Brambauer um die Jahrhundertwende viele Wohnungen und Geschäfte, in kurzer Zeit entstand eine große Anzahl von Neubauten. Ein anschauliches Bild dieser Entwicklung vermittelt uns heute noch die Bebauung an der Waltroper Straße.

Traufständig reihen sich hier dreigeschossige Putzbauten aneinander, mit Ladengeschäften in den Erdgeschossen und Wohnungen in den Etagen darüber. Dabei handelte es sich oft um sogenannte Spekulationsbauten, die von Unternehmern, sozusagen als frühe „Bauträger", errichtet und anschließend verkauft wurden. Gegenüber dem Erbauungszustand sind im Bereich der Läden heute meistens starke Veränderungen festzustellen. Den jeweiligen „Moden" folgend, sind die Schaufensterfronten oft ganz „in Glas aufgelöst". Es gibt hier aber zwei eingetragene Denkmäler, Waltroper Straße 58 und 60, die auch im Erdgeschoß noch annähernd den ursprünglichen Zustand aufweisen. Masken, Lisenen, Ranken usw. bilden den zeitgenössischen Fassadenschmuck (306).

Die Waltroper Straße mit ihren breiten Bürgersteigen und den beidseitigen Alleebäumen zeigte von Anfang an eine großzügige, innerstädtische Gestaltung. Gegenüber den beiden Baudenkmälern öffnet sich der Straßenraum, hier ist die straßenbegleitende Häuserzeile unterbrochen. Dahinter zurückversetzt befinden sich, aber doch ausgerichtet auf die Waltroper Straße, zwei bedeutende öffentliche Gebäude der Bergbaugemeinde

Brambauer: die katholische Kirche und die (ehemalige) Auguste-Viktoria-Schule.

Eine Schule der Jahrhundertwende

Bis in das späte 19. Jahrhundert besuchten die katholischen Kinder der alten Brambauerschaft die Schule in Waltrop, die evangelischen die in Brechten. Mit der Teufe der Achenbachschächte stieg die Bevölkerungszahl und damit die Zahl der Kinder sprunghaft an. Im Jahre 1890 lebten hier 670 Menschen, um 1900 waren es 1156 und im Jahre 1910 bereits 9152 (307). Zur Beschulung der Kinder gab es in jenen Jahren mehrere Behelfe, so mit der Unterrichtung in einem Wirtshaussaal oder der Anmietung eines provisorischen Klassenraumes durch die Zeche. Für die evangelischen Kinder wurde dann in den Jahren 1901/02 die Friedrichschule gebaut (308).

Etwas später folgte die Auguste-Viktoria-Schule für die katholischen Kinder. Die Gemeinde begann im Jahre 1904 zunächst mit dem Bau von sechs Klassen, in denen die Kinder erstmalig 1906 Unterricht erhielten. Bis zum Jahre 1910 wurden weitere 12 Klassen hinzugefügt, die Schule erhielt damit ihren heutigen Umfang (309). Das Gebäude beherbergte zwischenzeitlich drei verschiedene Schulen, entsprechend gab es drei Namen: Elisabeth-Wittekind-Diesterweg-Schule. Heute sind noch zwei Systeme in dem Gebäude untergebracht, die Wittekind-Gemeinschafts-Schule und die katholische Elisabeth-Schule. Trotz der langen Geschichte ist im Innern die ursprüngliche Aufteilung weitgehend erhalten geblieben, dazu gibt es noch eine Anzahl baulicher Details aus der Ursprungszeit.

Lünen-Brambauer, Wittekind- und Elisabethschule

Ein markantes Merkmal der ehemaligen Auguste-Victoria-Schule sind die beiden Frontgiebel. Sie flankieren den Haupteingang und den Dachreiter in der Mittelachse darüber. Mit der starken Durchfensterung und durch die lebhafte Gliederung der Klinkerflächen mit hellen Putzfeldern wirkt das alte Schulgebäude durchaus freundlich.

Das Gebäude der ehemaligen Auguste-Viktoria-Schule besteht aus mehreren Flügeln. Ein Innenhof belichtet das zentrale Treppenhaus und die Erschließungsflure, die Klassenräume sind nach außen orientiert. Die Hauptfassade zur Waltroper Straße ist symmetrisch aufgebaut. In der Mittelachse liegt hinter einer wimpergartigen, neugotischen Portalrahmung der Haupteingang. Im Dachbereich betont ein quadratisches, niedriges Türmchen mit abschließender Dachlaterne die Mitte. Leider sind die Fenster des Türmchens heute verkleidet. Zwei breite Blendgiebel in der Ebene der Fassade flankieren den Eingang und gliedern die lange Hausfront. Oben schließen die Giebel gestaffelt ab, wenn auch in weichen Formen, die durch sich überschneidende Rundbögen entstehen. Dieses Motiv wird an den Giebeln der Rückfront wiederholt.

An den Fassadenöffnungen des Gebäudes sind insgesamt mehrere Bogenformen zu beobachten. Die Fenster des Erdgeschosses sowie im Dachgeschoß der beiden Giebel prägen mit ihren niedrig ansetzenden, stark gedrückten Spitzbögen die Hauptfront in besonderer Weise. Ausgeprägte Spitzbögen finden sich dagegen in den Klassenfenstern der Rückfront und lassen damit die gotische Formenwelt anklingen.

Im Innern des Gebäudes gelangt der Eintretende zunächst in eine gewölbte Eingangshalle, von der die Erschließungsflure abzweigen. Umlaufend sind in den Fluren und Klassen alle Wände im Sockelbereich mit grünen, keramischen Platten verfliest. Als weiteres zeittypisches Element der Ausstattung sind die früheren Trinkbrunnen erhalten geblieben.

Es träfe nicht den Kern, wollte man von der ehemaligen Auguste-Viktoria-Schule einfach als von einem neugotischen Gebäude des Historismus sprechen. Hier ist nach der Jahrhundertwende vielmehr eine für ihre Zeit moderne Schule entstanden. Mit der starken Durchfensterung, den weichen Formen und dem lebhaften Wechsel zwischen rotem Backstein und hellem Putz ist das Gebäude, abweichend von der Strenge mancher Lehranstalten, nicht unfreundlich. Damit ist diese Schule ein sichtbarer Ausdruck der Reformbestrebungen des wilhelminischen Deutschland. Und eine Reform hat es damals, natürlich in Grenzen, durchaus gegeben (310).

Die Kirche kommt ins Dorf

Mit dem Anwachsen der Bevölkerungszahl infolge der Industrialisierung und dem Entstehen neuer, großer Siedlungsbereiche wurden auch neue Gottesdiensträume benötigt. Innerhalb weniger Jahre entstand im heutigen Stadtgebiet Lünen eine Anzahl neuer Kirchen. Die evangelischen Christen konnten in diesem Zusammenhang auf bestehende Gemeinden zurückgreifen, von denen dann die neuen Bezirke abgepfarrt wurden. So ist es zum Beispiel mit dem Pfarrbezirk Horstmar geschehen, der bis dahin zur Gemeinde Derne gehörte. Das sogenannte „Dorf Horstmar" war bis in die Mitte unseres Jahrhunderts eher eine verdichtete Drubbelsiedlung mit wenigen Höfen. Die evangelische Christuskirche ist dort in den Jahren 1912/13 als Folge des Bergbaus für die zugezogene Bevölkerung in Horstmar und Beckinghausen gebaut worden. Sie fügt sich heute in der Art einer Dorfkirche wie selbstverständlich in die Umgebung ein. Hier kam die Kirche also ins Dorf.

Für die katholische Bevölkerung stellte sich das Problem etwas komplizierter dar. Mit der Reformation war das Gebiet südlich der Lippe überwiegend evangelisch geworden, die wenigen Katholiken wurden von der Marienpfarre betreut. Im 19. Jahrhundert stieg hier die Zahl der katholischen Christen wieder an, und die Seelsorge wurde stark erschwert. Darauf bildete das Erzbistum Paderborn, zu dem der Raum Lünen südlich der Lippe gehörte, den Missionsbezirk Lünen . Hierzu zählten neben der eigentlichen Stadt Lünen auch Beckinghausen, Oberaden, Heil, Horstmar, die Klöterheide, Gahmen, Lippolthausen, die Brambauerschaft und der Bezirk Schwansbell (311).

Über die Frage, ob zur Betreuung der vielen Katholiken nun die Altstadtkirche durch einen großen Neubau ersetzt oder ob südlich der Lippe eine neue Kirche gebaut werden solle, entstand ein langer Streit. Realisiert wurden schließlich beide Lösungen. So stimmte der Erzbischof von Paderborn einem Antrag des Jahres 1887 aus Beckinghausen zu, dort eine Missionsstation zu errichten. In der Gründungsurkunde von 1901 hieß es , daß die katholischen Bewohner von Beckinghausen, Horstmar, Oberaden und des größten Teiles von Heil zu einer Missions-Pfarrgemeinde Beckinghausen zusammengeschlossen werden (312).

Lünen-Beckinghausen, Herz-Jesu-Kirche

Unter den späteren Anstrichen ist in der Fensterlaibung ein ursprünglicher Laubwerkfries sichtbar geworden. Im unteren Bereich ist der originale Befund erkennbar, darüber ist bereits neu ausgemalt.

Die Missionspfarrkirche Herz-Jesu in Beckinghausen

Die katholische Herz-Jesu-Kirche Beckinghausen entstand in den Jahren 1896/97. Rechts neben der Kirche steht das Pfarrhaus, das in seiner Art etwas an die Häuser der Grubenbeamten erinnert, die wir von unseren Zechenstandorten kennen. Bis vor wenigen Jahren gab es hinter dem Haus noch ein Stallgebäude, mit dessen Hilfe der Missionsgeistliche früher einen Teil seiner Nahrungsmittel selbst erzeugen mußte.

Architekt der Kirche ist der bekannte Diözesanbaurat Arnold Güldenpfennig, der einige Jahre später auch die Herz-Jesu-Kirche in

Lünen baute. Dort, wie auch in Beckinghausen, entstanden neugotische Hallenkirchen, wie sie dem Historismus des späten 19. Jahrhunderts entsprechen. Die mittelalterlichen Bauweisen empfahlen sich dem Kirchenbau damals besonders, da sie am ehesten geeignet waren, die erwünschte Andachtsstimmung zu fördern (313). Dabei wurde der gotische Stil für kirchliche Bauaufgaben besonders von den Architekten der sogenannten Kölner Richtung bevorzugt, der sich auch Arnold Güldenpfennig zugewandt hatte (314).

Auf die Baugestalt der Kirche soll nicht weiter eingegangen werden. Von außen ist das Gebäude eher unscheinbar, und innen finden wir eine Halle von drei Schiffen und drei Jochen, wie sie landesweit häufiger anzutreffen ist.

Bemerkenswert ist allerdings die erhaltene Ausstattung (315), so zum Beispiel der Hochaltar mit den beiden Seitenaltären. Beim Hochaltar ist der plastische Schmuck insgesamt reicher. Der Altaraufsatz – das sogenannte Retabel – besteht hier aus Sandstein, darüber befand sich ursprünglich ein feingliedriger holzgeschnitzter Aufbau, das sogenannte Gespränge, das aber leider verloren gegangen ist. Die Nebenaltäre haben im Gegensatz zum Hochaltar hölzerne Aufsätze. Sie zeigen eine untektonische Längung der vertikalen Glieder, so daß trotz der (neo-)gotischen Formensprache von einer späteren Entstehungszeit ausgegangen werden kann. Heute fehlt ein Teil der eigentlich zur Ausstattung gehörenden Figuren, vielleicht hat es diese aber auch nie gegeben. Während die Marienfigur im rechten Seitenaltar wohl mit diesem zusammen entstanden ist, zeigt die Herz-Jesu-Figur links bereits die expressiven Züge einer späteren Zeit. Die ursprüngliche Fassung (Farbgebung) der Altäre gilt es noch genauer zu untersuchen (316).

Von Arnold Güldenpfennig ist bekannt, das er oft nur die Grundzüge der Ausstattung und die damit verbundene Aussage, das sogenannte ikonologische Programm, skizzenartig den Handwerkern vorgab, die dann die Ausführung besorgten (317). Inwieweit das in Beckinghausen der Fall war, konnte nicht ermittelt werden.

Zur ursprünglichen Ausstattung gehören auch der Fußboden der Kirche, die Bänke, der Orgelprospekt und die Empore. Und schließlich sind auch die keramischen Tafeln des ersten Kreuzweges erhalten geblieben. Sie haben mit der Renovierung des Innenraumes im Jahre 1987 ihre frühere räumliche Wirkung zurückerhalten. Die plastisch ausgeformten Figuren der Leidensgeschichte haben einen gemalten Hintergrund, den spätere Anstriche verdeckt hatten und der nun wieder hergestellt werden konnte. An der Rückfront haben auch zwei alte Kirchenfenster unser Jahrzehnt

Lünen-Beckinghausen, Herz-Jesu-Kirche

Herz-Jesu in Beckinghausen ist die einzige historistische Kirche in Lünen mit einer umfassenden, zeittypischen Ausmalung. Sie konnte im Rahmen einer Innenraumsanierung 1987 zu einem großen Teil nach Befund wiedergewonnen werden.

erreicht und bildeten so den Maßstab für die Rekonstruktion der neuen Fenster des Kirchenschiffes. Die heutigen Chorfenster wurden 1963 in zeittypischer Weise von einer Lüner Werkstatt hergestellt.

Der Kirchenraum erhielt seine heutige Ausmalung im Jahre 1987. Grundlage war dabei die ursprüngliche farbige Ausgestaltung aus der Zeit der Jahrhundertwende, deren Ornamente, Figuren und Farben teilweise unter späteren Anstrichen als Befunde erfaßt werden konnten. Wo gesicherte Aussagen nicht möglich waren, ist nach Maßgabe der Befunde ergänzt worden. Beim Fehlen interpretationsfähiger Ausmalungsspuren auf größeren Flächen, so zum Beispiel unterhalb der Fenster, blieb es bei einem bloßen Anstrich (318).

Mit den originalen Stücken der Ausstattung liegt in Beckinghausen ein für das Stadtgebiet Lünen einmaliges Ensemble vor. Gestützt durch die Ausmalung vermittelt sich uns ein Raumeindruck, der dem der Entstehungszeit weitgehend entsprechen dürfte. Das ist insofern von besonderer Bedeutung, als die Verluste auf diesem Gebiet ungeheuer groß sind. Gefördert und beschleunigt durch die nachkonziliare Neuordnung der Liturgie und durch ähnliche Bestrebungen in der Evangelischen Kirche, wurde die Ausstattung oft als unzeitgemäß betrachtet und vernichtet. Ein ähnliches Schicksal war oft den Ausmalungen beschieden, die zudem durch die Warmluftheizungen stark verschmutzten. Auf diese Weise sind viele Kirchen zu „leeren Architekturgehäusen" (Dorothea Kluge) geworden, denen wesentliche Elemente der Raumwirkung fehlen (319).

So ist die Herz-Jesu-Kirche Beckinghausen ein Denkmal von hohem Rang. Als ehemalige Missionskirche zeigt sie nicht nur innerkirchliche Zusammenhänge, sie dokumentiert auch Aspekte der Wirtschafts- und Siedlungsgeschichte des Raumes Lünen. In künstlerischer Hinsicht schließlich liegt hier eine Schöpfung der Jahrhundertwende in einmaliger Geschlossenheit vor.

Zwischen den Kriegen – Die Baudenkmäler der Zwanziger Jahre

Lünen erhält ein Kaufhaus

Am 11. November 1918 trat an der Westfront Waffenruhe ein - der Erste Weltkrieg war zu Ende. Wilhelm II.hatte Deutschland bereits einen Tag zuvor verlassen.

Die folgenden Jahre waren von politischen Unruhen, wirtschaftlicher Instabilität und ständiger Geldentwertung geprägt. Es herrschte Mangel am Lebensnotwendigsten, ganze Bevölkerungsschichten verarmten. In den Jahren 1923/24 besetzten die Franzosen und Belgier schließlich das Ruhrgebiet, um den Abtransport der Reparationsgüter zu sichern. Die deutsche Bevölkerung reagierte mit passivem Widerstand. Lünen teilte in jenen Jahren das Schicksal der anderen Ruhrgebietsstädte, auch hier gab es politische Unruhen, Hunger und Not. Der zweite Spartakistenaufstand führte im Raum Lünen wie auch sonst im Ruhrgebiet zur Herrschaft der „Roten Armee". Die Reichswehr eroberte in blutigen Gefechten die Gebiete zurück (320).

Zunächst, nach dem Ende des Krieges, entstanden in Lünen noch einige Wohnsiedlungsbereiche. Das große Projekt einer „Bergarbeitersiedlung am Kanal", ein Vorhaben unter dem Dach der Treuhandstelle für Bergmannswohnstätten, konnte aber schon nicht mehr zu Ende geführt werden. Es wurde nur in einem Teilbereich realisiert und 1922 unvollständig abgeschlossen.

Größere Bauten entstanden erst später wieder, als die Währung stabil geworden war und die wirtschaftlichen Verhältnisse sich gebessert hatten. So konnte von 1925 bis 1928 an der Langen Straße auf dem Grundstück des bisherigen Gasthofes „Zum goldenen Löwen" Lünens erstes Kaufhaus errichtet werden (321). Es handelt sich um das Textilkaufhaus Ernsting, dessen markante Werksteinfassade heute als Baudenkmal unter Schutz gestellt ist. Die in Kolossalordnung über zwei Geschosse reichenden Pfeiler tragen ein Gebälk mit unterseitigem Zahnschnitt als Gebäudeschmuck. Das sind zwar späte historistische Formenzitate, die allerdings so kräftig und expressiv ausgeformt sind, daß sie die Bauzeit erkennen lassen. Die Schaufensterzone, bereits seit 1955 stark verändert, steht heute kaum noch in Beziehung zu den Geschossen darüber.

Der wirklich städtischen Kaufhausfassade entsprach ursprünglich auch der großzügige Innenraum. Heute teilen sich mehrere Geschäfte die Flächen des ehemaligen Kaufhauses, entsprechend sind die alten Grundrisse durch Einbauten, Verkleidungen etc. verändert. Verdeckt, aber vollständig erhalten, verbirgt das Gebäude heute noch eine Glasbetondecke des Jahres 1928, die ursprünglich den über zwei Geschosse reichenden zentralen Innenbereich des Kaufhauses überdeckte.

Im gleichen Zeitraum wie das Textilkaufhaus entstanden noch weitere Bauten in Lünen, die durch ihre Qualität Aufmerksamkeit verdienen (322). Als Beispiel kann das Gebäude der Allgemeinen Ortskrankenkasse genannt werden, auch die Berufsschule oder der–inzwischen abgebrochene– Altbau des Sankt-Marien-

Lünen-Mitte, ehemaliges Kaufhaus Ernsting

Klassische Strenge, nobles Material und eine zeittypische expressive Ausformung kennzeichnen die imposante Werksteinfassade des ehemaligen Textilkaufhauses an der Langen Straße. Mit dieser Gestaltung stellte sich das Geschäft den Lünern als gute Adresse dar.

Hospitals. Als Baudenkmal erhalten geblieben ist eine stattliche, breitgelagerte Anlage mit Mietwohnungen, die 1927 an der Ausfallstraße nach Cappenberg, zwischen Reuterstraße und Krimstraße entstand. Der Bau folgt mit seinen drei Flügeln noch einer neo-barocken Grundauffassung. Darüber hinaus ist er sachlich gestaltet, in der Ausbildung der Details läßt er den späten Expressionismus anklingen.

Um das Bauen in den zu Ende gehenden zwanziger Jahren aber noch etwas weitergehender zu erläutern, soll beispielhaft auf ein weiteres Gebäude, auf das Freiherr-vom-Stein-Gymnasium, eingegangen werden.

Das Freiherr-vom-Stein-Gymnasium und das Beispiel der Niederlande

Das höhere Schulwesen in Lünen hat seine Wurzeln in einer Rektorats- oder Lateinschule, die in einer Urkunde von 1605 erstmals erwähnt wird (323). Daraus ging im Jahre 1909 ein Pro-Gymnasium hervor, das 1922 zum Gymnasium erhoben wurde (324). Schon für das Pro-Gymnasium war ein repräsentatives Gebäude errichtet worden, welches in seinem Kern noch besteht. Es steht am Spormeckerplatz und wird heute von der Gesamtschule genutzt.

Mit der Schülerzahl wuchs der Raumbedarf. Im Jahre 1927 beschlossen daher die städtischen Gremien den Bau eines neuen Schulhauses (325). Die nötigen Mittel konnten, auch als eine Folge der Eingemeindung des Bergbauortes Brambauer, in ausreichendem Maße bereitgestellt werden. So entstand in den folgenden Jahren ein großzügiges Gebäude mit einer zeitgemäßen Einrichtung, wobei den drei naturwissenschaftlichen Abteilungen eine besondere Bedeutung zugemessen wurde. Am 18. Juli 1931 war die Einweihung. Anläßlich des 100. Todestages des Reichsfreiherrn vom Stein erhielt die Schule den Namen „Freiherr-vom-Stein-Gymnasium". Die Jungen- und die Mädchenoberschule nutzten das neue Gebäude gemeinsam, Platz war zunächst noch ausreichend vorhanden. Die Architekten, die Gebrüder Dietrich und Karl Schulze aus Dortmund, waren in Lünen gut bekannt. Sie hatten hier im Jahre 1909 schon das bisherige Pro-Gymnasium errichtet, dazu viele Siedlungen und herausragende Einzelgebäude.

Das Freiherr-vom-Stein-Gymnasium ist ein viergeschossiger Bau in der Form eines großen „Z". Die beiden Klassenflügel sind durch Gesimse, Fensterbahnen und aufgerauhte Ziegelflächen deutlich in der Waagerechten betont, sie vermitteln einen eher lagernden Eindruck. In einem bewußten Gegensatz dazu steht der

Lünen-Mitte,
Freiherr-vom-Stein-Gymnasium

Der Treppenhausturm in der Gebäudeecke findet im Aufsatz des Schornsteines noch eine Fortsetzung nach oben. Rechts schließt der eher lagernde, die waagerechte Richtung betonende Klassentrakt an, links steht die hohe Scheibe des Aulaflügels dagegen. Die gesamte, wie eine Skulptur behandelte Baumasse, findet im Treppenhausturm ihren Kulminationspunkt.

Aulatrakt mit seinen schmalen, senkrechten Fensterbahnen. Zwischen Klassen- und Aulaflügel tritt ein kräftiger Treppenturm aus der Gebäudeecke, erhebt sich noch zwei Geschosse über die Flachdächer der Flügelbauten und findet seinen Abschluß im Ziegelaufsatz des Schornsteins (326).

Die Gebäudeecken sind gerundet, zudem hat der nördliche Klassenflügel eine zur Friedenstraße ausgerichtete konkave Form. Mit diesen Mitteln wurden allzu harte Konturen der wuchtigen Baumasse vermieden. Das weiße Holzwerk der Fenster steht zu dem rot-blauen Ziegelmauerwerk der Fassaden in einem prägnanten Kontrast. Vorkragende Ziegelsteine bewirken in Teilbereichen zart strukturierte Oberflächen.

Lünen-Mitte, Freiherr-vom-Stein-Gymnasium

Nicht nur die große Form, auch die Details weisen in die Niederlande der 20er Jahre. Hierzu gehören auch die vorstehenden Klinkerreihen, mit denen aus dem Blickwinkel der Gesamtschau Flächen mit zarter Schattierung hervorgerufen werden. Im Eckbereich sind inzwischen die mittleren Gesimsbänder verlorengegangen. Hier ist im Rahmen der Denkmalpflege für eine Erneuerung zu sorgen.

Die Baumasse des Freiherr-vom-Stein-Gymnasiums mit der aufeinander bezogenen Anordnung der einzelnen Bauglieder ist in der Art einer Skulptur geformt. Hier tritt uns ein durchaus funktionaler Zweckbau in der Art einer monumentalen Plastik entgegen. Damit greifen D. und K. Schulze expressionistische Vorstellungen auf, wie sie besonders ab der Spätphase des Ersten Weltkrieges und in den ersten Nachkriegsjahren das Denken und Gestalten prägten. Die Gestaltmittel lassen Ähnlichkeiten mit dem Amsterdamer Wohnungsbau erkennen, wie er in einer romantisch-expressionistischen Weise zu Anfang der 20er Jahre entstand. Ziegelfassaden mit runden Ecken und bandartige weiße Holzfenster, wie sie uns vom Stein-Gymnasium vertraut sind, finden sich schon dort.

Es sind aber auch Verbindungslinien von Lünen zu dem Hilversumer Stadtarchitekten Willem Marinus Dudok zu erkennen (327). Dessen Schaffen hebt sich deutlich von der Art der genannten Amsterdamer Ziegelarchitektur ab. Er war, wie das zeitgenössische Architekturgeschehen überhaupt, stark von einer niederländischen Künstlergruppe beeinflußt, die nach ihrer Zeitschrift mit dem Namen „de Stijl" benannt wird. Dudok verwirklichte seine Ideen besonders im Schulbau, und als eines seiner reifsten Werke kann die Dr.-Bavinck-Schule von 1921 in Hilversum gelten. Bei Dudoks Schulen ist die Baumasse ebenfalls plastisch ausgeformt, sind die Bauglieder spannungsvoll einander zugeordnet. Die Fassaden zeigen flache und tiefe Einschnitte, volle und zarte Schatten. Auch in Hilversum kulminiert die Komposition in einem Treppenturm mit Schornstein in der Ecke (328). Das Freiherr-vom-Stein-Gymnasium hat seinen eigenen gestalterischen Ausdruck, aber die Gebrüder Schulze werden das Beispiel aus Hilversum gekannt haben.

GERADE ENTDECKT- DIE DENKMÄLER DER NACHKRIEGSZEIT

Eine Schule von Hans Scharoun

Die Holtgrevenstraße mit dem schönen Baumbestand führt in einem leichten Bogen vor allem an öffentlichen Gebäuden und Grünanlagen vorbei. Das junge Grün der Linden verleiht ihr im Frühjahr einen ganz besonderen Reiz. Auf der Nordseite der Straße liegt die neugotische Herz-Jesu-Kirche. Sie wird zweiseitig von den früheren Wallanlagen umfaßt, die heute als öffentliche Parkanlage gestaltet sind. Noch von der Holtgrevenstraße aus ist zu erkennen, wie sich der mittelalterliche Stadtkern mit seiner südwestlichen Randbebauung daraus erhebt.

In wenigen Metern Abstand folgt auf der Südseite ein zweigeschossiges, stark gegliedertes Gebäude dem Straßenverlauf, das nicht so ohne weiteres einem gängigen Bauschema zuzuordnen ist: das Geschwister-Scholl-Gymnasium von Hans Scharoun (329) - heute baulicher Bestandteil der Gesamtschule gleichen Namens.

Bäume und Sträucher vor dem Gebäude sind wirkungsvoll plaziert und ergänzen so die Elemente und Farben der Architektur. Bei näherer Betrachtung teilen sich bereits von der Straße her einige Nutzungen mit: So treten zum Beispiel drei aufeinanderfolgende, plastisch ausgeformte Gebäudeteile weit aus der Bauflucht vor. Es handelt sich dabei, das sei schon vorweg gesagt, um die Außenhüllen der drei Lehrsäle für die Naturwissenschaften, für Physik, Chemie und Biologie. Das Schulgebäude zeigt an dieser Stelle keinerlei Transparenz, die nahezu geschlossenen Wände und die Bauform signalisieren vielmehr eine Konzentration auf den Innenraum -auf den Experimentiertisch des Lehrers- bei eher abgedunkeltem Saal.

Über den naturwissenschaftlichen Räumen läßt eine schräggestellte gläserne Atelierwand gleich die künstlerische Tätigkeit dahinter erkennen. Hier ist Transparenz gegeben, durch die Fenster eröffnet sich von innen der Blick weit über die Wallgangzone bis zum alten Stadtkern.

Durch den Gebäudetrakt an der Holtgrevenstraße zieht sich in nahezu ganzer Länge eine weitläufige, vielgestaltige Halle. Sie dient der inneren Erschließung, dazu als Pausenhalle und, so das Konzept, als ein Ort der Begegnung. Aufweitungen und Einschnürungen schaffen Teilräume, gleichzeitig ist der weite Durchblick unverstellt. Teilweise wird der Außenraum bewußt in das Innere der Halle einbezogen, ein Gestaltungsphänomen, dem man in der Schule häufig begegnet.

Die Gestaltung der Halle führt zu vielen Angeboten für das Verhalten und Handeln, so zum Verweilen, Kommunizieren und Betrachten. Zur ursprünglichen Ausstattung, die heute aber nicht mehr vollständig ist, gehören Aquarien, Vitrinen, Pflanzbeete, Trinkbrunnen und eine Milchbar.

Die von der Halle erschlossene Aula ermöglicht das Zusammensein der ganzen - damaligen - Schulgemeinschaft. Sie erinnert im Innern an ein Zelt. Entsprechend ist die Bestuhlung annähernd in runder Form angeordnet und bezieht alle Anwesenden in das Geschehen auf der Bühne ein. Bewußt ist diese Aula von Hans Scharoun als ein Ort geplant worden, der zur aktiven Mitgestaltung des Schullebens einlädt .

Statt der wohlbekannten standardisierten Unterrichtsräume hat Scharoun sogenannte Klassenwohnungen konzipiert. Durch einen jeweils zugehörigen Garderobenraum wird der polygonale, wabenartige Unterrichtsraum betreten, der sich an einer Seite um einen Gruppenraum erweitert. Durch Fensterwände öffnen sich die Klassen- und Gruppenräume einem jeweils zugehörigen atriumartigen Hof, der auch für den Unterricht im Freien gedacht ist. Alle Räume der Unter- und Mittelstufe liegen im Erdgeschoß. Der Altersstufe entsprechend vermitteln sie ein Gefühl der Geborgenheit, nach außen öffnen sie sich nur einem begrenzten Umfeld mit relativ kleinen Pausenhöfen.

Den älteren Jahrgängen wurden ursprünglich im Obergeschoß ähnliche Klassenwohnungen zugewiesen, aber mit deutlicher Sichtbeziehung in den Außenraum. Der Freiluft-Unterricht kann hier auf Balkonen stattfinden. Auch der Pausenhof der älteren Jahrgänge wurde, künftige Lebensabschnitte berücksichtigend, in Richtung Innenstadt, also dem öffentlichen Leben zugewandt, angelegt.

So wurde die Baugestalt des Geschwister-Scholl-Gymnasiums also der Entwicklung junger Menschen entsprechend konzipiert , beginnend mit dem Schuleintritt im noch kindlichen Alter. Nach den Zonen der Geborgenheit öffnet sich nach und nach ein weiteres Umfeld, um die Jugendlichen und jungen Erwachsenen an das öffentliche Leben und die politische Gemeinschaft heranzuführen (330). Das Schulgebäude hat entsprechend nicht nur der Weitergabe von Wissen zu dienen, es soll auch Erlebnisvermittlung und Bewußtseinsbildung ermöglichen. Der von Scharoun intendierte Sinngehalt der Bauaufgabe teilt sich über die von den Räumen ausgehenden Wirkungen mit, die von den Menschen wahrgenommen werden und ihr Handeln, Verhalten und Fühlen beeinflussen (331).

Das Geschwister-Scholl-Gymnasium entstand in den Jahren 1956/62 in drei Bauabschnitten. In den Plänen ist noch ein nicht mehr realisierter Musikpavillon dargestellt. Schon bald nach der Fertigstellung hatte sich das Gebäude, das als Mädchenoberschule mit zwei Zügen geplant war, höheren Schülerzahlen zu stellen. Später führte die Koedukation zur Notwendigkeit baulicher Ergänzungen. Als Folge dieser Entwicklung konnte dann der Schulalltag mit der vom Architekten vorgegebenen Form nicht mehr zur Deckung gebracht werden. Heute wird die frühere Mädchen-Oberschule dem pädagogischen Konzept einer Gesamtschule entsprechend genutzt. Der ursprüngliche Bau hat aber dennoch bisher kaum gravierende Änderungen erfahren, so daß uns Scharouns Schule weitgehend erhalten geblieben ist. Die Stadt Lünen kann hier also ein prächtiges Stück Nachkriegsarchitektur vorzeigen.

Aus dieser Zeit gibt es noch weitere herausragende Beispiele. Dazu sollen einige wenige Bemerkungen folgen, als Abschluß und Ausblick zugleich.

Vom Bauen in den fünfziger Jahren

Heute treten die ersten 15 Nachkriegsjahre als ein Zeitraum vor unsere Augen, der mit einigem Recht als eine baugeschichtliche Epoche bezeichnet werden kann. Erst jetzt, mit einem zeitlichen Abstand von 30 bis 35 Jahren, lassen sich die zeittypischen Gestaltmittel überblicken und beschreiben, können Ideen und geistige Strömungen erfaßt und zugeordnet werden (332).

Zunächst galt es nach dem Kriege, die notdürftigsten Instandsetzungen durchzuführen, die größte Not zu lindern. Mit der Währungsreform begann der eigentliche Wiederaufbau, und die

Lünen-Mitte, Geschwister-Scholl-Schule

Auf der Südseite wird die Holtgrevenstraße vom Gebäude des ehemaligen Geschwister-Scholl-Gymnasiums begleitet. Bäume und Sträucher im Vorgelände ergänzen die Baugestalt.

Lünen-Mitte,
Geschwister-Scholl-Schule

Zu jeder „Klassenwohnung" gehört auch ein Freiluftraum. Bei den unteren Klassen liegt dieser ebenerdig neben dem Innenraum. Im früheren Gymnasium hatten die älteren Schülerinnen im Obergeschoß einen Balkon.

junge Bundesrepublik trat in ihre Gründungsphase. Eine Vielzahl von Architekturströmungen wirkte auf das Bauen der fünfziger Jahre ein , das sich im Ergebnis sehr vielgestaltig und durchaus auch widersprüchlich darstellt (333). In der späteren Phase der Nachkriegszeit bildete sich ein eigener, zeittypischer Formenkanon heraus.

Lünen war von den Flächenbombardements des Krieges verschont geblieben, dennoch galt es in den 40er und 50er Jahren zunächst, die größte materielle Not zu beheben. Dazu gehörte vor allem der Bau von Wohnungen, besonders für die vielen Flüchtlinge und Heimatvertriebenen. In der Folge entstanden dann Schulen und Kirchen, später auch erste Einrichtungen zur Deckung sportlicher und kultureller Bedürfnisse: das Hallenbad und das Stadttheater.

Das Heinz-Hilpert-Theater wurde nach den Plänen von Gerhard Graubner, Hannover, in den Jahren von 1956-58 erbaut. Lünen hatte sich bereits in den wenigen Jahren nach dem Kriege einen Ruf als Stadt erworben, in der qualifiziertes Theater angeboten wurde, allerdings in einem baulich unzulänglichen Rahmen. Nun entstand ein großzügiges Gebäude für Gastspiele und Tourneetheater. Mit dieser Konzeption konnte sich Lünen damals auch ohne eigenes Ensemble neben den Theaterstädten der Region behaupten und ein kultureller Mittelpunkt der ländlichen Umgebung werden (334).

Rat und Verwaltung hatten bis zum Ende der fünfziger Jahre ihren Sitz im „Stadthaus", dem Gebäude des vorherigen Pro-Gymnasiums. Das war ein durchaus würdiger Rahmen, nicht ohne Atmosphäre, aber mit vielen baulichen Unzulänglichkeiten. Ein Neubau erwies sich als notwendig. Die Architekten des neuen Rathauses, Werner Rausch und Siegfried Stein, beide aus Berlin, gingen 1955 als Sieger aus einem Wettbewerb hervor (335). Das von ihnen entworfene Hochhaus wurde in Lünen im Hinblick auf die vorhandene Baustruktur nicht widerspruchslos aufgenommen. Der Rat der Stadt Lünen folgte jedoch dem Votum des Preisgerichtes, und so entstand in den Jahren von 1956 bis 1960 das neue Rathaus in der Form eines 14-geschossigen Hochhauses.

Der zugrundeliegende Baugedanke ging von der Siedlungsstruktur Lünens aus. Diese ist durch mehrere Ortsteile und Siedlungsbereiche geprägt, wie sie mit den Zechen und Fabriken entstanden waren. Durch den Turm des Rathauses sollte nun die weit auseinandergezogene Stadt einen sichtbaren Mittelpunkt der bürgerlichen Selbstverwaltung erhalten (336).

Standort des Neubaus war der Bereich der früheren Wallanlagen, der in den fünfziger Jahren als Gartenland genutzt wurde. Rausch und Stein rückten ihren Neubau so weit wie möglich vom historischen Stadtkern ab, um diesen zu respektieren, seine Konturen nicht aufzulösen. Die umgebenden Gärten wurden zu einer zeittypischen Grünanlage umgestaltet, so wie sie auf der Westseite des Rathauses, besonders nördlich der Bäckerstraße, noch erhalten ist.

Der Hochhausturm fügte den drei Kirchtürmen, die einige Jahrzehnte allein die Stadtsilhouette bestimmt hatten, das sichtbare Zeichen des bürgerlichen Mittelpunktes hinzu. Die schwebende Leichtigkeit des Daches über dem letzten Geschoß, die gliedernden Glasflächen und der helle, gelbe Verblendstein nehmen dem Bau, trotz dessen imposanter Größe, seine optische Schwere. Mit den zweigeschossigen Flügelbauten, die den Turm umgeben, sollte zur umgebenden Bebauung des Kerns vermittelt werden. Durch die späteren Veränderungen auf der Ostseite, so mit den Bauten des Kaufhauses und des Parkhauses, ist dieser Gedanke heute allerdings nicht mehr ablesbar.

Der Sitz der Legislative, also des Rates der Stadt Lünen, ist auf der Westseite mit einem eigenen Ratsflügel sichtbar ausgeformt. Im Erdgeschoß des Rathauses öffnet sich dem Eintretenden zunächst eine große, über zwei Geschosse durchgehende Halle, mit der die weiteren Räume erschlossen werden. Die Halle kann einfach durchquert werden, sie lädt aber auch zum Verweilen ein. Mit ihrer Form, den Galerien und der Treppe ist sie für Veranstaltungen vielerlei Art geeignet, so für Ausstellungen, Basare, Empfänge usw. Entsprechend wird sie auch genutzt, und genau das haben die Architekten mit ihrem Konzept einer „Bürgerhalle" auch gewollt.

Selbstbewußtes Darstellen kommunaler Selbstverwaltung, eine Bürgerhalle, optische Leichtigkeit, asymmetrische und dynamische Formen - so ist das Rathaus zu charakterisieren. Damit

Lünen-Mitte, Heinz-Hilpert-Theater

In den 50er Jahren entwickelte sich ein durchaus eigenständiger Formenkanon. Am Stadttheater ist das gut zu beobachten, so mit dem festlichen Treppengeländer, den schönen Lampen und auch mit den Einzelheiten der seitlichen Eingangstür. Auffallend ist die häufig wiederkehrende Figur des Diabolos.

treten Elemente einer bewußten Gegenwelt zum vorausgegangenen Nationalsozialismus hervor, und es wird auch etwas von der demokratischen Aufbruchstimmung sichtbar, die es in den Jahren nach dem Kriege gegeben hat (337).

Die Bewahrung dieses Erbes geht weit über eine konservatorische Aufgabe hinaus, gilt es doch, die aus dieser Baugestalt erwachsene Verpflichtung in tägliches Handeln einzubringen.

Lünen-Mitte, Rathaus

Die Glasflächen und der helle Klinker lassen das Rathaus trotz seiner imposanten Größe optisch leicht erscheinen. Im Westen und Süden ist die zeittypische Grünanlage, es handelt sich dabei um die früheren Wallanlagen, bis heute im wesentlichen erhalten geblieben.

ANMERKUNGEN

1 Die Angaben zu den naturräumlichen Gegebenheiten und Entwicklungen fußen im wesentlichen auf Theodor Semmler, „Landschaftliche Grundzüge".
2 DScHg. Es heißt hier unter § 2, Abs. 3 im Satz 2: 'Als Bodendenkmäler gelten auch Zeugnisse tierischen und pflanzlichen Lebens aus erdgeschichtlicher Zeit [...] '.
3 Die Angaben zum geologischen Aufbau unseres Raumes fußen im wesentlichen auf Hans Bode, „Geologische Verhältnisse".
4 WMfA, *Neujahrsgruß 1990*, S. 19 ff.
5 Die Angaben zu den früheren Funden sind den damaligen Presseberichten entnommen. Siehe STAL, Knochen und Gräberfunde.
6 Lehnemann, „Aus Höhlen wird Geschichte wach". Siehe STAL, Knochen und Gräberfunde. (RN 18. 08. 1979.)
7 Hier wurde im wesentlichen zurückgegriffen auf Narr, „Steinzeit", S. 82 ff. Siehe hierzu auch: Bode, „Geologische Verhältnisse", S. 35 ff.
8 Bode„, Geologische Verhältnisse", S. 41.
9 Narr, „Steinzeit", S. 82.
10 Pörtner, *Bevor die Römer kamen*, S. 58 ff.
11 Narr, „Steinzeit", S. 82 u.84.
12 Günther, *Steinzeit und ältere Bronzezeit*, S. 8.
13 Die Höhlen des westfälischen Berglandes wurden allerdings von den Menschen in Anspruch genommen .
14 Narr, „Steinzeit", S. 84.
15 Ebenda, S. 82. Zu den Werkzeugen s. a. Günther, *Steinzeit und ältere Bronzzeit*, S. 8 ff.
16 WMfA, Fundpunkteverwaltung, Akz 4311-65. Siehe hierzu auch Spieß, „Wanderungen": Demnach führte eine frühere Auslehmung zwischen Lünen-Horstmar und Niederaden zu verschiedenen Funden , die teilweise in das Eiszeitalter weisen. Die jeweilige Fundsituation wurde wohl nicht umfassend archäologisch untersucht . Es soll aber nicht unerwähnt bleiben, daß sich unter den Funden auch ein Faustkeil befand.
17 Günther, *Steinzeit und frühe Bronzezeit*, Fußnote auf S. 9 u. 10.
18 Zur Ausformung des Reliefs siehe bei Semmler, „Landschaftliche Grundzüge", S. 53 ff.
19 Narr, „Steinzeit", S. 89.
20 Semmler, „Landschaftliche Grundzüge", S. 55 ff.
21 Narr, „Steinzeit", S. 88.
22 Ebenda, S. 88.
23 Günther, *Steinzeit und ältere Bronzezeit*, S. 20.
24 Ebenda, S. 20. Vgl. hierzu jedoch Narr, „Steinzeit", S. 89, der vorsichtig ausführt: 'Indes wird man im großen und ganzen weiterhin in kleinen Gruppen vom Sammeln und Jagen gelebt haben. Viel Konkretes aber können wir, wenn wir ehrlich sind, darüber nicht aussagen.'
25 Günther, *Steinzeit und ältere Bronzezeit*, S. 17 und 22.
26 WMfA, Fundpunkteverwaltung, Akz 4311-4 und 4311-11. Siehe hierzu auch Keller, *Römerlager*, S.17, wo auf die mittelsteinzeitlichen Funde von Karl Brandt und Christoph Albrecht im Gebiet des Uferkastells hingewiesen wird. Siehe auch Narr, „Steinzeit", S. 89.
27 Narr, „Steinzeit", S. 89.
28 Günther, *Steinzeit und ältere Bronzezeit*, S. 20 ff.
29 Narr, „Steinzeit", S. 90 ff.
30 Ebenda, S. 96.
31 Ebenda, S. 90.
32 Ebenda, S. 100 f. Siehe auch Günther, *Steinzeit und ältere Bronzezeit*, S.32 f.
33 Narr, „Steinzeit", S. 100.
34 Pörtner, *Bevor die Römer kamen*, S. 204.
35 Die Angaben stammen vom Sandgrubenbesitzer Langenbach, hier zitiert nach Siegeroth, *Altlünen*, S. 19.
36 Narr, „Steinzeit", S. 100 f. Hier wird das Verhältnis der Trichterbecherkultur zur Megalithkultur beschrieben.
37 Ebenda, S. 101 ff. Siehe hierzu auch Günther, *Steinzeit und ältere Bronzezeit*, S. 33 ff.
38 Herr Dr. Hömberg gab diese Information.
39 Neben den Gemeinschaftsgräbern sind auch Einzelgräber mit typischer Tiefstichkeramik bekannt geworden, ohne daß es bisher eine Erklärung für diese abweichende Bestattungsform gibt. So Günther, *Steinzeit und ältere Bronzezeit*, S. 36.
40 Narr, „Steinzeit", S. 102.
41 Die Informationen zu den beiden verbliebenen Steinen stammen von Herrn Dr. Lehnemann, Lünen.
42 Narr, „Steinzeit", S. 106 ff.
43 WMfA, Fundpunkteverwaltung, so zum Beispiel Akz. 4310-3 zu Funden in der Geist. Hierzu gehörte auch das Flintbeil.
44 Brandt, *Steinerne Äxte*, Liste 6.
45 Portner, *Bevor die Römer kamen*, S. 256 ff.

46 Ebenda, S. 258 ff.
47 Vedderer, „Vorrömische Metallzeit", S. 17. Siehe auch Günther, *Steinzeit und ältere Bronzezeit*, S. 50 ff.
48 Vedderer, „Vorrömische Metallzeit", S. 30.
49 Ebenda, S. 18 ff. Siehe auch Günther, *Steinzeit und ältere Bronzezeit*, S. 54 ff.
50 Günther, *Steinzeit und ältere Bronzezeit*, S. 56 f.
51 WMfA, *Neujahrsgruß 1993*, S.57 f.
52 WMfA, Fundpunkteverwaltung, Akz. 4310-18 sowie Akz. 4311-3;-5;-17.
53 Ebenda, Akz. 4310-16.
54 UD, Eintragung eines Bodendenkmals für einen Bereich in Alstedde (Entwurf). Siehe auch WMfA, Fundpunkteverwaltung, Akz. 4310-16, sowie Siegeroth, *Altlünen*, S. 19 f.
55 Die wesentlichen Daten zu den römischen Feldzügen fußen auf Kühlborn, „Römische Angriffe", S. 143-166.
56 Prein, *Aliso bei Oberaden*. Prein war allerdings der Meinung, Aliso gefunden zu haben. Siehe hierzu auch Keller, *Römerlager*, S. 2 f. und 23.
57 Keller, *Römerlager*, S. 5 ff.
58 Kühlborn, „Römische Angriffe", S.159.
59 Keller, *Römerlager*, S. 14 ff.
60 Ebenda, S. 15 f. Siehe auch Kühlborn, „Römische Angriffe", S. 159 f.
61 Kühlborn, „Römische Angriffe", S. 149 ff. und 159.
62 Ebenda, S.159.
63 Ebenda, S.159 f.
64 WMfA, Fundpunkteverwaltung, Akz. 4311-13.
65 Bérenger, „Kaiserzeit", S. 169.
66 Ebenda, S. 171.
67 WMfA, Fundpunkteverwaltung, Akz. 4311-1 und -2.
68 Bérenger, „Kaiserzeit", S. 180 f. Siehe auch Polenz, *Römer und Germanen*, S.100 ff.
69 Polenz, *Römer und Germanen*, S. 100 f.
70 Ebenda, S.73 f.
71 Bérenger, „Kaiserzeit", S. 174 f. Siehe auch Polenz, *Römer und Germanen*, S.76. Hier wird eine Länge von 30 Metern genannt.
72 Bérenger, „Kaiserzeit", S. 175.
73 Polenz, *Römer und Germanen*, S. 80 ff.
74 Bérenger, „Kaiserzeit", S.178.
75 Ebenda, S. 178.
76 Ebenda, S. 179 f.
77 Polenz, *Römer und Germanen*, S.88. Die Germanen werden demnach vor allem Güter aus dem agrarischen Bereich in die römische Provinz geliefert haben, so z.B. Häute, Felle, Textilien, Frauenhaar usw. Umgekehrt gelangten neben provinzialrömischen Gebrauchsgütern auch Luxusartikel, wie z.B. Bronzefibeln, ins heutige Westfalen.
78 WMfA, Fundpunkteverwaltung. Verschiedene Fundstellen im Stadtgebiet mit einer besonderen Konzentration im Umfeld des römischen Uferkastells.
79 RN Nr. 76 vom 31. 05. 1954. Die Datierung ist irrig. Zur wirklichen Zeitstellung der Urne siehe im Text weiter unten.
80 WMfA, *Neujahrsgruß 1990*, S. 53 ff. Auch in den folgenden *Neujahrsgrüßen* wird jeweils über die Grabung berichtet. Für die guten Gespräche und die Erläuterungen auf der Grabung Lünen-Wethmar bin ich der wissenschaftlichen Leiterin, Frau Anna-Helena Schubert MA und ihren Mitarbeiterinnen und Mitarbeitern zu großem Dank verpflichtet.
81 Dass., *Neujahrsgruß 1991*, S. 56.
82 Die Angaben zur Geschichte, zur Lebenswelt und zum Totenbrauchtum der Franken und Sachsen fußen im wesentlichen auf Wilhelm Winkelmann, „Frühgeschichte und Frühmittelalter", S. 187-230.
83 Ebenda, S 188. Siehe auch Engel, *Politische Geschichte*, S. 33 ff
84 Winkelmann, „Frühgeschichte und Frühmittelalter", S. 189 ff.
85 Ebenda, S. 210 ff.
86 Ebenda, S. 220 ff.
87 Die Entwicklung der Siedlungsstruktur in Westfalen ist umfassend beschrieben bei Manfred Balzer, „Siedlungsgeschichte", S. 232 ff. Siehe auch Schmülling, *Hausinschriften*, S. 81. Auf Lünen bezogen vgl. Lappe, „Hof Haumann", S. 8.
88 Manfred Balzer, „Siedlungsgeschichte", S. 233 ff.
89 Lappe, *Hof zu Gahmen* , S. 24 ff.
90 Manfred Balzer, „Siedlungsgeschichte", S. 238 ff.
91 Zur weiteren Siedlungsentwicklung ebenda S. 267.
92 UD, DL.
93 Lappe, *Hof zu Gahmen*, S. 1.
94 Engel, *Politische Geschichte*, S. 83 und 85.
95 Lappe, *Hof zu Gahmen*, S. 9 ff. Die Abgaben und Dienste der Altlüner Höfe – Alstedde, Nordlünen, Wethmar – sind umfassend beschrieben bei Siegeroth, *Altlünen*, S. 50 ff.
96 Der Vorgang läßt sich für den Bereich Altlünen sehr gut bei Siegeroth, *Altlünen*, S. 50 ff. nachvollziehen. Siehe auch Lappe, *Sondergemeinden*, S. 14.

97 Lappe, *Hof zu Gahmen*, S. 24 ff.
98 Ebenda, S. 34 ff.
99 Lappe, „Hof Haumann", S. 62.
100 Barbara Seifen und Gertraud Horst führten im Sommer 1987 im Auftrage des WAfD eine Bauaufnahme durch, deren Ergebnisse in die Betrachtungen eingeflossen sind.
101 Die Angaben zum ländlichen Bauen fußen wesentlich auf Schepers, *Haus und Hof*, aber auch auf Schmülling, *Hausinschriften*.
102 Schepers, *Haus und Hof*, S. 37, einschließl. Anmerkung 208.
103 Kaspar, *Bauen und Wohnen*, S. 241. Es heißt dort: 'Zudem scheint es [...] unbedingt überprüfenswert, ob diese ackerbürgerliche Tätigkeit im städtischen Haushalt [...] nicht ein jüngeres Phänomen ist und in den erhaltenen [städtischen, Anmerk. des Verf.] Bauten des 15. und 16. Jahrhunderts eine sekundäre Erscheinung darstellt, die auf Umbauten des 17. und 18. Jahrhunderts beruht.'
104 Zu den Nutzungsstrukturen siehe Schepers, *Haus und Hof*, S. 70 ff.
105 Rekonstruierbar z. B. beim Bauernhaus 'Im Brock 9' in Wethmar. Ansonsten siehe die Aufmaßtafeln bei Schepers ab S. 207.
106 Schepers, *Haus und Hof*, S. 75 und 445.
107 Von diesem Umbau berichteten die heutigen Bewohnerinnen Sophia und Elisabeth Overthun im Rahmen einer volkskundlichen Untersuchung, die Christine Aka im Auftrage des WAfD durchführte.
108 Schepers, *Haus und Hof*, S. 33 ff.
109 Ebenda, S. 61 ff. Siehe auch Schmülling, *Hausinschriften*, S. 48 und 82 ff.
110 Zu den Bindungsarten siehe Schepers, *Haus und Hof*, S. 39 ff.
111 Ebenda, S. 51.
112 Schmülling, *Hausinschriften*, S. 87.
113 Ebenda, S. 61. Hier spricht Schmülling von der 'überlegenen Hauslandschaft im Osten.' Auf S. 85 spricht er von den 'unter Oberwesereinfluß stehenden westfälischen Landschaften.' Die Beispiele lassen sich fortsetzen.
114 Schepers, *Haus und Hof*, S. 61. Hier heißt es: 'Den (Vierständer, Anm. d. Verf.) gestaltete hier der Zimmermann eigenwillig und beharrsam mit dem alten Gefüge.' Schepers spricht hier den Übergang vom älteren Zweiständer zum Vierständergerüst an.
115 Schmülling, *Hausinschriften*, S. 91 und 92.
116 UD, Denkmalliste . Dazu Wolfgang Balzer, Bauhistorische Untersuchung des Schafstalles, 1990.
117 Schepers, *Haus und Hof*, verschiedene Beispiele.
118 Schmülling, *Hausinschriften*, S. 60 und 66.
119 Lehnemann, *Sankt Marien*, S. 104.
120 Die nachfolgenden Ausführungen fußen im wesentlichen auf Schmülling, *Hausinschriften*.
121 Ebenda, S. 49 ff.
122 Ebenda, S. 53.
123 Ebenda, S. 107.
124 Zur Entwicklung des eigentlichen Spruchgutes siehe ebenfalls bei Schmülling.
125 Ebenda, S. 68.
126 Ebenda, S. 98 ff.
127 Die Entstehung und Entwicklung Lünens auf dem Nordufer der Lippe einschließlich des Umzugs auf das Südufer ist umfassend dargelegt bei Nigge, „Untersuchungen" und bei Lehnemann, „Entwicklung", S. 59 ff.
128 Lehnemann, „Entwicklung", S. 59 ff.
129 Ebenda, S. 61 u. 63. Lehnemann schreibt: 'Zieht man die Summe, kann man die Stadtwerdung Lünens zwischen 1260 und 1270 annehmen. Lünen gehört also zu den Orten, die erst spät den Rang einer Stadt erreichten und Kleinstädte, oppida, blieben.' Nigge nahm in seinen „Untersuchungen" die Stadtwerdung um 1215 an.
130 Lehnemann, „Entwicklung", S. 66 ff.
131 Lappe, *Westfälisches Städtebild*, S. 6. Siehe auch ders. , *Sondergemeinden*, S. 20 einschl. Anm. 2.
132 StAM, Cleve-Mark 255,4, fol. 145v, zitiert nach Lappe, *Sondergemeinden*, S. 32, Anm. 2. Die Urkunde beschreibt die Wehranlagen der Stadt (inzwischen Altstadt) 235 Jahre nach der Verlegung.
133 WMfA, Grabungsbericht vom April / Mai 1987 (Ottfried Ellger).
134 StAM, Kartensammlung Münster Nr. 733. Ein Ausschnitt ist abgebildet bei Lehnemann, *Sankt Marien*, S. 10.
135 Reiß / Lehnemann, *Kleine Geschichte*, S. 7 f. Siehe auch Nigge, „Untersuchungen", S. 49. Es heißt hier: '[...] sehr beachtenswert ist aber die Tatsache, daß sich in der 1895 abgebrochenen Kirche, am innern Bogen des Turmeinganges, die Jahreszahl MXVIII in einem Stein eingehauen fand'. Fußnote hierzu: 'Leider ist der betreffende Stein beim Abbruch der Kirche verloren gegangen.'
136 Lappe, *Sondergemeinden*, S. 15 f. und ders. , *Wehrverfassung*, S. 2
137 WAfD, Sondierungsbericht vom Mai 1987 (Ottfried Elger).
138 Lehnemann, *Sankt Marien*, S. 74 ff.
139 Mühlen„„Kirchbau", S. 20 ff.

140 WAZ und RN, beide vom 06. 09. 1974 und RN vom 30. 06. 1976.
141 Ludorff, *Bau- und Kunstdenkmäler.*
142 Mühlen, „Kirchbau", S. 20 f. Siehe auch Löffler, „Bau- und Kunstdenkmäler", S. 69 ff.
143 Mühlen, „Baukunst im Mittelalter", S. 689 ff.
144 Dehio, *Kunstdenkmäler,* S. 72 f.
145 Zur gotischen Baukunst allgemein wurden die entsprechenden baugeschichtlichen Standardwerke verwendet, so zum Beispiel Koch, *Baustilkunde.* Die Verbindung zur Scholastik ist besonders dargelegt bei Panowsky, *Gotische Architektur*.
146 Mühlen, „Kirchbau", S. 22.
147 Ebenda, S. 24. Siehe hierzu die betreffenden Beschreibungen bei Dehio.
148 Mühlen, „Kirchbau", S. 25.
149 Ribbrock, Rincklake, S. 197.
150 StAL, Abt. 31 Nr. 10.
151 Ribbrock, *Rincklake,* S. 73. Hier stellt Ribbrock einen Grundtyp der Kirchenbauten Rincklakes dar.
152 Ebenda, S. 110. Es heißt dort: 'Die mit vielen Kirchenbauten Wilhelm Rincklakes vergleichbare Anlage von Herz-Jesu [Münster, der Verf.].'
153 Ebenda, S. 73 und 196.
154 Ebenda, S. 195.
155 Ebenda, S. 101.
156 Lediglich die Schildbögen im Innern, die auch nicht durch Schildrippen besonders betont sind, und die auch keinen großen Anteil am Raumbild haben, weichen von dieser Regelhaftigkeit ab.
157 Löffler, „Bau- und Kunstdenkmäler", S. 74. Es gibt hierzu ein zeitgenössisches Photo, das 1894, kurz vor dem Abbruch entstanden ist.
158 Lehnemann, *Sankt Marien,* S. 55.
159 Veröffentlicht in: *Westfalen,* Bd. 22, S. 275.
160 Hoeken, „Taufstein", S. 49 ff.
161 Lehnemann, Stadtrecht, S. 72.
162 Lappe, *Sondergemeinden,* S. 41 ff.
163 Der Stadtgrundriß ist grundlegend beschrieben und zu anderen Gründungsstädten in Beziehung gesetzt bei Lehnemann, „Entwicklung", S. 74.
164 Ebenda, S. 73. Siehe auch Janos Zimmermann, „Historische Betrachtung", S. 225 f.
165 Nigge, *Bilder,* S. 32 f.
166 Bockholt, *Acherbürgerstädte,* S. 40. Es heißt dort: 'Für die Vergrößerung des Städtewesens konnte der Bedarf an Bürgern nur durch Aufnahme von Landbewohnern befriedigt werden. Damit wurden agrarische Elemente in die Stadt getragen.'
167 Lappe, *Sondergemeinden,* S. 61.
168 Bockholt, *Ackerbürgerstädte,* S. 223.
169 Ebenda, S. 225.
170 Ebenda, S. 78.
171 Spormecker, *Chronik,* S. 39 f.
172 WMfA, Fundbericht vom Dezember 1987. Siehe auch WMfA, *Neujahrsgruß 1989,* S. 74.
173 Das Entstehungsalter ist im Rahmen einer bauhistorischen Untersuchung näherungsweise bestimmt worden. Siehe auch die nächste Anmerkung.
174 Der Hausbestand des historischen Stadtkernes wurde in den Jahren von 1988-1992 auf Veranlassung der UD einer bauhistorischen Untersuchung unterzogen. Die Forschungsarbeiten führte Herr Dipl-Ing. Dr. phil. Thomas Spohn, Dortmund, durch. Seine Ergebnisse habe ich bei meiner Arbeit verwenden dürfen. Sie wurden besonders zur Beschreibung und Würdigung der nachfolgend betrachteten Bauten herangezogen , so auch des Hauses Lange Straße 73.
175 Spohn, Bauhistorische Untersuchung. Siehe aber auch Schmülling, *Hausinschriften,* S. 49 f. und S. 99. Demnach wird im Münsterland und im Hellwegraum im 17. Jh. die Taubandknagge abgelöst. Nach dem Dreißigjährigen Kriege erscheint dafür die dem Steinbau nachempfundene Konsolenknagge. Siehe auch Kaspar, „Bürgerhaus", S. 198. In Werne scheint demnach 'ab etwa 1590 [...] die Karnies-. oder Volutenknagge bevorzugt worden zu sein.'
176 Die Rekonstruktion von Thomas Spohn zeigt einen Giebel, der in einer dreieckigen Spitze mündet. Der Krüppelwalm ist also das Ergebnis einer späteren Änderung.
177 Im Jahre 1956. Siehe BOA, Bauakten.
178 Lappe, *Sondergemeinden,* S. 31.
179 Siehe hierzu Kaspar, „Stabbau", S. 59 ff. Vgl. hierzu Isenberg, „Mittelalterlicher Holzwohnbau", S. 17-27.
180 Die nachfolgenden Ausführungen zur Entwicklung des städtischen Hauses beruhen wesentlich auf Kaspar, *Bauen und Wohnen,* aber auch auf den zusammenfassenden Darstellungen zur großräumigen Entwicklung, die ders. Autor als „Überblick", S. 1-17 vorgelegt hat. Siehe auch Kaspar, „Bürgerhaus", S. 183-231.
181 Kaspar, „Bürgerhaus", S. 203. In Werne ist die Stube demnach für das 16. Jh. nachgewiesen.
182 Kaspar, „Bürgerhaus", S. 201 f. Noch einmal das Beispiel Werne: Dort waren die schmalen Grundstücke in ganzer Breite bebaut. Küche und Saalkammer lagen nebeneinander, der Kamin mit den Rauchfängen in der Längswand dazwischen. Diese Anordnung war in

Westfalen, besonders in den westlichen Landesteilen, üblich und daher fast eine verbindliche Form.

183 BOA, Bauakte.

184 Spohn, Bauhistorische Untersuchung.

185 Löffler, „Plan der Stadt Lünen", S. 7. Der Plan vermerkt hier 'Scheünen nicht Wohnungen.'

186 WAfD, Stellungnahme zur DL (Dr. Kaspar). Darüberhinaus wurden die Ergebnisse der bauhistorischen Untersuchung von Spohn (1989) verwendet.

187 Bockholt, *Ackerbürgerstädte*, S. 81. Siehe auch Kaspar, „Überblick", S. 12.

188 Schmülling, *Hausinschriften*, S. 110. Dort als Beispiel für die etwas reichere Formel -Spruch, Namenszeichen und Baudatum- aufgeführt.

189 Spohn, Bauhistorische Untersuchung, 1989.

190 Posener, „Vorlesungen II", S 5. Es heißt dort: '[...] die Stadtbaumeister des Mittelalters [...] haben ihre Plätze nicht komponiert'. Und weiter: '[...] der Platz, wie wir ihn heute kennen, ist aus der Arbeit mit Gegebenheiten entstanden.' Und auf S. 6: 'Typisch waren Häuser auch in der mittelalterlichen Stadt, eben das bewirkt ja ihre Einheitlichkeit. Es glich aber kein Haus genau dem anderen. Diese Typen waren das Ergebnis einer langen Auseinandersetzung – wieder – mit Gegebenheiten, etwa mit der Organisation des Kaufmannshauses in den Hansestädten.'

191 Die örtlichen Baubestimmungen zielten z. B. auf einen effektiven Brandschutz. Dieser sollte u. a. mit der Verwendung vorgeschriebener Materialien und der Einhaltung von Mindestabständen erreicht werden.

192 Herr Dr. Spohn äußerte diesen Gedanken.

193 Stränger, *Neue Stadt*, S. X. Demnach wurden bis 1900 die Abwässer der Wohn- und Wirtschaftsgebäude in die zwischen den Häusern liegenden Gassen geleitet und aus diesen durch offene Querrinnen in die Straßenrinnen.

194 Kaspar, „Überblick", S. 6. Es heißt hier: 'Die Parzellierung der Städte übte einen nicht zu unterschätzenden Einfluß auf die weitere Bauentwicklung einer Stadt aus. War sie einmal festgelegt und durch darauf Rücksicht nehmende Bauten fixiert, konnte sie in der Folge im Grundsätzlichen kaum noch verändert werden. Zumeist war man später gezwungen, sich in „in" ihr zu arrangieren. Nur Katastrophen wie Flächenbrände erlaubten eine grundlegende Neuordnung.'

195 Grundlage war zunächst der sogenannte 'Seidensticker-Plan'. Später gab es noch ein Gutachten der Neuen Heimat zur Sanierung von Teilbereichen der Innenstadt. Siehe dort den Zielplan auf S. 9 etc.

196 Siehe hierzu die Berichterstattung der Tagespresse vom 7. und 8. Dezember 1972.

197 Büro Zlonicky, „Vorbereitende Untersuchungen", S. 64 f.

198 Gerlich, *Chronik*, S. 23.

199 Lappe, *Wehrverfassung*, S. 6 ff.

200 Definition Prof. Dr. Johanek, Münster, zitiert nach WAfD, Stellungnahme vom 29. 09. 1989.

201 Lappe, *Wehrverfassung*, S. 9 ff.

202 Gerlich, *Chronik*, S. 26. Die Ereignisse des Dreißigjährigen Krieges sind auf S. 24 ff dargestellt. Die in diesem Kapitel noch folgenden Zitate sind dort entnommen.

203 Nigge, *Bilder*, S. 101.

204 Lappe, *Wehrverfassung*, S. 9 ff.

205 Engelmann, „Hochwasserschutz", S. 194 ff.

206 Lehnemann, „Spormeckers Chronik", S. 119 f.

207 Die kirchlichen Verhältnisse nach der Verlegung und die Geschichte der Errichtung der St. Georgskirche sind bei Thelitz, *600 Jahre Stadtkirche Sankt Georg Lünen*, umfassend beschrieben. Siehe dort besonders unter Langenbach, „Die Stadtkirche", S. 5 ff.

208 Ebenda, S. 7.

209 Ebenda, S. 11 f. Siehe auch Lehnemann, „Spormeckers Chronik", S. 111.

210 Nigge, *Bilder*, S. 27.

211 Eine umfassende Beschreibung der Rathäuser findet sich bei Löffler, „Bau- und Kunstdenkmäler", S. 194 ff.

212 Reiß, *Schulgebäude*, S. 6.

213 Nigge, *Bilder*, S. 32.

214 WMfA, *Neujahrsgruß 1992*, S. 92 (Chr. Hemker).

215 Von Steinen, *Historie XXIV*, S. 196.

216 Bremer, *Chronik*, S. 112.

217 Mühlen, „Baukunst im Mittelalter", S. 695 ff. Die nachfolgenden Ausführungen zur sakralen Baukunst des Mittelalters fußen im wesentlichen hierauf.

218 Ebenda, S. 704 ff.

219 Ebenda, S. 705. Demnach ist anzunehmen, daß es weitere Impulse gab, die Einfluß auf Lünen gehabt haben. So wurden 1346 in der sogenannten Überwasserkirche in Münster die Mittelschiffjoche in traditionell gotischer Weise querrechteckig und in enger Folge angelegt. Diese Anordnung findet sich, übertragen auf kleinere Bauten mit drei oder vier Jochen, in einer Reihe dörflicher Kirchen. Hierzu kann auch Lünen gehören, hier finden sich ebenfalls querrechteckige Joche.

220 Langenbach, „Die Stadtkirche", S. 15.

221 Die Erläuterungen sind entnommen bei Mainzer, „Die farbige Außenfassung", S. 27 ff.

222 Löffler, „Bau- und Kunstdenkmäler", S. 156 ff.
223 Ebenda, S. 157 f. Der angegebene Text gibt allerdings den heutigen Stand wieder.
224 Langenbach, „Die Stadtkirche" (Kunstwerke), S. 17 ff. Siehe hierzu aber auch den Beitrag an gleicher Stelle von Hans Kissing, „Orgeln unserer Kirche", S. 28.
225 Das Thema ist grundlegend bearbeitet von Dorothea Kluge, *Gotische Wandmalereien in Westfalen*, Münster 1959.
226 Engel, *Politische Geschichte*, S. 87. Siehe auch Lappe, *Wehrverfassung*, S. 14 ff.
227 Löffler, „Plan der Stadt Lünen", S. 8.
228 Lappe, *Wehrverfassung*, S. 15. Hier heißt es: '[...] wie in den übrigen Städten verloren (die Burgmannen, der Verf.) auch in Lünen bald ihre Bedeutung und zogen sich auf ihre Burglehen zurück, auf denen sie sich Burgsitze errichteten.'
229 Löffler, „Bau- und Kunstdenkmäler", S. 269.
230 Posener, „Vorlesungen V" , S. 21.
231 Koppelkamm, „Die idealisierte Landschaft", S. 435.
232 Pückler, *Anmerkungen*, S. 129. Wie selbstverständlich Fürst Pückler die Landschaft als gestaltbar ansah, zeigt unter anderem folgendes Zitat: 'Es ist zwar eine sehr mißliche Aufgabe Felsen zu machen und wo nicht wenigstens in der Nähe die Natur wirkliche liefert, die man absprengen und in ihrer alten Form ebenso wieder aufbauen kann, möchte jede Nachahmung ihren Zweck nicht ganz erreichen. Es gibt aber noch ein Mittelding, wozu die Natur ebenfalls Vorbilder liefert, nämlich Anhäufungen von Steinmassen, die, durch Fluten oder Bergströme angeschwemmt, oft schon, ohne menschliches Zutun, von selbst etwas felsenähnliches und wenigstens sehr Malerisches darbieten.'
233 Topographische Karte von 1892.
234 Löffler, „Bau- und Kunstdenkmäler", S. 270. Siehe auch ders. „Haus Schwansbell", S. 189 f.
235 Urkartaster 1: 2500.
236 Zur Entwicklung der Wasserburgen siehe Wiebringhaus, *Wasserburgen*, S. 6 ff.
237 Niklowitz, „Von der Vielzahl", S. 42
238 Mühlen, *Münsterland*, S. 51.
239 V. Steinen, *Historie XXIV*, S. 269.
240 StAM, Haus Oberfelde, 'Geometrischer Plan' vom Oktober 1797 von Bauinspektor Gosebruch sowie ein Plan aus den Jahren 1818 / 19 von Geometer J. Randenbrock.
241 Zu den geistigen Grundlagen der Renaissance siehe Koch, *Baustilkunde*, S. 212 ff.
242 Ebenda, S. 214 ff.
243 Lehnemann, „Entwicklung", S. 74 f.
244 Die Angaben zu den polittischen und kirchlichen Entwicklungen sind entnommen bei Niklowitz, „Von der Vielzahl", S. 66.
245 Lappe, *Lünen*, S. 16.
246 Zum geistigen Hintergrund und zur baugeschichtlichen Entwicklung des Barock siehe Koch, *Baustilkunde*, S. 236 ff.
247 Dehio, *Kunstdenkmäler*, S. 74.
248 UD, Denkmalliste.
249 Lappe, *Lünen*, S. 17.
250 Die Angaben zur Geschichte der Lippeschiffahrt sind entnommen bei Koppe, „Lippe".
251 UD, Denkmalliste und Koppe, „Lippe".
252 Koppe , „Lippe" .
253 *Westfalia 1826 / 1926*, S. 13 ff.
254 Christ, „*Wanderungen eines Landschaftsmalers*, S. 144 f.
255 UD, Denkmalliste.
256 *75 Jahre Potthoff. u. Fluhm*e.
257 UD, Denkmalliste.
258 Herr Dr. Löffler wies darauf hin.
259 Die Produktpalette und die Versandziele sind den Festschriften der Westfalia und der Luisenhütte entnommen.
260 *Westfalia 1826 / 1926*, S. 18 ff.
261 Stephan, „Im letzten Viertel", S. 265.
262 Becker, „Wirtschaftliche Entwicklung", S. 17 ff.
263 Ebenda, S. 19.
264 Kastorff -Viehmann, *Wohnungsbau*, S. 15 f.
265 Ebenda, S. 16.
266 Bönnighausen, „Dahlhauser Heide", S. 12.
267 Hahn, „Viktoria", S. 352. Siehe auch Kastorff-Viehmann, *Wohnungsbau*, S. 118.
268 Bönnighausen, „Dahlhauser Heide", S. 12.
269 Kastorff-Viehmann, *Wohnungsbau*, S. 118.
270 StAL, Abt. 60 Nr. 16. Harpen teilte am 06. Juli 1898 der Stadt Lünen die Absicht mit, auf der Klöter Heide eine Kolonie zu errichten. Die Stadtverordneten-Versammlung stimmte am 29. August d. J. dem Antrag. zu. Es waren insgesamt 52 Einzelhäuser für je 2-3 Familien vorgesehen. Harpen schreibt weiter, jedes Haus 'würde des besseren Eindrucks wegen [...] Vorgärten mit Gitter- oder Heckeneinfassung erhalten, so daß Ställe etc. von den Wegen aus kaum sichtbar wären'.
271 § 18 des Gesetzes vom 25. August 1876 über die Gründung neuer Ansiedlungen. Es war für den Wohnungsbau außerhalb der im Zusammenhang bebauten Ortschaften beziehungsweise

außerhalb der nach dem Fluchtliniengesetz bestehenden Bebauungspläne anzuwenden. Siehe auch Kastorff-Viehmann, *Wohnungsbau*, S. 44 f.

272 StAL, Abt. 60 Nr. 16.

273 Niklowitz, „Von der Vielzahl", S. 42 ff.

274 Hahn, „Viktoria", S. 352.

275 Zur bauhistorischen Beschreibung der Siedlung siehe auch FH Münster, Katalog, S. 1 ff. (Ulrich Barth).

276 Zu den Auseinandersetzungen zwischen der Eigentümerin der Kolonie und der Stadt Lünen siehe StAL, Abt. 60 Nr. 16. Die nachfolgenden wörtlichen Wiedergaben im Text sind dort entnommen.

277 Ebenda.

278 Die Tagespresse berichtete dementsprechend.

279 StAL, Abt. 60 Nr. 16, Bauzeichnungen.

280 Zur Belegung und den sich daraus ergebenden Auseinandersetzungen siehe ebenda, Schriftverkehr.

281 Bergbau-Museum Bochum, Katalog „Bergarbeiter" o. S.

282 Bollerey und Hartmann, *Dortmunder Architekturhefte* Nr. 8. Siehe dort unter LÜN 1-12. Zu einer Gartenstadt in Lünen siehe auch Wolfgang Balzer, „Viktoria-Kolonie", S. 106 ff. Die dort aufgestellte These, der Denkmalschutz werde den Bedürfnissen der Bewohner nicht gerecht, hält der Autor nicht aufrecht. Er hat sich vielfach davon überzeugen können, daß beide Belange miteinander vereinbar sind.

283 Bollerey und Hartmann, „Wohnen im Revier", S. 92.

284 Stemmrich, „Arbeitersiedlungen", S. 119 und 127 ff.

285 Die Idee hierzu verdanken wir Frau Dipl.-Ing. Imme Wittkamp vom WAfD.

286 Stadt Lünen, *Rahmenplan*, (Peter Zlonicky u.a.).

287 Heischeid, „Vom Ackerbürgerstädtchen", S. 155 f.

288 Döhmer, *In welchem Style*, S. 10 ff.

289 Ebenda, S. 11. Siehe auch Badstübner, „Kunstgeschichtsbild", S. 33 ff.

290 Döhmer, *In welchem Style*, S. 18. Die öffentliche Diskussion, die den Eintritt in diese Phase des Historismus begleitet, wird von dem Architekten Heinrich Hüsch mit der Frage eröffnet: 'In welchem Style sollen wir bauen?'

291 Badstübner, „Kunstgeschichtsbild", S. 35.

292 Klingenburg, „Nachdenken", S. 20.

293 Badstübner, „Kunstgeschichtsbild", S. 41 ff. Nach Badstübner war die deutsche Renaissance ein beliebter Stil für öffentliche und private Stadtbauten in den Jahren nach 1870/71. Aus dem Verständnis der Renaissance als einer altdeutschen, echt bürgerlichen Stadtkultur glaubte man hierfür den geeigneten Stil gefunden zu haben. Die Beliebtheit der Renaissance wirkte bis in den Anfang unseres Jahrhunderts. Die damals erscheinenden architekturgeschichtlichen Werke waren zugleich Musterbücher für die zeitgenössische Anwendung der Stile.

294 Lappe, *Lünen*, S. 10 ff. Siehe hierzu auch die Tagespresse vom 29. /30. 12. 1957. Demnach war das Amtsgericht als städtisches Gebäude errichtet worden, der Fiskus nutzte es zur Miete. Ende 1957 hat er es dann in staatliches Eigentum übernommen.

295 Posener, „Vorlesungen III", S. 63 f. Siehe auch Kastorff-Viehmann, *Wohnungsbau*, S. 151.

296 Die Bauakte liefert keinen Hinweis auf den Planverfasser. Nach Plänen, die von den Eigentümern freundlicherweise zur Verfügung gestellt wurden, einem Vorentwurf von 1897 und einigen Detailzeichnungen von 1904, war der stätische Baubeamte Emil Stränger der Architekt des Hauses. Bauherr war der Lehrer Heinrich Gerdsmann, Herausgeber der Bremerschen Chronik.

297 Ein frühes Werk aus der langen Schaffenszeit der Dortmunder Architekten D. und K. Schulze.

298 Döhmer, *In welchem Style* , S. 107: 'Die bürgerlichen Repräsentanten von Staatsgewalt partizipierten demnach über die Bauformen am Glanz und an der Autorität der alten Ordnung.'

299 Jäger, „Posthorn und Denkmalschutz", S. 1668.

300 Lüner Zeitung vom 29. Mai 1914.

301 Möhrle, „Gesicht der Post", S. 1663. Es heißt hier: 'Das übliche Grundrißgefüge eines Geschäftshauses reichte für den Postbetrieb nicht aus.'

302 BOA, Hausakte.

303 Eigentümer waren (und sind) das Ehepaar Brauch. Die Bürger wurden vor allem durch den Arbeitskreis für Umwelt und Heimat e. V, Lünen, vertreten.

304 Lemper, „Historismus als Großstadtarchitektur", S. 56. Demnach war der umfangreiche Wohnungsbau jener Zeit von Architekten nicht allein zu bewältigen. Viele Bauanträge wurden daher von Maurermeistern und Unternehmern gestellt. Auf den Bauzeichnungen jener Zeit ist daher oft – wie auch hier – vermerkt: 'Der Unternehmer [...].'

305 Ebenda, S. 58. Mit dem massenhaft zunehmenden Privatbau wurde die Zulieferung vorgefertigter 'kunstvertretender' Versatzteile unausweichlich. Es gab praktisch alles, so plastisch ausgeformte Schlußsteine, Fenstergiebel, Baluster für Balkone u. v. m.

306 Ebenda, S. 59. Nach Lemper ist stilbaulicher Aufwand ein der Spekulation zuzurechnendes Mittel. Der Versicherungswert von Miet- und Geschäftshäusern errechnete sich für die Feuerversicherung nach dem Fassadenaufwand.

307 Niklowitz, „Von der Vielfalt", S. 20.

308 Die Angaben zur Schulgeschichte und zur Entstehung der Auguste-Viktoria-Schule sind der Festschrift *75 Jahre Elisabeth-Schule* entnommen. Siehe auch Reiß, *Schulgebäude*, S. 36 ff.
309 Zur Klassengröße sollen hier Daten vom Neubau der Horstmarer Schule aus dem Jahre 1913 angeführt werden, die Angaben zu Brambauer sind derzeit nicht zu erfassen. In Horstmar wurde zunächst mit 80, später mit 70 Kindern je Klasse gerechnet. Dabei forderte das Königliche Bauamt die Reduzierung der Klassenlänge von 10 auf 9,70 m, den Vorschriften entsprechend. Aus StAL, Akte 28 Nr. 38.
310 Posener, „Vorlesungen II", S. 10 u. 18 .
311 *50 Jahre Pfarrfamilie Herz-Jesu Lünen*, S. 8 ff.
312 Löffler, „Bau- und Kunstdenkmäler", o.S. (Nachträge)
313 Döhmer, *In welchem Style*, S. 94 ff.
314 Kluge, „Kurzinventarisation", Bd. 53, S. 242.
315 So auch WAfD, Stellungnahme zur Denkmalliste (Dr. Kaspar).
316 Die Angaben zu den Altären basieren auch auf einem Gespräch mit Herrn Dr. Strohmann vom WAfD.
317 Die Hinweise zur Arbeitsweise Güldenpfennigs verdanke ich Herrn Dr.-Ing. Ahlefeld.
318 Die Neuausmalung nach Befund auf einer neuen Grundierung ist im Sinne des Denkmalschutzes sicher als sehr weitgehende Maßnahme zu bezeichnen. Allerdings konnte die originale Ausmalung nur fragmentarisch und in keinem guten Zustand freigelegt werden. Unter mehreren mit Ölpapier abgedeckten 'Fenstern' wurden Befunde erhalten.
319 Kluge, „Kurzinventarisation", Bd. 53, S. 223 u. 232 .
320 Becker, „Wirtschaftliche Entwicklung", S. 52 f.
321 BOA, Bauakte, Architekt war Carl Schlichtherle, Lünen.
322 Siehe hierzu auch Stränger, *Das neue Lünen.*
323 Reiß, *Schulgebäude*, S. 8. Die dort angeführte Urkunde belegt, daß die Rektoratsklasse schon vorher bestand.
324 *Festschrift zur 50-Jahr-Feier des Freiherr-vom-Stein-Gymnasiums* S. 9 u. 10 (Prof. Engel).
325 Ebenda, S. 14 u. 15 (StR. Schrepfer).
326 UD, Denkmalliste, siehe auch Host / Balzer, „Das Freiherr-vom-Stein-Gymnasium".
327 Posener, „Vorlesungen I ", S. 18 ff.
328 Ebenda, S. 18 ff. Nach Posener verschwindet bei Dudok der Sachzusammenhang, es bleibt ein Formzusammenhang, nach dem asymmetrisch, dynamisch komponiert werden kann. Posener spricht vom 'dynamischen Gleichgewicht.'
329 Scharoun, „Gestaltungsgrundlagen", S. 1075 ff. Im Rahmen des sogenannten Darmstädter Gespräches 'Mensch und Raum' von 1951 wurden die Gestaltungsgrundlagen anhand der Darmstädter Volksschule erläutert. Das Geschwister-Scholl-Gymnasium Lünen wird in der gleichen Ausgabe der *Bauwelt*, S. 1077 ff. vorgestellt. Siehe auch Kassner, „Architektonische Gestaltung" S. 15 ff.
330 Wieloch, „Gedanken", S. 1069. Hier spricht der Schulleiter von der Schule als einer weitgehend von den Schülern selbst gestalteten Lebensstätte.
331 Janowske, *Architekturräume*, S. 22 ff. Scharoun fand in einer 'Deutung' der Bauaufgabe die angemessene Baugestalt, die in seinem Sinne 'Wesenhafte Gestalt'. Wenn die 'Wesenhafte Gestalt' in ihrer realen materiellen Ausbildung dem entspricht, was der Bau im Sinne der 'Deutung' zu sein hat, spricht Scharoun vom 'Organischen Bauen'.
332 Durth, Gutschow, *Fünfziger Jahre*, Bd. 33, S. 147.
333 Ebenda, S. 34 f. u. S. 10 f. Siehe hierzu auch Durth, Gutschow (Hg.), *Fünfziger Jahre*, Bd. 41. Hier sei besonders verwiesen auf Winfried Nerdinger, „Materialästhetik", S. 38 ff.
334 UD, Denkmalliste, siehe auch WAfD, Stellungnahme vom 20. 07. 1988 im Rahmen des Eintragungsverfahrens (Dr. Lammers).
335 Im Preisgericht saßen bedeutende zeitgenössische Architekten als Fachpreisrichter, so Prof. Hans Scharoun, Berlin, Prof. Brandi, Göttingen und Prof. Hans Hillebrecht, Hannover.
336 Rausch, „Rathaus in Lünen", S. 35 ff.
337 Durth, Gutschow, *Fünfziger Jahre*, Bd. 33, S. 13ff u. S. 147.

QUELLEN- UND LITERATURVERZEICHNIS

Abkürzungen

BO	Bauordnungsamt der Stadt Lünen
DL	Denkmalliste der Stadt Lünen
DScHg	Denkmalschutzgesetz Nordrhein-Westfalen
LWL	Landschaftsverband Westfalen-Lippe
RN	Ruhrnachrichten
StAL	Stadtarchiv Lünen
StAM	Staatsarchiv Münster
UD	Untere Denkmalbehörde
WAfD	Westfälisches Amt für Denkmalpflege
WAZ	Westfälische Allgemeine Zeitung
WMfA	Westfälisches Museum für Archäologie
WR	Westfälische Rundschau

Materialien zur Bauforschung

Aka, Christine. „Hof Overthun in Lünen-Brambauer". Volkskundliche Dokumentation 1988. Im Auftrage des WAfD.

Balzer, Wolfgang. „Schafstall auf dem Schulzenhof Wethmar". Bauhistorische Untersuchung 1990.

Barthold, Peter. „Bauernhäuser Im Loh 6 u. 7 in Lünen-Lippolthausen". Bauaufnahmen und Photodokumentationen 1989. Im Auftrage des WAfD.

Seifen, Barbara, und Gertraud Horst. „Hof Overthun in Lünen-Brambauer". Bauaufnahme 1987. Im Auftrage des WAfD.

Spohn, Thomas. „Bürgerlicher Fachwerkhaus-Bestand im historischen Kern der Stadt Lünen". Bauhistorische Untersuchungen von 1988 bis Anfang 1992. Im Auftrage der Stadt Lünen.

Tisje, Hans. „Fachwerkhaus Lange Straße 20". Dendrochronologisches Gutachten 1989.

Archivalien

- Bauordnungsamt Lünen: Hausakten.
- Stadtarchiv Lünen: 1. Akten aus den Bereichen 19 (Justizwesen); 28 (Schulgebäude); 30 und 31 (ev. und kath. Kirchenwesen); 60 (Hochbau) und 77 (Postwesen). 2. Zeitungssammlung. 3. Bücherei. Besonders 0023-(Knochen- und Gräberfunde, Ausgrabungen in Lünen und Umgebung)
- Staatsarchiv Münster: Karten von 1797 und 1818 | 19 vom ehemaligen Haus Oberfelde in Niederaden.

Karten

Landesvermessungsamt NW: Topographische Aufnahme 1:25. 000, Uraufnahme 1836-1842 und Neuaufnahme 1892-1912, jeweils Blätter 4310, 4311, 4410 und 4411.
Urvermessungshandriß Stadt Lünen von 1827; Urkataster Lünen und Umgebung.

Sonstige Quellen

Stadt Lünen, Untere Denkmalbehörde: Denkmalliste einschließlich der zugehörigen Materialien, wie z. B. Stellungnahmen des LWL.

Westfälisches Amt für Denkmalpflege: Berichte des Provinzialkonservators beziehungsweise des Landeskonservators von Westfalen-Lippe, erschienen jeweils in *Westfalen*, Hefte für Geschichte, Kunst und Volkskunde. 22 Bd. 1937; 31 Bd. 1953; 53. Bd. 1975; 56 Bd. 1978 und 62. Bd. 1984.

Westfälisches Museum für Archäologie – Amt für Bodendenkmalpflege, Außenstelle Olpe: Fundpunkteverwaltung.

Dass. , jedoch Mittelalterreferat: Grabungs- und Sondierungsberichte ab 1985.

Westfälisches Museum für Archäologie – Amt für Bodendenkmalpflege. *Ausgrabungen und Funde in Westfalen-Lippe*. Herausgegeben im Auftrage des Landschaftsverbandes Westfalen-Lippe von Bendix Trier. Jg. 3. Mainz 1985.

Westfälisches Museum für Archäologie – Amt für Bodendenkmalpflege und Altertumskommission für Westfalen. *Neujahrsgruß*. Jahresberichte für die Jahre 1989-1993.

Literaturverzeichnis

Badstübner, Ernst. „Kunstgeschichtsbild und Bauen in historischen Stilen: Ein Versuch über die Wechselbeziehungen zwischen kunstgeschichtlichem Verständnis, Denkmalpflege und historistischer Baupraxis im 19. Jahrhundert". *Historismus*. Hg. Karl-Heinz Klingenburg. Leipzig 1985, 30–49.

Balzer, Manfred. „Grundzüge der Siedlungsgeschichte". *Westfälische Geschichte*. Hg. Wilhelm Kohl. Bd. 1. Düsseldorf 1983, 231-273.

Balzer, Wolfgang. „Einige Ansichten der Viktoria-Kolonie in Lünen". *Stadtbauwelt* 46 (1975), 105-108.

Becker, Hugo: „Die soziale und wirtschaftliche Entwicklung Lünens in den Jahren 1890-1945 unter besonderer Berücksichtigung des Bergbaus". Wissenschaftliche Hausarbeit, vorgelegt für die erste Staatsprüfung für das Lehramt an Berufsbildenden Schulen. Lünen 1977 (maschinenschriftlich).

Behn, Friedrich. *Vorgeschichtliche Welt*. Stuttgart o. J. (1984).

Bérengier, Daniel. „Die Römische Kaiserzeit". *Westfälische Geschichte*. Hg. Wilhelm Kohl. Bd 1. Düsseldorf 1983, 167-185.

Bergbau-Museum Bochum: *Bergarbeiter. Ausstellung zur Geschichte der organisierten Bergarbeiterbewegung in Deutschland* (Katalog). Bochum 1969.

Bockholt, Werner. *Ackerbürgerstädte in Westfalen*. Diss. Warendorf 1987.

Bode, Hans. „Die geologischen Verhältnisse der Umgebung von Lünen". *Heimatkunde der Stadt Lünen*. Hg. Alfons Perlick, Institut für wissenschaftliche Heimatkunde an der Pädagogischen Akademie Dortmund. Heft 1. Lünen1954, 9-43.

Bönnighausen, Helmut. „Planungsbeispiel Siedlung Dahlhauser Heide Bochum - Bewertung aus der der Sicht der Denkmalpflege". *Dortmunder Architekturhefte*. Hg. Josef Paul Kleihues, Lehrstuhl für Entwerfen und Architekturtheorie der Universität Dortmund. Heft 12. Dortmund 1978, 10-21.

Bollerey, Franziska und Christina Hartmann. „Wohnen im Revier - Siedlungen vom Beginn der Industrialisierung bis 1933". *Stadtbauwelt* 46 (1975), 85-100.

Dies. „Siedlungen aus den Regierungsbezirken Arnsberg und Münster. Beitrag zu einem Kurzinventar". *Dortmunder Architekturhefte*. Hg. Josef Paul Kleihues, Lehrstuhl für Entwerfen und Architekturtheorie an der Universität Dortmund. Heft 8. Dortmund 1977.

Brandt, Karlheinz. „Studien über steinerne Äxte und Beile der jüngeren Steinzeit und der Stein-Kupfer-Zeit Nordwestdeutschlands". *Münstersche Beiträge zur urgeschichtlichen Forschung 2*. Münster 1967. Verwendet wurden die Typenlisten.

Bremer, Diedrich Hermann. *Chronik der Stadt Lünen seit ihrer ersten Gründung*. Neu herausgegeben und ergänzt von H. Gerdsmann. Lünen 1920.

Christ, Johannes Franciscus. „Wanderungen eines Landschaftsmalers entlang der Ruhr und einem Teil des Rheins (1835)". *Das Ruhrgebiet vor hundert Jahren*. Hg. Rolf Fritz. Dortmund o. J., 3. Aufl, 133-151.

Dehio, Georg. *Handbuch der deutschen Kunstdenkmäler*. Nordrhein-Westfalen 2, 'Westfalen'. Bearb. von Dorothea Kluge und Wilfrid Hansmann. o.O. 1969.

Döhmer, Klaus: *'In welchem Style sollen wir bauen?'* Architekturtheorie zwischen Klassizismus und Jugendstil. Studien zur Kunst des 19. Jahrhunderts. Bd.36. München 1976

Duismann, Gerhard H. : „Die alte Stadtkirche Sankt Georg zu Lünen". Unveröffentlichte Staatsarbeit an der Pädagogischen Hochschule Ruhr, Abt. Dortmund. Lünen 1963.

Durth, Werner, und Nils Gutschow. *Archtitektur und Städtebau der fünfziger Jahre*. Schriftenreihe des deutschen Nationalkommitees für Denkmalschutz. Bd 33. Köln 1987.

Dies. *Archtitektur und Städtebau der fünfziger Jahre*. Schriftenreihe des deutschen Nationalkommitees für Denkmalschutz. Bd 41. Ergebnisse der Fachtagung in Hannover 1990. Köln 1990. Hier besoners der Beitrag von Wilfried Nerdinger, „Materialästhetik und Rasterbauweise: Zum Charakter der Architektur der 50er Jahre" , 38-49.

Engel, Wilhelm: *Politische Geschichte Westfalens*. Köln 1968.

Engelmann, Erhardt: „Der Hochwasserschutz der Stadt Lünen". *Der Märker* 11 (1966)

Fachhochschule Münster: „Zechensiedlung Ziethenstraße / Jägerstraße Lünen-Süd. Vorschläge zur Modernisierung". Katalog zur Ausstellung mit Studienarbeiten von Studenten des Fachbereichs Architektur. Münster 1984.

Fischer, Hubertus: „Nur wer den Garten bebaut, weiß, was Wildnis ist". *Stadtbauwelt* 89 (1986), 392–400.

Gerlich, Georg. *Chronik der Stadt Lünen*. Hg. Franz Nigge. Lünen 1903.

Geschichtlicher Handatlas von Westfalen. Hrsg. vom Provinzial-Institut für westfälische Landes- u. Volksforschung des Landschaftsverbandes Westfalen-Lippe. Münster 1975.

„Geschwister-Scholl-Gymnasium in Lünen, Westfalen". *Bauwelt* 37 (1960), 1072-1083.

Graubner, Gerhard. „Das neue Stadttheater in Lünen". *Theater- und Musikhefte der Stadt Lünen*. Spielzeit 1958 / 59. (1958), 6-9.

Günther, Klaus. *Steinzeit und ältere Bronzezeit*. Einführung in die Vor- und Frühgeschichte Westfalens . Hg. Bendix Trier, Landschaftsverband Westfalen-Lippe, Westfälisches Museum für Archäologie - Amt für Bodendenkmalpflege. Münster 1979.

Hahn, Willy: „Die Beamten- und Arbeiterkolonie der Gewerkschaft 'Viktoria' bei Lünen in Westfalen". *Bau-Rundschau* 38. (1913), 349-354.

Heischeid, Gottfried. „Vom Ackerstädtchen zur Industriestadt: Die Bevölkerungsentwicklung in Lünen in den letzten 100 Jahren". *Der Märker* 5 (1958), 155-158.

Hoeken, Karl. „Der Taufstein". *1018-1968, 950 Jahre Lünen St. Marien.* Hg. Wingolf Lehnemann. Lünen 1968, 49-52.

Hofmann, Paul. „Lünen". *Postgeschichtliche Blätter 23/24.* Gesellschaft für deutsche Postgeschichte e. V., Bezirksgruppe Dortmund. Dortmund 1963.

Host, Hans-Bernd und Wolfgang Balzer: „Freiherr-vom-Stein-Gymnasium Lünen: Beurteilung und Vergleich alternativer Fassadengestaltungen für die geplante Erweiterung". Lünen 1989 (maschinenschriftlich).

Isenberg, Gabriele. „Mittelalterlicher Holzwohnbau aus archäologischer Sicht. Neuere Befunde zum städtischen Wohnbau des Mittelalters in Westfalen". *Bauen und Wohnen in Nordwestdeutschland.* Hg. Günther Wiegelmann, Fred Kaspar. Münster 1988, 17-26.

Jaeger, Falk. „Posthorn und Denkmalschutz". *Bauwelt* 38 / 39 (1988), 1668 ff.

Kaspar, Fred. *Bauen und Wohnen in einer alten Hansestadt.* Diss. Münster 1985.

Ders. „Bürgerhaus, halbes Haus und Behausung. Kleinstädtisches Bauen und Wohnen im territorialen Grenzraum – das Beispiel Werne an der Lippe". *Bauen und Wohnen in Nordwestdeutschland.* Hg. Günther Wiegelmann, Fred Kaspar. Münster 1988, 183-238.

Ders. „Städtisches Bauen und Wohnen in Nordwestdeutschland – 10 Jahre Forschungsprojekt, ein Überblick". *Bauen und Wohnen in Nordwestdeutschland.* Hg. Günther Wiegelmann, Fred Kaspar. Münster 1988, 1-16.

Kastorff-Viehmann, Renate. *Wohnungsbau für Arbeiter – das Beispiel Ruhrgebiet bis 1914.* Diss. Aachen 1981.

Keller, Klaus. *Das Römerlager auf dem Burghügel in Bergkamen-Oberaden.* Bergkamen gestern und heute. Beiträge aus dem Raum Bergkamen 7.

Kissing, Hans. „Orgeln unserer Kirche". *600 Jahre Stadtkirche St. Georg Lünen.* Hg. Walter Thelitz. Lünen 1960, 28.

Klingenburg, Karl-Heinz. „Nachdenken über Historismus". *Historismus – Aspekte zur Kunst im 19. Jahrhundert.* Hg. Karl-Heinz Klingenburg. Leipzig 1985, 7–29.

Kluge, Dorothea. „Kurzinventarisation der Kirchen und Kapellen des 19. und frühen 20. Jahrhunderts in Westlen-Lippe 1970-1973". *Westfalen.* Hefte für Geschichte, Kunst und Volkskunde 53. Münster 1975, 223-252.

Dies. „Kurzinventarisation der Kirchen und Kapellen des 19. und frühen 20. Jahrhunderts in Westlen-Lippe 1974 / 75" *Westfalen.* Hefte für Geschichte, Kunst und Volkskunde 56. Münster 1978, 260-300.

Koch, Wilfried. *Baustilkunde.* München 1982.

Koppe, Werner. „Als die Lippe noch navigabel war – Aus der Geschichte der Lippeschiffahrt". Heimatblätter Lippstadt 1986.

Koppelkamm, Stefan. „Die idealisierte Landschaft. Fürst Pückler in Muskau und Branitz". *Stadtbauwelt* 89 (1986), 435–439.

Kühlborn, Johann-Sebastian. „Die Zeit der römischen Angriffe". *Westfälische Geschichte.* Hg. Wilhelm Kohl. Bd. 1. Düsseldorf 1983, 143-166.

Langenbach, Alma. „Die Stadtkirche Sankt Georg in Lünen". *600 Jahre Stadtkirche Sankt Georg Lünen.* Im Auftrag des Presbyteriums herausgegeben von Walter Thelitz. Lünen 1960, 5-16.

Lappe, Josef. *Die Sondergemeinden der Stadt Lünen.* Zur Geschichte der deutschen Stadtverfassung . Dortmund 1909.

Ders. *Das Recht des Hofes zu Gahmen* . Zur Geschichte der Hofverfassung des Mittelalters . Dortmund 1910.

Ders. „Geschichte des Hofes Haumann in Lünen-Gahmen". *Jahrbuch des Vereins für Orts- und Heimatkunde in der Grafschaft Mark* 51. Witten 1937.

Ders. *Lünen – Ein westfälisches Städtebild.* Deutsches Reichs-Städte-Archiv, Ausgabe Lünen. Berlin 1926.

Lehnemann, Wingolf. „Georg Spormecker und seine Lünener Ckronik". Sonderdruck aus: *Westfälische Zeitschrift* 119. Münster 1969.

Ders. „Die Entwicklung Lünens zur Stadt im 13. und 14. Jahrhundert". *Der Märker* 2. (1987), 59-75.

Ders. *Literaturverzeichnis Lünen.* Heft 3 der Schriftenreihe des Stadtarchivs. Lünen 1979

Ders. Hg. *1o18–1968, 950 Jahre Lünen St. Marien.* Erschienen im Auftrage des Pfarrgemeinderates. Lünen 1968. Hier die vom Herausgeber verfaßten Beiträge „Das Gnadenbild", 55-61; „Der märkische Teil der Pfarrei", 74–79; „Die neue Kirche", 80–84.

Ders. *„Das Lüner Stadtrecht von 1341".* Der Märker 2 (1991), S. 61–72.

Lemper, Ernst-Heinz. „Historismus als Großstadtarchitektur. Die städtebauliche Legitimierung eines Zeitalters". *Historismus – Aspekte zur Kunst im 19. Jahrhundert.* Hg. Karl-Heinz Klingenburg. Leipzig 1985, 50–72.

Löffler, Peter. „Ein Plan der Stadt Lünen vom Beginn des 18. Jahrhunderts". *Beiträge zur Geschichte Dortmunds und der Grafschaft Mark* 62. Dortmund 1965, 273-286.

Ders. „Das Haus Schwansbell bei Lünen und seine Inventare". *Der Märker* 11 (1968), 189-192

Ders. „Die Bau- und Kunstdenkmäler des Stadtkreises Lünen". Hierzu auch die späteren Ergänzungen. Matrizenband.

Ludorff, A. *Die Bau- und Kunstdenkmäler von Westfalen.* Kreis Dortmund-Land. Münster 1895.

Mainzer, Udo „Die farbige Außenfassade der evangelischen Stadtkirche ehem. Sankt Georg und Sankt Katharina in Lünen". *Der Märker* 2, (1976), 27-30.

Möhrle, Johannes. „Das Gesicht der Post". *Bauwelt* 38 / 39 (1988), 1663 ff.
Mühlen, Franz „Baukunst im Mittelalter und in der frühen Neuzeit. *Westfälische Geschichte.* Hg. Wilhelm Kohl. Bd. 1. Düsseldorf 1983, 687-728.
Ders. *Münsterland* . o.O. o. J.
Narr, Karl J. "Die Steinzeit". *Westfälische Geschichte.* Hg. Wilhelm Kohl. Bd.1. Düsseldorf 1983, 81-111.
Neue Heimat Nordrhein-Westfalen und Stadt Lünen. *Stadtentwicklungsplan Lünen, Studie zur Sanierung von Teilbereichen der Innenstadt.* Lünen 1982.
Nigge, Franz .*Bilder aus Lünens vergangenen Tagen.* Münster 1914
Ders. „Untersuchungen zur Geschichte Lünens von Entstehung der Stadt bis um die Mitte des 14. Jahrhunderts". Anhang zu Georg Gerlichs *Chronik der Stadt Lünen.* Hg. Franz Nigge. Lünen 1903.
Niklowitz, Fredy. *Brambauer. Von der Bauerschaft zum Industriestandort.* Lünen 1988.
Ders. „Von der Vielzahl zur Einheit". Katalog zur gleichnamigen Ausstellung. Heft 7 der Schriftenreihe des Stadtarchivs Lünen. Lünen 1987.
Panowsky, Erwin. *Gotische Architektur und Scholastik – Zur Analogie von Kunst, Philosophie und Theologie im Mittelalter.* Köln 1989.
Pörtner, Rudolf. *Bevor die Römer kamen.* München/Zürich 1978.
Polenz, Hartmut. *Römer und Germanen in Westfalen.* Einführung in die Vor- und Frühgeschichte Westfalens 5. Hg. Bendix Trier, Landschaftsverband Westfalen-Lippe, Westfälisches Museum für Archäologie -Amt für Bodendendenkmalpfege. Münster 1985.
Posener, Julius. „Vorlesungen zur Geschichte der neueren Architektur I-V". *ARCH +* 48 (1985), 53 (1980), 59 (1981), 63/64 (1982), 69/70 (1983).
Prein, Otto. *Aliso bei Oberaden und die Varus-Schlacht.* Münster 1930.
Pückler-Muskau, Herman Fürst von. *Andeutungen über Landschaftsgärtnerei.* Frankfurt / Main 1988.
Rausch, Werner. „Das Rathaus zu Lünen". *Bauwelt* 2. (1961), 35 –42.
Ribbrock, Gerhard. *August und Wilhelm Rincklake. Historismusarchitekten des späten 19. Jahrhunderts.* Denkmalpflege und -forschung in Westfalen 7. Diss. Bonn 1985.
Ders. „Sankt Ludgerus in Billerbeck (1892-98). Eine neugotische Basilika von Wilhelm Rincklake". *Westfalen*, Hefte für Geschichte, Kunst und Volkskunde 64. (1987), 66-109.
Reiß, Adolf. *Schulgebäude in der Geschichte des Lüner Schulwesens.* Heft 2 der Schriftenreihe des Stadtarchivs. Lünen 1983.
Ders. und Wingolf Lehnemann. *Kleine Geschichte der Stadt Lünen.* Heft 3 der Schriftenreihe des Stadtarchivs. Lünen 1979.
Risse, Alois. „Frühgeschichtliche Funde an Emscher und Lippe". Heimat. Beilage der Zeitung *Tremonia* (10. Januar 1926)
Scharoun, Hans. „Gestaltungsgrundlagen zum Schulbau – Volksschule in Darmstadt". *Bauwelt* 37 (1960), 1075-1077.
Schepers, Josef. *Haus und Hof westfälischer Bauern.* Münster 1980.
Schlandt, Joachim. „Die Krupp-Siedlungen, Wohnungsbau im Interesse eines Industriekonzerns". *Kapitalistischer Städtebau.* Hg. Hans-G. Helms, Jörn Janssen. Neuwied und Berlin 1971, 95–111.
Schmülling, Wilhelm. *Hausinschriften in Westfalen und ihre Abhängigkeit vom Baugefüge.* Münster 1951.
Semmler, Theodor. „Landschaftliche Grundzüge des Lüner Raumes". *Heimatkunde der Stadt Lünen.* Heft 1. Hg. Alfons Perlick, Institut für wissenschaftliche Heimatkunde an der Pädagogischen Akademie Dortmund. Lünen 1954, 45-84.
Siegeroth, Aloys. *Die Geschichte der Gemeinde Altlünen.* Lünen 1974.
Spieß, Karl-Heinz. „Wanderungen durch den Kreis Unna". *Der Märke*r 8 (1961), 211-213.
Spormecker, Georg. *Chronik der Stadt Lünen.* Aus dem Lateinischen übersetzt und neu bearbeitet von Hermann Wember. Lünen 1962.
Stadt Lünen. *Städtebaulicher Rahmenplan 'Siedlung Ziethenstraße' Lünen–Süd.* Gutachten von Peter Zlonicky, Partner, und der Gruppe 'Haus- und Stadterneuerung', Aachen. Abschlußbericht. Dortmund 1988.
Steinen, Johann Diedrich von. *Westphälische Geschichte – Das XIV. Stück. Historie der Stadt und Amts Lünen.* Lemgo 1760. Photomechanischer Neudruck. Münster 1964.
Stemmrich, Daniel. „Arbeitersiedlungen als Sozialform – Grundrißentwicklungen als Dokument proletarischer Wohnformen und bürgerlicher Wohnvorstellungen". *Arbeitersiedlungen im 19. Jahrhundert.* Hg. Johannes Bieker, Walter Buschmann. Bochum 1985, 111-148.
Stephan, Gerhard. „Lünen im letzten Viertel des 19. Jahrhunderts". *Der Märker* 10 (1963), 262-266.
Stränger, Emil. *Das neue Lünen.* Berlin 1930.
Thelitz, Walter Hg. *650 Jahre Stadtkirche St. Georg Lünen.* Erschienen im Auftrage des Presbyteriums. Lünen 1960. Hier das vom Herausgeber verfaßte Kapitel „Aus der Geschichte der Gemeinde und ihrer Pfarrer", 29–57.
Veddeler, Peter. „Die vorrömische Metallzeit – Bronze- und Eisenzeit". *Westfälische Geschichte* Hg. Wilhelm Kohl. Bild- und Dokumentband. Düsseldorf 1982: 17-36.
Wiebringhaus, Heinrich. *Westfälische Wasserburgen.* Recklinghausen 1958.
Wieloch, Bruno. „Gedanken eines Schuldirektors, Mädchengymnasium Lünen". *Bauwelt* 37 (1960), 1069.

Winkelmann, Wilhelm. „Frühgeschichte und Frühmittelalter". *Westfälische Geschichte* .Hg. Wilhelm Kohl. Bd. 1. Düsseldorf 1983, 187-230.

Zimmermann, Jonas. „Eine historische Betrachtung städtischer Wohnumweltsituationen" . *Lernbereich Wohnen* . Hg. Michael Andritzky, Gerd Selle. Bd.2. Reinbek 1979, 224–248.

Zlonicky, Büro. „Vorbereitende Untersuchungen Lünen, Innenstadt Südwest". Bericht zur Phase I . Essen 1978.

Zlonicky, Marlene und Peter. „Vorbereitende Untersuchungen Lünen, Innenstadt Südwest". Bericht zur Phase II". Essen 1978.

Rückblick auf die ersten 100 Jahre des Bestehens der Eisenhütte Westfalia, 1826-1926. Festschrift Hg. Westfalia Lünen.

Zur Erinnerung an das 75jährige Bestehen der Firma Potthoff und Flume - Luisenhütte - Lünen an der Lippe - 1854-1929. Lünen 1929.

25 Jahre Geschwister-Scholl-Gymnasium Lünen. Festschrift. Lünen 1983. Hier besonders der Beitrag von Manfred Kassner „Die architektonische Gestaltung des Schulgebäudes", 15–19.

50-Jahr-Feier des Freiherr-vom-Stein-Gymnasiums Lünen. o. O. o. J. (Lünen 1957).

50 Jahre Pfarrfamilie Herz-Jesu Lünen. Festschrift. Münster o. J. (1954).

75 Jahre Elisabeth-Schule in Lünen-Brambauer. 1906-1981. Festschrift.

Abbildungsverzeichnis

Die Fotos, Zeichnungen und Karten werden mit der Seitenzahl angegeben, auf der sie abgebildet sind; bei Bedarf mit dem Zusatz oben (o) bzw. unten (u).

Die Wiedergabe der Katasterpläne (S. 74 u. 113) erfolgt mit freundlicher Genehmigung des Kreises Unna. Dem Museum der Stadt Lünen ist für die Gelegenheit zu danken, ausgewählte Exponate abzulichten. Die hier nicht aufgeführten Abbildungen sind vom Verfasser.